AF479454

Soy amado, luego existo

Darwinismo, diseño inteligente y fe cristiana

DANIEL IGLESIAS GRÈZES

Editorial Vita Brevis

2021

EDITORIAL VITA BREVIS

SOY AMADO, LUEGO EXISTO. DARWINISMO, DISEÑO INTELIGENTE Y FE CRISTIANA

DANIEL IGLESIAS GRÈZES

Primera edición: 2021

ISBN: 9798713841041

Portada: Creación de Adán, Miguel Ángel (detalle)

Dedico este libro, con afecto, a quienes buscan la verdad con la mente y el corazón abiertos.

Prólogo

"Sabemos por la segunda ley de la termodinámica que toda complejidad, toda vida, toda risa y toda pena están condenadas al final a la fría nada. Ellas, y nosotros, no somos sino rizos temporales del resbalón universal hacia los abismos de la uniformidad". (Richard Dawkins[1], discurso con motivo de su nombramiento como Humanista del Año 1996 por la Asociación Americana de Humanismo).

"¡Qué variadas son tus obras, Señor! ¡Todo lo hiciste con sabiduría, la tierra está llena de tus criaturas!" (Sal 103,24).

"No somos el producto casual y sin sentido de la evolución. Cada uno de nosotros es el fruto de un pensamiento de Dios. Cada uno de nosotros es querido, cada uno es amado, cada uno es necesario". (Benedicto XVI, Homilía de inicio de su pontificado, 24 de abril de 2005).

Objetivos de esta obra

El objetivo general de esta obra es criticar algunas ideas predominantes en el ámbito científico que están muy ligadas al pensamiento ateo. Opino que la lucha contra las incrustaciones ideológicas del materialismo y el naturalismo en el ámbito científico es uno de los deberes principales de los intelectuales cristianos de hoy. Ofrezco este humilde aporte en esa dirección.

La mayor parte de este libro es una crítica del darwinismo. Charles Darwin fue un científico destacado, pero también uno de

---

[1] Richard Dawkins (1941-), biólogo británico, es hoy el principal divulgador del darwinismo y del ateísmo en el mundo.

los padres del ateísmo contemporáneo. De hecho, la ciencia y la ideología están muy mezcladas en el darwinismo. El darwinismo, pese a sus grandes debilidades, mantiene un gran prestigio en el ámbito científico, pero además es hoy el principal sostén intelectual del ateísmo. La ideología darwinista, de gran influencia en nuestra cultura, considera al ser humano como un mero animal, algo más evolucionado e inteligente que los demás animales; un animal que, al igual que los otros animales, es un hijo no deseado de la fría Madre Naturaleza, un simple producto del azar, surgido sin ningún propósito, y destinado a desaparecer totalmente en la muerte. Lamentablemente, debido al desmesurado prestigio científico del darwinismo, que pasa por ser la verdad científica establecida sobre la evolución, generalmente quien ataca al darwinismo es visto casi automáticamente como alguien que ataca a la Ciencia. Ese tipo de prejuicio es muy dañino.

Hace unos 30 años, en los Estados Unidos de América, se alzó el pequeño David del Movimiento del Diseño Inteligente (MDI) para enfrentarse contra el gigante Goliat del darwinismo y de las filosofías materialistas y naturalistas que predominan en la comunidad científica. Sin embargo, todavía hoy gran parte del público desconoce las muy serias críticas que los representantes del MDI y otros científicos prestigiosos han planteado a la teoría darwinista. Incluso muchos cristianos ven al darwinismo como una teoría científica verdadera o muy valiosa, que sólo accidentalmente (quizás sobre todo por culpa de la incomprensión de los teólogos) está unida a una filosofía atea o agnóstica. Esos mismos cristianos suelen despreciar los aportes del MDI, considerándolos como pseudocientíficos.

El primer objetivo particular de este libro es refutar esa visión, mostrando que el darwinismo es una teoría científica mal fundada, sustancialmente ligada a una filosofía naturalista, incompatible con la fe cristiana.

El segundo objetivo particular de este libro es mostrar que la teoría del diseño inteligente tiene valor científico y es un muy buen aporte para los cristianos que, en diálogo con la ciencia, buscan hoy una nueva síntesis armónica de la fe y la razón, algo así como un complemento o actualización de la "quinta vía" de Santo Tomás de Aquino, o sea la prueba de la existencia de Dios por el orden del mundo.

Escribo esta obra como un católico que acepta el evolucionismo en sentido amplio y rechaza el evolucionismo materialista o naturalista (dentro del cual, en mi opinión, se inscribe el darwinismo). Mi alegato antidarwinista no puede ser interpretado como un alegato antievolucionista. Adelanto pues que concibo la evolución biológica como un hecho real, pero no como un proceso no teleológico que hace surgir por sus solas fuerzas la vida, las distintas especies y el hombre, sino como un proceso teleológico concebido y guiado por la Inteligencia divina. Me pronuncio en contra del creacionismo fijista y a favor del creacionismo evolucionista; y, dentro de esta última opción, me pronuncio a favor de la teoría del diseño inteligente y en contra de las diversas formas de evolucionismo teísta que intentan conjugar el darwinismo con el cristianismo. En suma, abogo por un evolucionismo no darwinista. Por supuesto, exceptuando el Anexo, este libro refleja mi opinión personal, no necesariamente la doctrina católica.

Algunos aspectos de esta obra

Esta segunda edición de *Soy amado, luego existo* incluye todo el contenido de la primera edición e incorpora todo el contenido de la segunda edición de mi libro *Todo lo hiciste con sabiduría* (2016) y los capítulos 1-5 de mi libro *Por el contrario…* (2019). Además, esta nueva edición incluye materiales nuevos y se caracteriza por una reordenación y revisión total de los contenidos de la primera edición. Creo que la nueva subdivisión y ordenación de los capítulos hará que esta segunda edición sea bastante más clara que la primera.

En esta obra me apoyo ante todo en las largas reseñas que publiqué hace muchos años en InfoCatólica acerca de tres libros fundacionales del MDI: *Proceso a Darwin* de Phillip Johnson, *La caja negra de Darwin* de Michael Behe y *El planeta privilegiado* de Guillermo Gonzalez y Jay Richards. Además de sintetizar lo escrito por los autores, agrego algunos comentarios de mi propia cosecha, haciéndolo notar en cada caso. Todas las citas de esos libros corresponden a los textos originales, traducidos del inglés al español por mí. Con respecto a *Proceso a Darwin* de Johnson, diré que a mi juicio se trata de una excelente crítica del darwinismo, cuya principal limitación es un excesivo escepticismo con respecto a la evolución en sentido amplio. Opino que sería necesario distinguir mejor entre "evolución" y "evolución darwinista", evaluando de un modo diferente la plausibilidad de ambos conceptos.

Para evitar la confusión de planos, he separado netamente los distintos capítulos o secciones de este libro según su carácter: científico, filosófico, teológico o histórico.

La segunda edición de *Soy amado, luego existo* tiene tres partes, 39 capítulos y un anexo.

La parte más larga (Parte 1) analiza principalmente el fenómeno de la evolución biológica en general. Debido al carácter introductorio de esta obra, apenas esbozo dos cuestiones capitales muy relacionadas con ese fenómeno, pero que conviene distinguir de él: el origen de la vida (cap. 6) y el origen del hombre (cap. 12). Los primeros capítulos de la Parte 1 tienen como objetivo central presentar la teoría darwinista de la evolución. Los capítulos 7-24 presentan la crítica del darwinismo (no del evolucionismo en general) en tres terrenos distintos: científico, filosófico y teológico. Me detengo mucho más en la crítica científica. Los últimos capítulos de la Parte 1 procuran sobre todo presentar la teoría científica del diseño inteligente y el debate acerca de la misma. En un anexo presento la doctrina católica sobre la creación y la evolución.

La Parte 2 está dedicada a la evolución cósmica. Tiene siete capítulos. Los capítulos 29-31 presentan el giro espectacular que la teoría del *Big Bang* produjo en la cosmología, analizan las probables implicaciones teológicas de esa nueva teoría cosmológica y muestran el fracaso de los modelos cosmológicos alternativos propuestos por científicos que luchan contra esa teoría debido a esas probables implicaciones. Los capítulos 32-35 son esencialmente un alegato contra el principio copernicano, entendido como un principio de mediocridad referido a nuestra posición e importancia en el universo. El desarrollo del argumento lleva a tratar también otros dos grandes temas: el principio antrópico y el multiverso.

La Parte 3 es un alegato contra el naturalismo metodológico de la ciencia. En esencia, argumento que esa forma de concebir la ciencia es (según los casos) errónea o perjudicial. Convierte a la ciencia en una gran aliada del naturalismo filosófico (una doctrina incompatible con el cristianismo) y tiende a impedir muchas formas de influencia positiva de la fe cristiana en la actividad científica.

Daniel Iglesias Grèzes

Montevideo, 4 de julio de 2020

PARTE I: DE LA EVOLUCIÓN BIOLÓGICA

1. TERMINOLOGÍA

El tema de este libro se presta a muchas confusiones, principalmente debido a la vaguedad o ambigüedad con que muchos autores usan términos como "creacionismo", "evolucionismo", etc. A fin de evitar esas confusiones tan frecuentes, en este capítulo procuraré definir con precisión los conceptos principales y en el resto del libro trataré de usarlos de forma consistente. Recuérdese el refrán escolástico: *de definitionibus non est disputandum* (las definiciones no se discuten). Las cuestiones terminológicas son de segundo orden con respecto a las cuestiones de fondo; y cada uno tiene derecho a elegir su propia terminología, dentro de ciertos límites razonables. Naturalmente, todas mis afirmaciones deben ser interpretadas según mi propia terminología. Ésta puede no gustar a algunos lectores. En ese caso ellos deberían traducir mis afirmaciones a su propia terminología. Sería obviamente incorrecto que juzgaran mis afirmaciones sin esa traducción, dando a los términos que uso un sentido diferente al que yo les doy. A continuación definiré algunos términos importantes. En algunos casos agregaré breves comentarios para tratar de aclarar aún más los conceptos y evitar de entrada ciertas confusiones.

Fijismo: teoría que sostiene que las distintas especies surgieron, de alguna manera, en su forma actual desde el principio, sin relación de descendencia entre sí, y no se transforman. En otras palabras, el fijismo afirma la independencia y la inmutabilidad de las especies. De por sí el fijismo no implica el creacionismo, pero en la práctica casi todos los fijistas son creacionistas.

Evolucionismo: es la teoría que sostiene que las distintas especies surgieron, de alguna manera, las unas de las otras, transformándose a lo largo del tiempo. En otras palabras, el evolucionismo afirma la interdependencia y la mutabilidad de las especies. Normalmente esta teoría va unida a la hipótesis de un único ancestro común de todas las especies. Evolucionismo no es sinónimo de darwinismo ni de evolucionismo materialista o naturalista.

Transformismo: evolucionismo. El término "transformismo" es más antiguo que su sinónimo "evolucionismo". Actualmente el término "transformismo" se usa poco.

Darwinismo: una de las muchas teorías de la evolución. En su forma original (la propuesta por Darwin) sostiene que las especies evolucionan principalmente por medio de variaciones graduales hereditarias y selección natural. La teoría darwinista de la evolución incluye tanto la microevolución por selección natural como la macroevolución por selección natural.

Selección natural: lucha o competencia por la supervivencia entre los distintos individuos de una misma especie. Favorece la supervivencia de los individuos más aptos, haciendo que éstos dejen una descendencia mayor que los menos aptos.

Selección artificial: selección realizada por medio de agentes inteligentes humanos que aplican ciertas técnicas para que los individuos de una especie tengan una descendencia con características determinadas por ellos. Este concepto se aplica tanto a las técnicas tradicionales de cría de ganado o mascotas como a las modernas técnicas de ingeniería genética.

Neodarwinismo: versión actual del darwinismo ortodoxo (gradualista). Sostiene que las especies evolucionan principalmente por medio de mutaciones genéticas aleatorias y selección natural. En otras palabras, hoy se entiende por evolución darwinista aquella que ocurre principalmente por medio del "mecanismo mutación-selección".

Microevolución: evolución biológica dentro de las fronteras de la especie. Altera algunos aspectos accidentales o secundarios de una especie, manteniendo incambiado su "plan corporal" básico. Hay dos tipos de microevolución: la que ocurre por selección artificial y la que ocurre por selección natural. La microevolución, tanto natural como artificial, es un hecho comprobado.

Macroevolución: evolución propiamente dicha, que genera nuevas especies. Altera significativamente las características corporales de una especie, convirtiéndola en otra especie distinta o muy distinta. La macroevolución es una hipótesis apoyada por casi todos los científicos, de tal modo que tiende a ser considerada casi como un hecho.

Materialismo: doctrina filosófica que afirma que sólo existe la materia, es decir entes materiales. Es una filosofía atea, por lo que es obviamente incompatible con la fe cristiana.

Naturalismo: doctrina filosófica que afirma que no ocurre nada sobrenatural en nuestro mundo, ya sea porque no existe un Dios trascendente o porque éste, aunque existe, no interviene de ninguna manera en el mundo. En otras palabras, es la doctrina filosófica que niega la existencia de lo sobrenatural o su capacidad de influir en nuestro mundo. Esta doctrina es incompatible con la fe cristiana y es compatible con el ateísmo, el agnosticismo, el panteísmo y el deísmo.

Evolucionismo materialista: cualquier teoría de la evolución que sólo admite la existencia de factores materiales. Por lo tanto excluye el creacionismo. El evolucionismo no implica necesariamente el materialismo.

Evolucionismo naturalista: cualquier teoría de la evolución que sólo admite la influencia de factores naturales, es decir que excluye posibles factores sobrenaturales. Por lo tanto excluye el creacionismo. El evolucionismo no implica necesariamente el naturalismo. Si el darwinismo es o no un evolucionismo naturalista es una cuestión disputada.

Naturalismo metodológico: concepción de la ciencia que no permite a ésta tener en cuenta la posibilidad de ningún influjo sobrenatural. En otras palabras, es la pretensión de imponer a los científicos la siguiente regla: "Actúa siempre, en cuanto científico, como si la filosofía naturalista fuera verdadera". Si el naturalismo metodológico de la ciencia es compatible o no con la fe cristiana es una cuestión disputada.

Creacionismo: doctrina que sostiene que Dios, de alguna manera, creó las distintas especies. Es un componente esencial de la fe cristiana. De por sí el creacionismo puede ser fijista o evolucionista. Normalmente incluye la noción del diseño inteligente de los seres vivos por parte de Dios, que es otro componente esencial de la fe cristiana. El uso corriente del término "creacionismo" como "creacionismo fijista" me parece incorrecto y desleal porque tiende a asociar una teoría desacreditada (el fijismo) a la noción de creación, arrojando así sobre ésta de entrada un manto de sospecha.

Creacionismo fijista: doctrina que sostiene que Dios creó las distintas especies de una forma compatible con el fijismo. A menudo se lo llama "creación especial", aludiendo así a intervenciones especiales de Dios para crear cada una de las especies, ya sea de forma casi simultánea o a lo largo de mucho tiempo.

Creacionismo evolucionista: doctrina que sostiene que Dios creó las distintas especies de una forma compatible con el evolucionismo. De por sí es compatible con la fe cristiana.

Evolucionismo teísta: en rigor, es sinónimo de creacionismo evolucionista. Sin embargo, se debe tener mucho cuidado con esta expresión dado que, aunque hay muchas formas distintas de evolucionismo teísta, algunas compatibles y otras incompatibles con la fe cristiana, en la práctica la expresión "evolucionismo teísta" se suele referir preferentemente a la posición de quienes quieren conjugar el darwinismo con el cristianismo.

Teoría científica del diseño inteligente (TCDI): teoría que sostiene que la ciencia puede detectar el diseño inteligente de algunos entes naturales, biológicos o no biológicos. De por sí la TCDI no implica ni el fijismo ni el evolucionismo sino que es compatible con ambos. Además, la TCDI tampoco implica necesariamente el creacionismo, aunque la mayoría de los defensores de la TCDI sostiene el creacionismo, en el sentido en que lo he definido: creencia en la creación divina de los seres vivos. Entre los defensores de la TCDI hay científicos y filósofos de todas las corrientes religiosas: católicos, cristianos no católicos, creyentes no cristianos y no creyentes.

Doctrina cristiana del diseño inteligente (DCDI): doctrina cristiana que afirma que Dios creó el mundo, la vida, las distintas especies y el hombre según un plan inteligente, con un propósito determinado. La DCDI es una parte esencial de la fe cristiana. En principio la TCDI y la DCDI son compatibles entre sí (no se excluyen necesariamente entre sí), pero tampoco se implican necesariamente entre sí.

2. CRÍTICA DEL FIJISMO

La biología antes de Darwin

Uno de los grandes logros de la ciencia biológica anterior a Darwin fue la clasificación de Linneo. El naturalista sueco Carlos Linneo (1707-1778), un gran exponente del fijismo, estableció los fundamentos de la taxonomía, rama de la biología que se ocupa de clasificar las distintas especies de seres vivos en grupos ordenados jerárquicamente. La taxonomía actual considera los siguientes grupos principales, en orden de jerarquía decreciente: reinos, *phyla*, clases, órdenes, familias, géneros y especies. Es decir que las especies más semejantes entre sí se agrupan en géneros, los géneros más semejantes entre sí se agrupan en familias, las familias en órdenes, etc. A modo de ejemplo citaré la clasificación linneana moderna del ser humano: reino animal, *phylum* vertebrado, clase mamífero, orden primate, familia *hominidae*, género *homo*, especie *homo sapiens*. En tiempos de Aristóteles (385-323 a. C.) se conocían sólo dos reinos de los seres vivos: el reino vegetal y el reino animal. La taxonomía actual reconoce cinco reinos, subdivididos en casi 90 *phyla*. Los tres nuevos reinos son las bacterias, los protistas y los hongos. Algunos autores dividen a las bacterias en dos reinos (arqueobacterias y eubacterias), totalizando seis reinos.

A mediados del siglo XIX estaba planteado el debate entre dos teorías contrarias sobre el origen de las especies: el fijismo y el evolucionismo. Antes de la publicación de las obras de Darwin el fijismo tenía un predominio absoluto en el ámbito científico. Sin embargo, Darwin no fue el primero en sostener el evolucionismo. Varias décadas antes de que Darwin planteara su teoría, el naturalista francés Jean-Baptiste Lamarck (1744-1829) propuso una teoría evolucionista basada en la herencia de los caracteres adquiridos. El lamarckismo fue objeto de muchas críticas científicas (incluso Darwin lo criticó) y no alcanzó una amplia aceptación.

En lo que respecta a las desapariciones de especies, en tiempos de Darwin prevalecía la teoría catastrofista del naturalista francés Georges Cuvier (1769-1832), otro gran exponente del fijismo. Según la teoría de Cuvier, los fósiles de animales desaparecidos se debían a las extinciones de especies causadas por grandes catástrofes geológicas.

Fijismo versus evolucionismo

Existen dos teorías principales y contrarias sobre el origen de las especies: el fijismo y el evolucionismo. La evidencia científica (fósil y molecular) disponible apoya decididamente la teoría evolucionista, es decir la hipótesis de que las especies surgieron las unas de las otras a través de un proceso evolutivo de miles de millones de años, a partir de una sola especie unicelular. El panorama general que ofrece la historia de la vida sugiere con mucha fuerza la idea de la evolución biológica, porque el registro fósil muestra la aparición sucesiva de formas de vida cada vez más complejas que, debido a sus semejanzas anatómicas y genéticas, dan toda la impresión de haber surgido unas de otras a través de muchas líneas evolutivas divergentes a partir de un ancestro común.

Nótese que lo contrario del evolucionismo no es el creacionismo, sino el fijismo. El creacionismo puede ser tanto evolucionista como fijista. Algunas personas siguen defendiendo el fijismo sobre todo por razones religiosas. Llamo a esta corriente de pensamiento "creacionismo fijista". A continuación criticaré sus dos versiones principales.

Creacionismo fijista de la Tierra joven (*young Earth creationism*)

Esta clase de fijismo es sostenida sobre todo por grupos protestantes fundamentalistas de Norteamérica. No sólo afirma el fijismo, sino que, con base en las cronologías bíblicas, afirma que Dios creó el universo alrededor del año 4.000 a. C. Esta tesis supone la creación del universo en seis días exactos, según una interpretación "literalista" de Génesis 1. En esta perspectiva, las numerosas evidencias científicas de que el universo tiene una antigüedad de miles de millones de años son vistas como engaños diabólicos o conspiraciones anticristianas.

Mi juicio sobre esta forma de creacionismo es totalmente negativo, por dos razones principales.

La primera razón es que la teoría de la Tierra joven es racionalmente insostenible, porque implica rechazar ciencias enteras muy bien fundadas (cosmología, geología, paleontología, etc.). Ese rechazo carece de dignidad científica. Los creyentes no debemos (y no tenemos por qué) rechazar dataciones que están completamente probadas por la ciencia.

La segunda razón es que las lecturas fundamentalistas de la Biblia propias de esta corriente chocan con la doctrina católica (cf. *Catecismo de la Iglesia Católica,*núm. 337), con claras orientaciones del Magisterio de la Iglesia sobre la interpretación de la Biblia (cf. Papa Pío XII, encíclica *Divino Afflante Spiritu,* año 1943; Concilio Vaticano II, constitución dogmática *Dei Verbum,* año 1965; Pontificia Comisión Bíblica, *La interpretación de la Biblia en la Iglesia,* año 1993) y con prácticamente toda la exégesis católica contemporánea.

Los escasos católicos defensores de la teoría de la Tierra joven se expresan como si la "cuestión bíblica" siguiera planteada igual que en el siglo XIX; pero desde entonces mucha agua ha corrido bajo el puente de la teología, que también se desarrolla, creciendo en su comprensión de la Palabra de Dios. Siguiendo las enseñanzas del Magisterio de la Iglesia, hoy los católicos somos muy conscientes de que, para interpretar correctamente Génesis 1-2, hay que tener en cuenta sus géneros literarios y la cultura de su época; pero ante todo se ha de tener en cuenta que la verdad que la Biblia transmite sin error es una verdad de orden religioso y salvífico, no científico. El Autor principal de la Biblia, al inspirarla, no nos quiso revelar la ciencia cosmológica, geológica o biológica, sino el misterio de Dios y del hombre, el camino de la salvación.

En resumen, la teoría de la Tierra joven es anticientífica y está motivada por una forma de exégesis bíblica que está desacreditada por el actual nivel de conocimientos teológicos.

Creacionismo fijista de la Tierra vieja (*old Earth creationism*)

Esta teoría se aleja algo del fundamentalismo bíblico radical, al admitir que las especies surgieron gradualmente a lo largo de cientos o miles de millones de años, aunque sigue sosteniendo las especies que son inmutables e independientes entre sí.

Mi juicio sobre esta postura, aunque también negativo, es más matizado. La doctrina cristiana es creacionista, pero de por sí no implica ni el evolucionismo ni el fijismo, sino que es compatible con ambos. Es decir que en principio ambas posturas son ortodoxas desde el punto de vista católico. No hay motivos teológicos válidos que obliguen al católico a adherirse al fijismo.

Mi juicio negativo sobre el creacionismo fijista de la Tierra vieja está motivado principalmente por razones científicas. Si bien la evolución no es un hecho comprobado directamente, los indicios que apoyan la teoría de la evolución son tantos y tan fuertes que (en sintonía con el Mensaje del Papa San Juan Pablo II a la Academia Pontificia de Ciencias del 22/10/1996) se puede decir que hoy esa teoría es más que una simple hipótesis. De ahí que en la actualidad casi ningún científico sostenga el fijismo. Desde el punto de vista racional la cuestión parece decidida a favor del evolucionismo. Por lo tanto, y dado que no existe la "doble verdad", el cristiano hará bien en adherirse al abrumador consenso de los científicos a favor del evolucionismo y en contra del fijismo. Sin embargo, como veremos luego, el descarte del fijismo no impide considerar muy seriamente la teoría que denominaré "evolucionismo cuasifijista".

La oposición creacionista a las teorías evolucionistas es pseudocientífica cuando rechaza toda posible noción de la evolución con base en una interpretación fundamentalista de la Biblia. Esta precisión es importante, porque los darwinistas tienden a calificar erróneamente como "creacionista", en sentido peyorativo, a todo rechazo del darwinismo. Empero, darwinismo y evolucionismo no son sinónimos.

3. DARWINISMO Y NEODARWINISMO

Charles Darwin

Charles Darwin (1809-1882) fue un naturalista inglés, cuyos dos abuelos fueron conocidos "librepensadores". Charles estudió medicina durante dos años en Edimburgo, pero no le interesó. De 1828 a 1831 estudió teología en Cambridge. Tampoco le interesó, pero aprendió casi de memoria el libro *Religión Natural* de Paley, del que hablaremos más adelante. Entre 1831 y 1836 realizó su famoso viaje de investigación de la naturaleza en el *Beagle*. Durante ese viaje y el período siguiente perdió la fe cristiana, volviéndose agnóstico. En 1838 leyó el libro *Un ensayo sobre el principio de la población* del clérigo anglicano Thomas Malthus (1766-1834). La teoría de Malthus sobre la superpoblación le sirvió de guía para formular su propia teoría del origen de las especies por selección natural, basada en la lucha por la supervivencia.

En tiempos de Darwin se impuso en geología la teoría uniformista de los geólogos británicos James Hutton (1726-1797) y Charles Lyell (1797-1875): según esta teoría, los fenómenos geológicos pasados fueron causados por fuerzas naturales uniformes que actuaron de un modo gradual a lo largo de mucho tiempo, excluyéndose los fenómenos catastróficos. En parte la obra de Darwin se inspiró en la de su amigo Lyell. Darwin quiso hacer en biología algo similar a lo que Lyell hizo en geología: explicar los fenómenos respectivos con base en fuerzas naturales y uniformes.

El biólogo británico Alfred Wallace (1823-1913), independientemente de Darwin, elaboró una teoría de la evolución biológica por selección natural muy similar a la de Darwin. Habiéndose enterado de esto gracias a la correspondencia entre ambos, Darwin se decidió a no demorar más la publicación de sus ideas, para no perder la prioridad. Wallace, a diferencia de Darwin, creía en el diseño inteligente de los seres vivos por parte de Dios.

Después de muchos años de preparación, Darwin publicó en 1859 *El origen de las especies*. El título completo del libro es: *Sobre el origen de las especies por medio de la selección natural o la preservación de las razas favorecidas en la lucha por la vida*. La primera edición de *El origen de las especies*, de 1.250 ejemplares, se agotó en un solo día, algo muy inusual. En una carta dirigida a Karl Marx, Friedrich Engels, comentando ese libro, escribió: "La teleología[2] todavía no estaba destruida. Y eso es lo que ha ocurrido ahora". En 1871 Darwin publicó otro libro importante: *El origen del hombre, y la selección en relación al sexo*. En este libro extendió su teoría de la evolución al origen del hombre a partir de un ancestro del orden de los primates. Las dos obras principales de Darwin alcanzaron un gran éxito, de modo que el evolucionismo sustituyó rápidamente al fijismo como la teoría científica más aceptada sobre el origen de las especies.

Darwin murió en 1882. Recibió funerales de Estado, algo muy excepcional para alguien que no era parte de la realeza británica.

El darwinismo

Todos los seres vivos (animales, plantas, hongos, protistas y bacterias) pueden ser clasificados en especies. Cada especie agrupa a todos los individuos que comparten determinadas características básicas, propias de la especie. El evolucionismo es la teoría científica vigente acerca del origen de las especies. Como

---

[2] La teleología es la doctrina de las causas finales, que implica la existencia de Dios. La causa final de un ente es su fin o propósito. Esta doctrina filosófica está tan arraigada en el sentido común de la humanidad que ni siquiera los darwinistas más materialistas logran evitarla del todo al hablar de biología, puesto que, por ejemplo, a menudo deben referirse a la "función" de un órgano, concepto que en el fondo implica la existencia de una finalidad en la naturaleza.

hemos visto, el evolucionismo afirma que las especies se originan las unas de las otras por un proceso de transformación: la evolución biológica.

Aunque a menudo "evolucionismo" y "darwinismo" son considerados sinónimos, sobre todo en el área anglosajona, en realidad se trata de dos conceptos diferentes. El darwinismo es un tipo particular de evolucionismo, una de sus muchas formas posibles. Al evolucionismo en sentido amplio, según la definición ya indicada, el darwinismo agrega otros tres elementos.

Ancestro común universal. Darwin especuló que todas las especies que existen o han existido podrían provenir de un número pequeño de especies ancestrales, tal vez sólo una. Los darwinistas actuales afirman como una premisa fundamental que todos los seres vivos descienden de un único ancestro común universal; no sólo de una única especie ancestral, sino incluso de un único individuo unicelular. Darwin ilustró esta idea con la imagen del "árbol de la vida", la única representación gráfica contenida en *El origen de las especies*.

Variaciones graduales hereditarias. Darwin supuso que la evolución se produce a través de un proceso natural de "descendencia con modificación" y que las nuevas variantes biológicas son producidas por un mecanismo que genera variaciones aleatorias, pequeñas, ventajosas, hereditarias, sucesivas y acumulativas. Este mecanismo, desconocido para Darwin, fue identificado luego por los neodarwinistas. Tanto para Darwin como para el neodarwinismo, la hipótesis de la gradualidad de los cambios es fundamental.

Selección natural. Darwin propuso que la clave principal de la evolución biológica es la selección natural, una competencia o lucha por la supervivencia entre las distintas variantes de una especie. A la larga esta lucha favorece la supervivencia de las variantes más aptas (las que dejan mayor descendencia) y produce la extinción de las variantes menos aptas (las que dejan menor descendencia). Los organismos más aptos son los mejor adaptados a su ambiente. Según Darwin, la combinación de las variaciones graduales hereditarias y la selección natural, después de mucho tiempo y de muchos pasos intermedios, cada uno de ellos ventajoso, produce una nueva especie. Darwin no tenía ninguna evidencia de la selección natural, por lo que en gran parte basó su teoría en una analogía con los casos conocidos de selección artificial. Esta última se debe a la acción de agentes inteligentes (humanos).

El neodarwinismo

Gregor Mendel (1822-1884) fue un religioso católico y botánico austriaco, contemporáneo de Darwin. Es considerado el padre de la genética. Indujo las leyes que llevan su nombre a partir de largos y pacientes experimentos acerca de la herencia de los caracteres de los guisantes. Cruzando guisantes que diferían en un solo carácter (grano liso o rugoso, flores blancas o coloreadas, etc.), estudió la transmisión de esos caracteres entre las distintas generaciones de guisantes. Su obra, pese a haber sido publicada, pasó inadvertida por la comunidad científica. Fue un caso paradigmático de buena ciencia experimental, que contrasta netamente con las arriesgadas especulaciones de Darwin.

Desde la publicación de *El origen de las especies*, siempre hubo críticas científicas al darwinismo. Después de 1900, cuando se produjo el redescubrimiento de las leyes de Mendel, dando origen a la nueva ciencia de la genética, el prestigio de la teoría de Darwin pareció eclipsarse. Sin embargo, en el período 1920-1950, mediante el trabajo conjunto de varios científicos, se forjó la teoría neodarwinista (también llamada "teoría sintética", "síntesis moderna" o "síntesis evolutiva"), que combinó el darwinismo con la genética y otras ramas de la biología. El neodarwinismo insufló nueva vida a la teoría de Darwin y terminó por imponerse, acaparando hasta hoy un consenso muy amplio entre los biólogos. Es la versión actual del darwinismo.

El neodarwinismo identifica el mecanismo que produce las pequeñas modificaciones graduales postuladas por Darwin con las mutaciones genéticas aleatorias, y mantiene la teoría de Darwin sobre la selección natural. Una mutación genética aleatoria es un accidente molecular, un error en el proceso de copia de la información genética. De los dos factores determinantes de la evolución neodarwinista, sólo uno de ellos (las mutaciones genéticas aleatorias) tiene un rol activo o creativo, mientras que el otro (la selección natural) tiene un rol meramente pasivo o destructivo. Es decir que todas las variantes biológicas son generadas mediante mutaciones genéticas aleatorias. La selección natural no hace avanzar la evolución; no crea ningún organismo, sino que sólo elimina los menos aptos, dejando en pie los más aptos. Esto significa que el azar es el único motor de la evolución, siendo la selección natural solamente su timón.

Aunque a menudo los darwinistas admiten que en la evolución biológica puede haber otros factores determinantes, además de las mutaciones genéticas aleatorias y la selección natural, en la práctica tienen una fuerte tendencia a asumir que esos dos factores bastan para explicar la complejidad y diversidad de la vida, de tal modo que los otros factores, si existen, tienen menor importancia.

Algunos autores sostienen que también la selección natural está regida por el azar, dado que los cambios de las condiciones ambientales que determinan dicha selección no tienen una correlación discernible con las características de las especies antes de su adaptación a esos cambios. Actualmente se da un debate científico entre los "seleccionistas" (darwinistas ortodoxos) y los "neutralistas", partidarios de la teoría del biólogo japonés Motoo Kimura (1924-1994) sobre la selección neutral. Según Kimura, generalmente la selección natural no favorece a las variantes más aptas (como propuso Darwin), sino a variantes cualesquiera, seleccionadas al azar. Si los neutralistas tuvieran razón, también el factor pasivo de la evolución darwinista estaría regido por el azar. Pero a los efectos de este libro se puede prescindir de esto. Basta tener en cuenta que el único factor activo de la evolución darwinista está regido por el azar.

Dado que el propósito fundamental de este libro no es trazar la historia del darwinismo sino examinar su validez científica, en general de aquí en adelante, al referirnos al darwinismo, no vamos a aludir a su primera versión (la del propio Darwin), sino a su versión actual, el neodarwinismo.

El valor científico del darwinismo

Es esencial distinguir entre evolucionismo en general y darwinismo, una teoría particular sobre la evolución. A lo largo de este libro procuraré mostrar que la teoría darwinista no es una verdad indiscutible, demostrada por la ciencia, y que tampoco es una buena teoría científica, que a lo sumo necesitaría pequeños ajustes, sino que, en cambio, el darwinismo puede ser visto como una pseudociencia, condicionada en gran medida por la ideología naturalista e individualista del ambiente científico de la Inglaterra victoriana. Sostendré que, en lo referente a la macroevolución (que es lo que en general se entiende por "evolución" cuando se discute sobre la teoría de la evolución), la teoría darwinista no sólo no tiene suficiente sustento empírico, sino que es incapaz de resolver las dificultades abrumadoras planteadas por la evidencia matemática, paleontológica, molecular, etc. Esa teoría se apoya en una extrapolación infundada de la microevolución a la macroevolución. En resumen, sostendré que es falso que ya no haya nada que discutir (en los niveles científico, filosófico y teológico) acerca de la teoría de la evolución que predomina actualmente, es decir el neodarwinismo. En los tres niveles mencionados se están desarrollando hoy, sobre todo en los Estados Unidos, intensos e interesantes debates sobre el neodarwinismo.

4. CONSECUENCIAS DEL DARWINISMO

Difusión del darwinismo

El principal difusor del darwinismo en Gran Bretaña fue Thomas Henry Huxley (1825-1895), un científico agnóstico inglés muy influyente que fue llamado "el *bulldog* de Darwin". En 1860 tuvo lugar un debate público sobre el darwinismo entre Huxley y Samuel Wilberforce, Obispo de Oxford. Según la opinión pública, Huxley triunfó en ese debate, que muchos vieron como una confrontación entre la ciencia y la religión cristiana. Huxley fue también el fundador del *X Club*, un círculo social formado por nueve científicos británicos que apoyaban el naturalismo científico y la teoría darwinista de la evolución. Se dice que el *X Club*, a través de la gran influencia de sus miembros, gobernaba la comunidad científica británica. Huxley mantuvo en privado un punto de desacuerdo importante con Darwin: su reticencia frente al compromiso absoluto de Darwin con el gradualismo.

Ernst Haeckel (1834-1919), zoólogo y filósofo panteísta alemán, fue el principal promotor de la obra de Darwin en Alemania. En el contexto del darwinismo, Haeckel defendió la teoría de la recapitulación, posteriormente desestimada por la ciencia. Dicha teoría establece que "la ontogénesis recapitula la filogénesis"; es decir, que el desarrollo embrionario de cada individuo vivo reproduce, de un modo abreviado, toda la historia del desarrollo evolutivo de su especie respectiva. Para apoyar su teoría, Haeckel publicó dibujos sutilmente tergiversados del desarrollo embrionario de distintas especies. Su fraude fue sumamente exitoso. Sus dibujos de embriones siguieron apareciendo como evidencia a favor del darwinismo en muchos libros de texto de biología hasta muchas décadas después de que la ciencia descartara la teoría de la recapitulación[3].

En 1925 tuvo lugar el Juicio Scopes en Tennessee, Estados Unidos. Este juicio representó un gran triunfo publicitario de los darwinistas.

El darwinismo y el ateísmo actual

El siglo XIX fue un tiempo de auge del cientificismo ateo. Charles Darwin, Karl Marx y Sigmund Freud, los tres grandes padres del "ateísmo científico", pretendieron adjudicar valor científico a sus respectivos sistemas. Karl Popper, el más famoso epistemólogo del siglo XX, calificó al darwinismo, el marxismo y el psicoanálisis como pseudociencias, por no ser falsables, es decir, por ser *a priori* imposible su refutación empírica. El marxismo y el psicoanálisis ya han perdido gran parte de su antiguo prestigio intelectual. Después de la caída del muro de Berlín en 1989 y de la disolución de la Unión Soviética en 1991, son pocos los que siguen creyendo que el "socialismo científico" de Marx contiene la verdadera clave de interpretación de toda la historia humana y ofrece el camino infalible para la construcción del paraíso comunista en la tierra. Hoy parece claro que el marxismo, y no el cristianismo, es un "opio de los pueblos". En cuanto al psicoanálisis de Freud, quien consideraba a la religión como una forma de neurosis obsesiva colectiva, hoy casi ha desaparecido de las cátedras de psicología de las universidades de los Estados Unidos y de varios países de Europa. Incluso en Francia, donde la influencia del freudismo aún es grande, se publicó en 2004 *El Libro Negro del Psicoanálisis*, una muy dura y documentada crítica del valor científico y terapéutico del psicoanálisis y de la ética científica de su fundador.

En cambio, el darwinismo aún reina en el ámbito científico, pese a que enfrenta muchas dificultades intelectuales gravísimas.

---

[3] Para profundizar este tema recomiendo: Jonathan Wells, *Icons of Evolution*, cap. 5.

Todo ello ayuda a explicar el celo intransigente, rayano en el fanatismo, con que muchos no creyentes se aferran al darwinismo, el único sustento aparente importante que resta del cientificismo ateo[4]. La adhesión apasionada al darwinismo de muchos científicos no creyentes llega a menudo al extremo de la censura y la persecución de los científicos o docentes no darwinistas[5]. Este fenómeno está muy bien retratado en el documental *Expelled: no intelligence allowed* de Ben Stein[6]. Por su parte, el sitio web *Free Science* (Ciencia Libre) narra las historias de doce científicos o docentes perseguidos laboralmente por cuestionar el darwinismo[7].

A pesar de su tendencia relativista, es interesante la tesis de Thomas Kuhn sobre las "revoluciones científicas" (cambios de "paradigmas" científicos) y su análisis de los aspectos sociológicos de la evolución de la ciencia. Kuhn dice que el grupo dominante dentro del *establishment* científico siempre se opone a los cambios de paradigma, porque le conviene mantener el *statu quo*. Esto es lo que sucede hoy en el caso del debate sobre el darwinismo. Los darwinistas utilizan con frecuencia distintas

---

[4] Según una frase famosa de Dawkins: "Aunque el ateísmo puede haber sido lógicamente sostenible antes de Darwin, Darwin hizo posible ser un ateo intelectualmente satisfecho" (Richard Dawkins, *The Blind Watchmaker* [El relojero ciego], 1986, pág. 6).

[5] El siguiente comentario de P. Z. Myers, uno de los darwinistas más conocidos de los Estados Unidos, en el famoso blog darwinista *The Panda's Thumb* (El pulgar del panda) en 2005, ilustra esa actitud fanática: "Por favor no trate de decirme que objeta el tono de nuestras quejas [sobre los docentes que cuestionan el darwinismo]. Nuestro único problema es que no somos suficientemente marciales o vigorosos o estridentes o iracundos. Las únicas respuestas apropiadas deberían involucrar alguna forma de justa furia, muchas patadas en el trasero y el despido y la humillación pública de algunos docentes, muchos miembros de consejos escolares y vastos números de sórdidos políticos de extrema derecha".

[6] El documental completo (en inglés) está disponible en Youtube, por ejemplo en: https://www.youtube.com/watch?v=V5EPymcWp-g&list=PLD6haCZDLRfVg9_QSA7FQdDIh6B7u6YoM&index=2&t=0s.

[7] Véase: https://freescience.today/stories/.

formas de censura, que comienzan por el cuestionamiento de la aptitud o la integridad de los científicos que disienten del "dogma" darwinista, y llegan hasta su expulsión de cargos académicos.

Extrapolaciones del darwinismo

El pensamiento darwinista se caracteriza por las extrapolaciones audaces. El mismo Darwin realizó las siguientes cuatro extrapolaciones: a) de la selección artificial a la selección natural; b) de la microevolución a la macroevolución; c) del origen evolutivo de las especies al origen evolutivo del hombre; d) de la evolución biológica a la evolución social. Posteriormente, otros pensadores efectuaron extrapolaciones adicionales de la teoría de Darwin: a) de la evolución biológica a la evolución prebiológica o química; b) de la evolución biológica a la evolución cósmica en el multiverso; c) de la biogénesis y la antropogénesis a la cristogénesis y la teogénesis (según Pierre Teilhard de Chardin).

La perspectiva darwinista se ha convertido en una completa cosmovisión atea por medio de una doble extrapolación, "hacia arriba" y "hacia abajo", por así decir. Mediante la extrapolación hacia abajo, la evolución darwinista se extiende también a la evolución prebiológica (origen de la vida por medio de reacciones químicas aleatorias en la "sopa primordial") e incluso a la evolución cósmica (múltiples o infinitos universos que evolucionan en una especie de selección natural darwinista). Mediante la extrapolación hacia arriba, la evolución darwinista se convierte en darwinismo social: el ser humano toma el control de su propia evolución, utilizando la eugenesia para eliminar a los hombres menos aptos y obtener un mejoramiento de la especie humana, al modo de los criadores de animales.

El darwinismo da pie a una antropología desoladora: el hombre como mero primate evolucionado. Además, extrapolado en forma de darwinismo social, tiene consecuencias sociales funestas. Si el hombre es sólo un animal más y la ley que rige su evolución es la selección natural (la supervivencia del más apto), entonces es fácil justificar que en la sociedad prevalezca siempre el más fuerte. No obstante, el darwinismo se puede distinguir de sus extrapolaciones y de hecho la mayoría de los darwinistas no apoyan el racismo o la eugenesia. Desde el punto de vista científico cabe juzgar al darwinismo en sí mismo, independientemente de sus probables consecuencias sociales negativas.

5. DARWINISMO SOCIAL Y TRANSHUMANISMO

El darwinismo social

Los libros principales de Charles Darwin fueron *El origen de las especies* (1859) y *El origen del hombre* (1871). Darwin, basándose —según él mismo admite— en la doctrina de Malthus, planteó su teoría de la evolución biológica por selección natural en *El origen de las especies*, y la extendió a la especie humana en *El origen del hombre*, sosteniendo que ésta desciende de una especie de primates.

El darwinismo social, que tuvo su origen principal en la obra del filósofo inglés Herbert Spencer (1820-1903), es otra extensión del darwinismo: la selección natural —o sea, la lucha por la supervivencia del más apto— se daría también dentro de las sociedades humanas. El darwinismo social contribuyó a sustentar las teorías racistas en boga a fines del siglo XIX y fue el principal sustento intelectual del movimiento eugenésico, que buscó mejorar la raza humana por medios análogos a los empleados en la cría de perros o caballos.

Charles Darwin expresó algunas ideas racistas y eugenésicas en *El origen del hombre*. Véanse por ejemplo las siguientes citas (traducidas por mí):

> "Entre los salvajes, los débiles, de cuerpo o de mente, son eliminados pronto; y los que sobreviven exhiben comúnmente un estado de salud vigoroso. Por otra parte, las personas civilizadas hacemos el mayor esfuerzo para refrenar el proceso de eliminación. Construimos asilos para los imbéciles, los tullidos y los enfermos; instituimos leyes para proteger a los pobres; y nuestros médicos ejercen su máxima capacidad para salvar la vida de todos

hasta el último momento. Hay razones para creer que la vacunación ha preservado a miles de individuos de constitución débil que anteriormente habrían sucumbido a la viruela. Así los miembros débiles de las sociedades civilizadas propagan su linaje. Nadie que se haya ocupado de la cría de animales domésticos dudará que esto tiene que ser muy nocivo para la raza humana"[8].

"En algún período futuro, no muy distante al medirlo en siglos, las razas humanas civilizadas casi seguramente exterminarán y reemplazarán a las razas salvajes en todo el mundo. Al mismo tiempo los simios antropomorfos (...) sin duda serán exterminados. La brecha entre el hombre y sus aliados más cercanos será entonces más amplia, porque se interpondrá entre el hombre en un estado más civilizado, como podemos esperar, incluso más que el caucásico, y algún simio tan inferior como un babuino, en lugar de la que existe ahora entre el negro o el australiano y el gorila"[9].

Las teorías eugenésicas se difundieron ampliamente durante la primera mitad del siglo XX y gozaron de mucha influencia entre círculos científicos anglosajones gracias a su conexión con la teoría y la familia de Darwin. En 1907 se fundó la Sociedad Eugenésica británica, inspirada en las ideas de Charles Darwin y de Francis Galton, primo y amigo de Darwin. Galton fue presidente honorario de esa sociedad, de la que formaron parte también H. G. Wells, Aldous Huxley (nieto de Thomas Huxley, el gran difusor del darwinismo) y Marie Stopes, la principal promotora del control de la natalidad en Gran Bretaña. Cuatro de los seis hijos varones de Darwin fueron miembros de la Sociedad Eugenésica. Uno de ellos (Leonard Darwin) fue su tercer

---

[8] Charles Darwin, *The Descent of Man and Selection in Relation to Sex*, Down, Beckenham, Kent, 1874 (segunda edición), pág. 90.
[9] *Ibid.*, pág. 105.

presidente, de 1911 a 1929. Leonard Darwin escribió los libros *¿Qué es la eugenesia?* y *La necesidad de una reforma eugenésica*, este último dedicado a su padre. Charles Galton Darwin, nieto de Charles Darwin, presidió la Sociedad Eugenésica de 1953 a 1959. Julian Huxley, otro nieto de Thomas Huxley, la presidió de 1959 a 1962. Antes había sido el primer Director General de la UNESCO.

El darwinismo social tuvo un gran impacto en Alemania. El historiador estadounidense Richard Weikart ha explorado las raíces darwinistas del nacionalsocialismo en varios de sus libros[10], mostrando la gran influencia del darwinismo social en muchos de los pensadores alemanes que crearon la atmósfera intelectual en la que el nazismo surgió y prosperó. Para muchos de ellos el progreso evolutivo se convirtió en el bien supremo, que justificaba la dominación o incluso la eliminación de los débiles por parte de los fuertes. Según Weikart, esa "ética evolutiva" modeló casi todas las facetas principales de la política nazi: eugenesia, eutanasia, racismo, expansión demográfica, guerra ofensiva y exterminación racial[11].

La conexión entre el darwinismo, por una parte, y el darwinismo social, el racismo y la eugenesia, por otra parte, no es puramente accidental. La teoría darwinista de la evolución tiende fácilmente al racismo y la eugenesia. Generalmente los darwinistas piensan

---

[10] Los libros de Richard Weikart relacionados con este tema son cinco: *Socialist Darwinism: Evolution in German Socialist Thought from Marx to Bernstein* (El darwinismo socialista: la evolución en el pensamiento socialista alemán de Marx a Bernstein, 1998); *From Darwin to Hitler: Evolutionary Ethics, Eugenics and Racism in Germany* (De Darwin a Hitler: ética evolutiva, eugenesia y racismo en Alemania, 2004); *Hitler's Ethic: The Nazi Pursuit of Evolutionary Progress* (La ética de Hitler: la búsqueda nazi del progreso evolutivo, 2009); *Hitler's Religion: The Twisted Beliefs that Drove the Third Reich* (La religión de Hitler: las creencias retorcidas que condujeron al Tercer Reich, 2016).

[11] De paso dejo constancia de que Adolf Hitler no era cristiano ni ateo, sino panteísta: creía en la divinidad de la Naturaleza.

que el ser humano ha surgido por el mero impulso de la evolución, sin ninguna intervención divina. A partir de esa premisa falsa se puede llegar a las siguientes conclusiones: a) el hombre es sólo un animal más evolucionado, y entre el hombre y los animales existe sólo una diferencia de grado; b) por lo tanto, también dentro de la especie humana se da la selección natural, que favorece a las razas más aptas en detrimento de las menos aptas; c) por ende, también dentro de la especie humana puede haber razas superiores (más evolucionadas) y razas inferiores (menos evolucionadas); y d) no hay una buena razón para no aplicar a los seres humanos las mismas técnicas de reproducción aplicadas en la cría de animales. El ser humano tomaría así el control de su propia evolución.

La negación del carácter excepcional del ser humano conduce al rechazo de la sacralidad de la vida humana, al relativismo moral y a la justificación de la aplicación de la "ley de la selva" en la sociedad.

Hay quienes dicen que criticar o condenar al darwinismo por su asociación con el darwinismo social es como criticar o condenar al cristianismo por su asociación con la Inquisición. Esto me parece un error porque las relaciones entre ambos pares de fenómenos son muy diferentes entre sí. Condenar al cristianismo por la Inquisición sería correcto si los abusos de la Inquisición pertenecieran a la esencia de la fe cristiana; por ejemplo, si Jesucristo hubiera enseñado que sus discípulos debemos quemar a los herejes. Es muy claro que ése no es el caso. Si bien Jesús da reglas para la vida eclesial donde se prevé la exclusión de la comunidad de los cristianos muy desviados (en casos determinados), toda su enseñanza sobre la caridad fraterna, la paz y el amor a los enemigos es frontalmente contraria a la imposición de la ortodoxia doctrinal por la fuerza. Y de hecho la Iglesia existió sin Inquisición, antes y después de la Inquisición.

El caso de la relación entre el darwinismo y el darwinismo social es muy diferente:

a) El mismo Darwin dice que su gran fuente de inspiración fue Malthus. Antes de leer a Malthus, Darwin tenía una gran masa de datos empíricos y ninguna teoría. Después de leer a Malthus (un evidente precursor del darwinismo social), Darwin forjó su teoría de la evolución como lucha por la supervivencia del más apto dentro de cada especie.

b) Como vimos, es un dato irrefutable que la segunda gran obra de Darwin (*El origen del hombre*) incluye lamentables expresiones racistas y eugenésicas.

c) Como vimos, también es evidentísimo que la tétrica Sociedad Eugenésica británica tiene un origen íntimamente ligado a Darwin y a su pensamiento.

d) La misma palabra "evolución" no proviene del mismo Darwin sino de Spencer, el primer gran teórico del darwinismo social.

e) La conexión entre las ideas del darwinismo y las del darwinismo social es simple y natural. Si la historia de la vida (hasta la aparición del hombre) ha estado dominada por la lucha por la supervivencia del más apto, no se ve por qué (en las coordenadas mentales darwinistas), una vez que el hombre irrumpe en escena no se va a reproducir exactamente la misma lucha dentro de la sociedad humana.

f) Los intentos darwinistas de explicar el altruismo humano resultan absurdos y hasta patéticos. Por ejemplo, Dawkins pretende librarse de la acusación de fomentar una antropología terriblemente individualista diciendo que con el hombre, un ser inteligente, la evolución puede autocontrolar hacia dónde se dirige, evitando los peores extremos del egoísmo. Pero en su sistema la solidaridad humana es una mera apariencia o ilusión, un truco más de los genes egoístas para autoperpetuarse. No hay verdadera libertad ni verdadero conocimiento en una perspectiva radicalmente darwinista. Los darwinistas no parecen haber tomado mucha conciencia de que en su sistema incluso la misma teoría darwinista sería, no una verdad objetiva, sino otro "meme", otro truco del "gen egoísta". Al final tampoco se ve por qué habríamos de creer en esa teoría.

En su brillante *Ensayo sobre el desarrollo de la doctrina cristiana* (de 1845), el inglés John Henry Newman (1801-1890), tal vez el mayor teólogo del siglo XIX, analiza los cambios en los sistemas de ideas y propone siete criterios para distinguir los desarrollos auténticos de una idea de las corrupciones de esa misma idea[12]. Pues bien, en la terminología de Newman, y usando sus criterios, podríamos decir que los abusos de la Inquisición fueron una corrupción del cristianismo, mientras que el darwinismo social puede ser visto como un desarrollo auténtico del sistema darwinista.

El transhumanismo

El transhumanismo es una utopía materialista que pretende utilizar medios tecnológicos para transformar al ser humano en algo más que humano. Los transhumanistas conciben lo transhumano como una etapa de transición hacia lo posthumano. El símbolo que representa al transhumanismo (H+) manifiesta esa voluntad de autotrascendencia. Para captar rápidamente la esencia del transhumanismo, conviene considerar que la mayoría de los transhumanistas aspira a que el progreso tecnológico permita al hombre alcanzar la inmortalidad. Además, los transhumanistas imaginan que en una sociedad transhumanista

---

[12] En la segunda parte de esa obra Newman muestra que lo que los protestantes llamaban "las corrupciones romanas" (es decir, católicas) son desarrollos auténticos de la doctrina cristiana. Al terminar esa obra, Newman se convirtió al catolicismo.

la esperanza de vida promedio superaría los 120 años y en general las personas estarían dispuestas a reemplazar sus órganos sanos por dispositivos artificiales, a fin de mejorar sus capacidades físicas o psíquicas. Con base en su fe progresista y cientificista, los transhumanistas creen firmemente que estas cosas ocurrirán, más pronto o más tarde.

"Los proselitistas del 'transhumanismo' afirman que, a través de las maravillas de la tecnología, tú o tus hijos vivirán para siempre. No sólo eso, sino que dentro de décadas tú serás capaz de transformar tu cuerpo y tu consciencia en una infinita variedad de diseños y propósitos: una evolución autodirigida que conduce al desarrollo de 'especies posthumanas' con superpoderes semejantes a los de personajes de comics. En verdad, un día seremos como dioses: 'En el futuro distante', suspiró el biólogo de Princeton Lee Silver en su libro *Remaking Eden* [Rehaciendo el Edén], nos convertiremos en 'seres mentales' inmortales tan 'diferentes de los humanos como los humanos lo son de los gusanos primitivos con cerebros diminutos que por primera vez se arrastraron a lo largo de la superficie de la tierra'.

El extraordinario inventor Ray Kurzweil es probablemente el proponente más famoso del transhumanismo. Kurzweil, quien ahora es el jefe de ingeniería de Google, predice que 'la Singularidad', un 'punto de inflexión' adveniente de aceleración tecnológica exponencial, desencadenará una cascada imparable de avances científicos que conducirá a la inevitable superación de la muerte física. Kurzweil predice que la inmortalidad humana estará aquí hacia 2045, alcanzada por medio de la carga de nuestras mentes en computadoras. 'Tendremos cuerpos no biológicos', profetizó, 'que nos permitirán vivir en una realidad virtual que será tan realista como la realidad real'.

Otros proyectos transhumanistas incluyen la ingeniería genética de embriones para producir niños mejorados, la vida en una conciencia de grupo y la alteración radical del cuerpo para expresar mejor la hiperindividualidad"[13].

El transhumanismo es una ideología evolucionista. Según el transhumanismo, la evolución, que en el pasado hizo surgir la vida no consciente a partir del universo inanimado y la humanidad a partir de la vida no consciente, transformará a la humanidad primero en la transhumanidad y después en la posthumanidad. Es fácil ver que el darwinismo y el darwinismo social figuran entre las principales raíces ideológicas del transhumanismo. Con mucha razón, Francis Fukuyama ha calificado al transhumanismo como "la idea más peligrosa del mundo". Describir ese peligro excede el alcance de este libro. Aquí me bastará aludir a la tendencia misantrópica del transhumanismo[14], a su semejanza con la idea del superhombre de Nietzsche y a su carácter de eco lejano de la promesa seductora, mentirosa y homicida de la serpiente en el Edén: "Seréis como dioses" (Génesis 3,5).

---

[13] Wesley J. Smith, *The Materialists' Rapture*, en: *First Things*, 28/06/2013.
[14] Es decir, su tendencia a despreciar profundamente la naturaleza humana tal cual es.

6. EL ORIGEN DE LA VIDA

¿Generación espontánea de la vida?[15]

La reflexión sobre el origen de la vida debe partir de un hecho básico: todos los seres vivos e incluso todas las células que conocemos han surgido a partir de un ser vivo o una célula anterior. Este hecho fue establecido firmemente en 1861, cuando los experimentos de Louis Pasteur refutaron la hipótesis de la generación espontánea de los microorganismos. Los seres humanos han logrado transformar artificialmente algunos organismos, pero nunca han sintetizado ninguno (ni siquiera una célula) artificialmente, a partir de la sola materia inerte.

Sin embargo, muchos científicos incluyen en el término "evolución" no sólo la evolución biológica sino también la "evolución prebiológica", que busca explicar cómo la vida habría surgido a partir de sustancias químicas sin vida. La evolución biológica es sólo una parte, aunque muy importante, del gran proyecto del naturalismo científico, que pretende explicar todo, desde el origen del cosmos hasta el presente, sin permitir ningún rol al Creador. Para esto los darwinistas necesitan una explicación naturalista del origen de la vida. Sus dificultades básicas son dos: la extrema complejidad de todos los seres vivos y el hecho de que la evolución darwinista no puede operar antes de la existencia del primer ser vivo.

El estudio del origen de la vida alcanzó su éxito principal en 1952 con el experimento de Stanley Miller y Harold Urey. Dicho experimento, a partir de una mezcla de gases que pretendía simular la atmósfera de la Tierra temprana, obtuvo cinco de la veintena de aminoácidos que participan de la generación de proteínas en los seres vivos. La década de 1980 fue un período de

---

[15] Cf. Phillip E. Johnson, *Darwin on Trial*, cap. 8.

reevaluación negativa, en el que los especialistas cuestionaron todas las premisas del modelo según el cual de algún modo la vida emergió a partir de una "sopa prebiótica" primordial. Hasta el día de hoy esta hipótesis sigue siendo lo que era en tiempos de Darwin: una mera especulación basada en prejuicios materialistas.

Una famosa metáfora de Fred Hoyle[16] expresa vívidamente la enorme magnitud del problema: es más probable que un tornado que pasa sobre un depósito de chatarra ensamble por casualidad un *Boeing* 747 que el surgimiento de un ser vivo a partir de reacciones químicas aleatorias, incluso en un "ambiente propicio", como el de la hipotética "sopa prebiótica". El ensamble aleatorio de la vida sería un increíble "milagro" sin Dios.

"Una explicación científica de este milagro no es absolutamente necesaria, porque in extremis los darwinistas pueden manejar el problema con un argumento filosófico. La vida obviamente existe, y si un proceso naturalista es la única explicación concebible de su existencia, entonces las dificultades no deben de ser tan insuperables como parecen. Incluso los aspectos más desalentadores de la situación pueden convertirse en ventajas cuando son vistos con el ojo de la fe"[17].

La teoría de la generación espontánea de la vida a partir de la materia inerte enfrenta hoy las gravísimas dificultades planteadas por la inmensa complejidad de los organismos vivos en el nivel molecular. "Uno de los principales defensores de la teoría de la generación espontánea durante mediados del siglo XIX fue Ernst Haeckel, un gran admirador de Darwin y un vehemente divulgador de la teoría darwinista. Con base en la visión limitada de las células que suministraban los microscopios, Haeckel creía que la célula era un 'simple bultito

---

[16] Uno de los creadores de la teoría cosmológica del "universo de estado estacionario".
[17] Phillip E. Johnson, *Darwin on Trial*, pág. 133.

de una combinación albuminosa de carbono', no muy diferente de un trozo microscópico de gelatina. Por lo tanto le parecía a Haeckel que una vida tan simple, sin órganos internos, podía ser producida fácilmente a partir de materia inanimada. Ahora, por supuesto, sabemos más. He aquí una simple analogía: Darwin es a nuestra comprensión del origen de la visión lo que Haeckel es a nuestra comprensión del origen de la vida. En ambos casos científicos brillantes del siglo XIX trataron de explicar la biología liliputiense que les estaba oculta y ambos lo hicieron asumiendo que el interior de la caja negra debía de ser simple. El tiempo ha probado que estaban equivocados"[18].

Mi opinión

Es falso sostener que el origen de la vida está explicado por la ciencia. La generación espontánea del primer o los primeros seres vivos a partir de la materia inerte no pasa de ser un postulado arbitrario de científicos materialistas. No existe ninguna prueba empírica de tal teoría, que parece depender de una concepción mecanicista de la vida. Cuanto más descubre la ciencia sobre la inmensa complejidad de los seres vivos (incluso los unicelulares), más parece alejarse la esperanza, alentada desde ámbitos materialistas, de llegar a probar el origen de la vida por generación espontánea.

El valor del experimento de Miller y Urey fue muy exagerado por los materialistas, que tendían a pensar que faltaba poco para una demostración empírica de la generación espontánea de la vida. Las críticas principales a esa postura materialista "esperanzada" son cuatro: a) en el experimento de Miller y Urey sólo aparecieron algunos de los numerosos aminoácidos requeridos para formar las proteínas, que son los elementos principales de las células; b) no apareció ninguna de las muchísimas proteínas requeridas para formar un ser vivo; c) para formar un ser vivo, se requieren

---

[18] Michael J. Behe, *Darwin's Black Box*, pág. 24.

muchas cosas además de la disponibilidad de aminoácidos y proteínas; en particular se requiere la información genética del ADN y un diseño corporal básico de exquisita complejidad; d) las condiciones del experimento no reprodujeron correctamente las de la supuesta "sopa prebiótica" primordial.

Muchos partidarios del evolucionismo teísta piensan que desde el punto de vista filosófico no se ve la imposibilidad de que la vida haya sido formada por alguna reacción de orden fisicoquímico en circunstancias favorables. Respondo que, por el contrario, desde el punto de vista filosófico la generación espontánea de la vida a partir de la materia inerte se ve como un absurdo. En el lenguaje del sentido común, la obvia objeción se plantea así: nadie puede dar lo que no tiene. De por sí, lo que no está vivo no puede producir la vida. En el lenguaje (más elaborado) de la filosofía tomista, la objeción se plantea de la siguiente manera: todo ente que se mueve es movido por otro. Ningún ente puede pasar de la potencia al acto sino a partir de otro ente en acto. Este principio tomista se refiere al movimiento en sentido metafísico: cualquier cambio en el ser de un ente, no sólo el movimiento físico (cambio de posición). Negar este principio conduce a una absurda noción de autocausación o autotrascendencia y puede justificar una filosofía atea o panteísta, en la cual la materia evolutiva contiene en sí misma su propia razón de ser y de devenir.

Existe también una teoría del origen extraterrestre de la vida, que tampoco pasa de ser una mera conjetura. En realidad esa teoría no explica el origen de la vida en general, sino sólo el origen de la vida en nuestro planeta. El problema de fondo no es resuelto, sino trasladado al espacio exterior. Detrás de esta extraña teoría se esconde a menudo una intención atea. En efecto, para el ateo los comienzos absolutos en el tiempo del ser material, el ser vivo y el ser racional son extremadamente problemáticos, porque son evidentes signos de contingencia, que conducen fácilmente al monoteísmo.

La teoría del origen extraterrestre de la vida (o *panspermia*) no cuenta con mucho crédito entre los científicos y es considerada generalmente como "heterodoxa" en el ámbito de la ciencia. Cabe mencionar que uno de los principales propulsores de la teoría de la panspermia fue Fred Hoyle. Después de haber sido ateo durante buena parte de su vida, Hoyle terminó sosteniendo una forma de panteísmo.

7. INTRODUCCIÓN A LA CRÍTICA CIENTÍFICA DEL DARWINISMO

Microevolución y macroevolución

El término "evolución" se suele aplicar a dos cosas muy diferentes entre sí, a las cuales, para evitar confusiones, distinguiré señalándolas como microevolución y macroevolución. Véanse las definiciones de estos dos conceptos en el capítulo 1.

Ejemplos de microevolución: una especie de bacterias se vuelve resistente a un antibiótico; una especie de insectos de color claro se vuelve de color oscuro; una especie de ave desarrolla un pico más grande; etc. La microevolución puede ocurrir por selección natural o por selección artificial.

Ejemplos de macroevolución: la transformación de organismos unicelulares en multicelulares; de invertebrados en vertebrados; de peces en anfibios; de reptiles en aves o mamíferos; etc.

Premisas básicas del debate científico sobre la evolución

A continuación enunciaré diez premisas básicas que son simples datos de hecho, verificables. Espero poder establecer así una base común o punto de partida compartido para las subsiguientes discusiones.

> a) La microevolución es un hecho comprobado directamente.

> b) Todos los científicos aceptan la microevolución darwinista; dicho con más precisión, aceptan que las mutaciones genéticas aleatorias y la selección natural son capaces de producir microevolución. En otras palabras, la teoría darwinista explica bien algunos casos de microevolución.

c) Empero, la validez de la teoría darwinista en esos casos no implica de por sí su validez con respecto a la macroevolución; es decir, de por sí no prueba que la macroevolución haya ocurrido principalmente por el mecanismo mutación-selección.

d) La existencia de una microevolución darwinista tampoco implica que no existan otras formas de microevolución. Por ejemplo, el hombre es capaz de producir microevolución, tanto a través de los métodos tradicionales de cría de razas de mascotas o ganado, como a través de los modernos métodos de ingeniería genética. Por lo tanto, además de una microevolución natural existe una microevolución artificial, guiada por un agente externo inteligente, que la causa buscando una finalidad determinada.

e) La macroevolución no es un hecho comprobado directamente, sino una teoría científica basada en numerosos indicios (las dataciones sucesivas y las similitudes de las series de fósiles, las similitudes en el código genético, etc.).

f) Casi todos los científicos aceptan que la macroevolución ocurrió realmente, al menos en alguna medida.

g) El neodarwinismo es la teoría más aceptada de la macroevolución, pero no es exacto decir que la macroevolución ha sido explicada plenamente por la teoría neodarwinista. Muchas explicaciones neodarwinistas son, en último análisis, conjeturas más o menos plausibles.

h) Al analizar las evidencias aducidas a favor de la teoría darwinista de la evolución, se debe tener siempre en cuenta que, para probar esa teoría, no basta la evidencia favorable a la evolución biológica, sino que se necesita también una evidencia de la evolución darwinista, es decir de la evolución biológica causada por el "mecanismo darwinista" (mutación-selección).

i) La teoría darwinista no es una verdad indiscutible, demostrada por la ciencia, sino una de las muchas teorías científicas de la evolución. Aunque el neodarwinismo es la teoría evolucionista que hoy goza de mayor aceptación, el debate científico sobre la evolución continúa. Entre las teorías alternativas actuales cabe mencionar al neolamarckismo, el equilibrio puntuado, la endosimbiosis, la teoría de la complejidad o autoorganización y la teoría del diseño inteligente. Existe un disenso científico con respecto a la teoría neodarwinista. Una minoría significativa y creciente de científicos cuestiona el valor científico de esa teoría. No se puede descartar la posibilidad de que la macroevolución se deba, total o principalmente, a factores ajenos al mecanismo mutación-selección.

j) Es pseudocientífica toda afirmación que pretende estar fundada en la ciencia, pero realmente no lo está; y también toda afirmación basada en una pretendida ciencia que no es tal (por ejemplo, la astrología).

La evidencia directa

Se han observado directamente varios casos de microevolución: bacterias que se vuelven resistentes a un antibiótico, insectos que se vuelven resistentes a un insecticida, etc. La teoría darwinista (con base en el mecanismo mutación-selección) es capaz de explicar varios de estos casos.

Analizaré tres casos que son citados con frecuencia como evidencias de la evolución darwinista: las polillas moteadas, los pinzones de Darwin y las moscas de la fruta de cuatro alas.

La polilla moteada se da en varias tonalidades de gris. Antes de la revolución industrial, la mayoría de las polillas moteadas de Inglaterra eran de color claro; sin embargo, durante la revolución industrial las proporciones de polillas moteadas claras y oscuras se revirtieron. Por ejemplo, hacia 1900, cerca de la ciudad inglesa de Manchester, más del 90 % de las polillas moteadas eran de color muy oscuro. Este fenómeno fue llamado "melanismo industrial". En los años cincuenta del siglo pasado el biólogo inglés Kettlewell realizó varios experimentos para probar que el melanismo industrial se debía a la selección natural. Actualmente los experimentos de Kettlewell son muy cuestionados; pero incluso si la explicación del fenómeno se atribuye a la selección natural, no queda demostrado que ésta haya creado una nueva variedad de polillas moteadas. Las formas claras y oscuras existieron desde un principio y sólo cambiaron sus proporciones respectivas. Más aún, después que la contaminación se redujo en Inglaterra debido a las normas de protección ambiental, las polillas moteadas claras volvieron a predominar.

Durante su viaje alrededor del mundo en el navío *Beagle*, Charles Darwin estudió las numerosas especies de *pinzones de las Islas Galápagos*. Aunque esas aves no tuvieron mucha importancia en la formación de la teoría de Darwin, posteriormente surgió la leyenda de que habían sido una de sus grandes fuentes de inspiración. En los años setenta del siglo XX, Peter y Rosemary Grant fueron a las Islas Galápagos para observar la evolución en acción. Los Grant comprobaron que, después de la sequía de 1977, el tamaño promedio del pico de los pinzones se incrementó un 5 %. Los darwinistas suelen afirmar que, dado que un solo año de sequía puede impulsar ese cambio evolutivo, si las sequías ocurren en las islas aproximadamente una vez cada diez años, una nueva especie de pinzón podría surgir en tan sólo 200 años. Sin embargo, el tamaño medio del pico de los pinzones volvió a la normalidad pocos años después de la sequía y el cambio evolutivo de largo plazo fue nulo. Al igual que en el caso de las polillas moteadas, este caso fue una mera oscilación de los porcentajes de variantes preexistentes en una población local.

Algunos investigadores afirman haber producido nuevas especies por selección artificial mediante experimentos de laboratorio, principalmente con moscas de la fruta. Más allá de que esta afirmación es controvertida, el hecho principal es que no se logrado nunca un cambio biológico significativo. Los seres producidos siguen siendo moscas de la fruta, con cambios muy menores. El resultado más llamativo de los citados experimentos de ingeniería genética es un nuevo tipo de mosca de la fruta que tiene cuatro alas. *Las moscas de la fruta de cuatro alas* deben ser criadas artificialmente y sus dos alas adicionales carecen de músculos, por lo que no pueden volar. Estos mutantes discapacitados no son una materia prima apta para la macroevolución. Además, no es correcto considerar los resultados de la selección artificial, debida a agentes inteligentes, como prueba de la capacidad creativa de la selección natural darwinista, que es un mecanismo sin diseño inteligente.

En resumen, la teoría darwinista explica algunos casos de microevolución por selección natural, pero es preciso hacer dos salvedades importantes: a) no es necesario concluir que toda microevolución natural ocurre mediante el mecanismo mutación-selección; b) la validez de la teoría darwinista con respecto a la microevolución no implica su validez con respecto a la macroevolución. No prueba que la macroevolución haya ocurrido principalmente mediante el mecanismo mutación-selección.

En definitiva, en lo referente a la macroevolución, la teoría darwinista no tiene sustento empírico, y se basa en una extrapolación infundada desde la microevolución hasta la macroevolución. No hay ninguna prueba de que el mismo mecanismo mutación-selección, que puede hacer cambiar las proporciones de polillas claras y oscuras en una población local, también puede transformar un pez en un anfibio.

Disenso científico con respecto al darwinismo

Siempre ha habido científicos bien informados y respetados que han encontrado inadecuado al darwinismo. En 1871, St. George Mivart resumió sus críticas al darwinismo de la siguiente manera, sorprendentemente actual: "Que la 'selección natural' es incompetente para dar cuenta de las etapas incipientes de estructuras útiles. Que no armoniza con la coexistencia de estructuras muy similares de orígenes diversos. Que hay razones para pensar que las diferencias específicas podrían desarrollarse súbitamente en vez de gradualmente. Que la opinión de que las especies tienen límites definidos, aunque muy diferentes, a su variabilidad es aún sostenible. Que ciertas formas fósiles de transición, que se habría esperado que estuvieran presentes, están ausentes... Que hay muchos fenómenos notables en las formas orgánicas sobre los cuales la 'selección natural' no arroja ninguna luz"[19].

En 1992 el profesor de biología Jerry Coyne, de la Universidad de Chicago, dio este veredicto inesperado: "Concluimos... que hay poca evidencia de la visión neodarwinista: sus fundamentos teóricos y la evidencia experimental que la apoyan son débiles"[20].

En opinión de la distinguida bióloga Lynn Margulis, proponente de la teoría de la endosimbiosis (mecanismo no darwinista que habría originado las células eucariotas a partir de células procariotas), la historia en última instancia juzgará al neodarwinismo como "una secta religiosa menor del siglo XX dentro de la extensa creencia religiosa de la biología anglosajona"[21].

---

[19] Michael J. Behe, *Darwin's Black Box*, pág. 30.
[20] *Ibid.*, pág. 29.
[21] *Ibid.*, pág. 26.

El *Discovery Institute* ha creado el sitio *Dissent from Darwin*[22], cuyo lema reza así: "Hay un disenso científico con respecto al darwinismo. Merece ser escuchado". Dicho sitio contiene una lista de más de 1.000 científicos que se han adherido a la siguiente declaración: "Somos escépticos acerca de las afirmaciones de que las mutaciones aleatorias y la selección natural pueden explicar la complejidad de la vida. Debe fomentarse un cuidadoso examen de la evidencia a favor de la teoría darwinista". Cada firmante de esta declaración tiene un doctorado en alguna disciplina científica o es un médico acreditado que además es Profesor de Medicina. Las razones que motivaron esa iniciativa se explican de la siguiente manera: "Nuevas evidencias científicas descubiertas en las décadas recientes en disciplinas tales como la cosmología, la física, la biología, la investigación de la inteligencia artificial y otras, han impulsado a científicos a cuestionar la selección natural, el principio fundamental del darwinismo, y a estudiar la evidencia que la sustenta de manera más detallada. Sin embargo, los programas de televisión, las declaraciones de política educativa y los libros de texto de ciencia afirman que la teoría darwinista de la evolución explica acabadamente la complejidad de los seres vivos. Además, se ha asegurado al público que toda la evidencia conocida respalda al darwinismo y que prácticamente todos los científicos del mundo creen en la veracidad de esa teoría. Los científicos que se encuentran en esta lista impugnan la primera afirmación y se presentan como un testimonio viviente en contra de la segunda. Desde que el Discovery Institute lanzó esta lista en el año 2001, cientos de científicos se han ofrecido valientemente a firmar el documento. La lista está creciendo y actualmente incluye a científicos de la Academia Nacional de Ciencias de EE.UU., las Academias Nacionales de Rusia, Hungría y Checoslovaquia, como así también de Universidades tales como Yale, Princeton,

---

[22] http://www.dissentfromdarwin.org.

Stanford, MIT, UC Berkeley, UCLA y otras". El mismo sitio contiene documentos que presentan objeciones científicas muy importantes contra el darwinismo y contra la forma en que éste es enseñado habitualmente.

Una teoría en crisis

En los años ochenta del siglo pasado se agudizó la conciencia de las graves dificultades que el darwinismo presenta como teoría científica. Esto explica el título del libro más famoso del bioquímico australiano agnóstico Michael Denton: *Evolution: A Theory in Crisis* (Adler and Adler, Bethesda-Maryland, 1986). Denton era en ese entonces darwinista, pero reconoció honestamente las insuperables dificultades intelectuales que enfrenta el darwinismo. Sostuvo que el darwinismo es una teoría en crisis, a pesar de lo cual siguió aferrado a la misma por un tiempo. "La tesis central de este libro es que la teoría de la evolución de Darwin no ha sido validada por ningún descubrimiento empírico o avance científico desde su publicación en 1859. Denton logra refutar la evolución darwinista con base en los hechos empíricos tal como son conocidos por los científicos de la naturaleza hoy; sin embargo, por razones emocionales, él no puede abandonar enteramente la teoría. Debido al elemento irracional de esta adhesión, algunos de los juicios históricos que él expresa no tienen fundamento y son contradictorios"[23]. El rechazo de la hipótesis de una evolución puramente aleatoria, sin finalidad alguna, debería conducir al reconocimiento del diseño inteligente. Sin embargo, en ese libro Denton argumentó que el darwinismo es "una afrenta a la razón" pero mantuvo su adhesión al darwinismo para no tener que aceptar la creación de la vida por parte de Dios. Afirmó que el darwinismo sigue siendo un dogma de la cultura moderna porque satisface una "honda necesidad psicológica de una

---

[23] John F. McCarthy, *The failure of Darwinism and its fuller implications,* http://www.rtforum.org/lt/lt26.html.

explicación completa del origen del mundo", en una línea atea y materialista. Hoy Denton apoya el diseño inteligente.

8. CUATRO INTERPRETACIONES DE LA SELECCIÓN NATURAL

En este capítulo presentaré sintéticamente cuatro formas en que los darwinistas consideran la selección natural[24].

La selección natural como tautología

J. B. S. Haldane, Ernst Mayr, George Gaylord Simpson, C. H. Waddington y muchos otros darwinistas han presentado la selección natural como una tautología, o sea una forma de decir lo mismo dos veces. En su formulación tautológica, la teoría darwinista predice que los organismos más aptos producirán la mayor descendencia, y define los organismos más aptos como aquellos que producen la mayor descendencia. Por lo tanto, esa teoría afirma que los organismos que dejan la mayor descendencia dejan la mayor descendencia.

En un evento de la Universidad de Chicago en 1959, celebrando el 100° aniversario de la publicación de *El origen de las especies*, Waddington dijo: "La principal contribución de Darwin fue, por supuesto, la sugerencia de que la evolución puede ser explicada por la selección natural de variaciones aleatorias. La selección natural, que al principio fue considerada como si fuera una hipótesis que necesitaba una confirmación experimental u observacional, en una inspección más cercana resulta ser una tautología, una afirmación de una relación inevitable pero previamente no reconocida. Afirma que los individuos más aptos en una población (definidos como aquellos que dejan una mayor descendencia) dejarán una mayor descendencia. Este hecho de ningún modo reduce la magnitud del logro de Darwin; sólo después de que fue claramente formulado, los biólogos pudieron darse cuenta del enorme poder del principio como un arma de

---

24 Cf. Phillip E. Johnson, *Darwin on Trial*, págs. 39-52.

explicación"[25]. Johnson comenta: "Aparentemente, ninguna de las distinguidas autoridades presentes dijo a Waddington que una tautología no explica nada. Cuando quiero saber cómo un pez puede convertirse en un hombre, no soy iluminado si se me dice que los organismos que dejan la mayor descendencia son los que dejan la mayor descendencia"[26].

El filósofo de la ciencia Karl Popper criticó duramente la formulación tautológica de la selección natural. Desde entonces los darwinistas intentan no explicitarla, aunque a menudo continúan empleándola en la práctica.

La selección natural como argumento deductivo

Colin Patterson, A. G. Cairns-Smith y otros darwinistas han presentado la teoría darwinista como un argumento deductivo. Patterson formula ese argumento así: a) todos los organismos deben reproducirse; b) todos los organismos exhiben variaciones hereditarias; c) las variaciones hereditarias difieren en su efecto sobre la reproducción; d) por lo tanto, las variaciones con efectos favorables sobre la reproducción tendrán éxito, aquellas con efectos desfavorables fracasarán, y los organismos cambiarán.

El mismo Patterson observa que este argumento no es una explicación general de la evolución, sino que sólo establece que ocurrirá alguna selección natural. Pero en realidad el argumento ni siquiera prueba que los organismos cambiarán. El rango de variaciones hereditarias puede ser estrecho, y las variaciones que sobreviven pueden ser sólo suficientes para mantener la especie tal cual es. En cualquier población algunos individuos dejarán más descendencia que otros, incluso si la población no está cambiando o cuando se dirige directamente hacia la extinción. Que el efecto principal de la selección natural pueda ser el de evitar que una especie cambie no es una mera posibilidad teórica.

---

[25] *Ibid.*, págs. 41-42.
[26] *Ibid.*, pág. 42.

La característica predominante de las especies fósiles es la ausencia de cambio. Además, hay numerosas especies que son "fósiles vivientes", puesto que son muy similares hoy a como eran hace millones de años.

La selección natural como hipótesis científica

Después de descartar dos simples falacias, corresponde examinar con cuidado la formulación hipotética de la teoría darwinista. Nos encontramos aquí en el verdadero terreno de la ciencia. La mayoría de los científicos piensan que la selección natural darwinista es una hipótesis que ha sido tan completamente confirmada por la evidencia que debería ser aceptada por todas las personas razonables como la explicación más adecuada de la evolución biológica. Empero, ¿qué evidencia confirma la hipótesis de que la selección natural (combinada con mutaciones) es un proceso evolutivo innovador, capaz de producir nuevos órganos y organismos y de explicar la diversidad de las formas de vida existentes? Johnson enumera los seis hechos que el darwinista Douglas Futuyma menciona como confirmaciones del poder creativo de la selección natural:

> a) Las bacterias pueden desarrollar naturalmente una resistencia a los antibióticos; y los insectos pueden volverse resistentes a los insecticidas.

> b) En una tormenta que ocurrió en 1898 en Massachusetts, los gorriones de mayor tamaño sobrevivieron con mayor frecuencia que los más pequeños.

> c) Una sequía que ocurrió en 1977 en las Islas Galápagos causó una gran mortalidad en los pinzones de menor tamaño, de modo que al cabo de una generación el tamaño de estos pájaros (y especialmente de sus picos) creció apreciablemente.

> d) El alelo responsable de un tipo de anemia en poblaciones africanas está asociado también con la

resistencia a la malaria. Las chances de supervivencia son máximas cuando el individuo hereda ese alelo de un solo padre.

e) Se ha observado la extinción de poblaciones de ratones que han sido afectadas por la propagación de un gen que causa la esterilidad de los machos.

f) Según las famosas observaciones de Kettlewell, en Inglaterra, después de la revolución industrial, cuando los árboles fueron oscurecidos por el humo industrial, las polillas de color oscuro se volvieron más abundantes, porque sus predadores tenían más dificultad para verlas en los árboles.

Ninguna de estas "pruebas" ofrece una razón convincente para creer que la selección natural puede producir nuevas especies, nuevos órganos u otros cambios grandes. "Esta conclusión parece tan obviamente correcta que da lugar a otro problema. ¿Por qué otras personas, incluyendo expertos cuya inteligencia e integridad intelectual respeto, piensan que la evidencia de fluctuaciones locales de poblaciones confirma que la selección natural tiene la capacidad de obrar proezas de ingeniería, de construir maravillas como el ojo y el ala? Todos los que estudian la evolución saben que el experimento de las polillas de Kettlewell es la demostración clásica del poder de la selección natural, y que los darwinistas tuvieron que esperar casi un siglo para ver incluso esta modesta confirmación de su doctrina central. Todo el que estudia el experimento sabe que no tiene nada que ver con el origen de ninguna especie, o incluso de ninguna variedad, porque las polillas oscuras y blancas estuvieron presentes a lo largo del experimento. Sólo las proporciones entre una variedad y la otra cambiaron. ¿Cómo gente inteligente pudo haber sido tan crédula para imaginar que el experimento de Kettlewell apoyaba de algún modo las ambiciosas reclamaciones del darwinismo? Para responder esta pregunta debemos considerar una cuarta forma en la que la selección natural puede ser formulada"[27].

La selección natural como necesidad filosófica

La Academia Nacional de Ciencias de los Estados Unidos ha declarado que la característica más básica de la ciencia es la "dependencia de explicaciones naturalistas", en oposición a "medios sobrenaturales inaccesibles al entendimiento humano". Así se clasifica como científicamente inaceptable la idea de que Dios de algún modo dirige la evolución. Si la ciencia ha de tener alguna explicación de la complejidad biológica, debe arreglárselas con lo que queda después de haber excluido lo considerado inaceptable. La selección natural es probablemente la mejor de las alternativas restantes, y quizás la única alternativa. En esta situación algunas personas deciden que el darwinismo simplemente debe ser verdadero: no hay necesidad de comprobar la teoría misma, porque no hay ninguna alternativa respetable.

Aunque no se llegue al extremo de aceptar el darwinismo como principio filosófico, hay una gran diferencia entre la actitud de quien busca probar si una teoría dudosa es cierta o no, y la de quien sólo busca confirmar la única teoría que está dispuesto a aceptar. Muchos científicos aceptaron acríticamente la cuestionable analogía entre la selección natural y la selección artificial o no detectaron las falacias de las formulaciones de la selección natural como tautología o como deducción. Tales absurdos sobrevivieron y se reprodujeron por la misma razón que hace que a veces una especie incompetente evite la extinción: no había una competencia efectiva en su nicho ecológico.

Si no se requiere una confirmación positiva de la potencia creativa de la selección natural, hay poco peligro de que la teoría sea refutada por evidencia negativa. Los darwinistas han

---

[27] *Ibid.*, pág. 48.

desarrollado un conjunto de conceptos subsidiarios (la selección de grupo, la selección de parentesco, la selección sexual, la pleiotropía, etc.) capaces de proveer una posible explicación de casi cualquier eventualidad concebible. "Los fósiles vivientes, que han permanecido básicamente incambiados durante millones de años mientras sus primos estaban supuestamente evolucionando…, no son una vergüenza para los darwinistas. Ellos no pudieron evolucionar porque las mutaciones necesarias no llegaron, o a causa de 'restricciones al desarrollo', o porque ya estaban adaptados adecuadamente a su ambiente. En pocas palabras, no evolucionaron porque no evolucionaron"[28].

El biólogo Julian Huxley escribió que: "La improbabilidad debe ser esperada como un resultado de la selección natural; y tenemos la paradoja de que una improbabilidad aparente excesivamente alta en sus productos puede ser tomada como evidencia de su alto grado de eficacia". El comentario de Johnson es lapidario: "Sobre esta base la teoría no tiene nada que temer de la evidencia"[29].

---

[28] *Ibid.*, págs. 49-50.
[29] *Ibid.*, pág. 52.

9. TRIBULACIONES DEL DARWINISMO

Selección natural y selección artificial[30]

Cuando Darwin escribió *El origen de las especies* no se conocía ningún buen ejemplo de selección natural, por lo que él no pudo señalar evidencias empíricas en apoyo de su teoría. En cambio usó mucho un argumento basado en la analogía entre la selección natural y la selección artificial. Esta última, utilizada por los criadores de animales o plantas, es muy exitosa para producir variaciones mejoradas dentro de la misma especie, alterando muchas de sus características. Empero, "la analogía con la selección artificial es engañosa. Los criadores de plantas y animales emplean inteligencia y conocimiento especializado… El objetivo de la teoría de Darwin, sin embargo, era establecer que procesos naturales sin un propósito pueden reemplazar al diseño inteligente. Que él lograra su objetivo citando los logros de diseñadores inteligentes prueba sólo que la audiencia receptiva de su teoría era altamente acrítica"[31].

El eminente zoólogo Pierre Grassé concluyó que los resultados de la selección artificial proveen un poderoso testimonio contra la teoría de Darwin: "A pesar de la intensa presión generada por la selección artificial (eliminando a cualquier progenitor que no cumple el criterio de elección) durante milenios enteros, ninguna especie nueva ha nacido. Un estudio comparativo… prueba que las cepas permanecen dentro de la misma definición específica. Esto no es un asunto de opinión o de clasificación subjetiva, sino una realidad medible. El hecho es que la selección da forma tangible y reúne a todas las variedades que un genoma es capaz

---

[30] Cf. Phillip E. Johnson, *Darwin on Trial*, págs. 34-39.
[31] *Ibid.*, pág. 37.

de producir, pero no constituye un proceso evolutivo innovador"[32].

La selección artificial mediante experimentos de laboratorio con moscas de la fruta ha logrado producir nuevas moscas de la fruta, con cambios en ciertas características menores. Grassé destacó que "la mosca de la fruta, el insecto favorito de los geneticistas,… parece no haber cambiado desde los tiempos más remotos"[33]. Johnson agrega: "La naturaleza ha tenido mucho tiempo, pero simplemente no ha estado haciendo lo mismo que han estado haciendo los experimentadores"[34].

Tribulaciones del darwinismo ortodoxo[35]

El darwinismo ortodoxo es el que se adhiere rígidamente al gradualismo de Darwin, es decir a su visión de que la evolución consiste en una enorme sucesión de micromutaciones. En la teoría de Darwin la hipótesis de la gradualidad es esencial: los cambios que han transformado unas especies en otras han sido muchos y muy pequeños, por lo cual la transformación se ha producido muy gradualmente, a lo largo de cientos de miles de años. El compromiso de Darwin con el gradualismo era total. En sus propias palabras: "La selección natural puede actuar sólo mediante la preservación y acumulación de modificaciones heredadas infinitesimalmente pequeñas… La selección natural, si fuere un principio verdadero, desterrará la creencia en la creación continuada de nuevos seres orgánicos o en cualquier modificación grande y súbita en su estructura"[36]. Él mismo escribió también lo siguiente: "Si pudiera demostrarse que existió cualquier órgano complejo que no pudo haber sido formado por modificaciones numerosas, sucesivas y leves, mi teoría fracasaría

---

[32] *Ibid.*, págs. 37-38.
[33] *Ibid.*, págs. 38-39.
[34] *Ibid.*, pág. 39.
[35] Cf. *Ibid.*, págs. 53-58.
[36] *Ibid.*, pág. 54.

absolutamente"[37]. En el neodarwinismo, el principio de gradualidad se convierte en la hipótesis de que la transformación entre especies se produce por medio de una enorme cantidad de micromutaciones aleatorias.

El registro fósil constituye el mayor problema de este gradualismo, puesto que no provee evidencia de las muchísimas formas transicionales requeridas por la teoría de Darwin. Se puede aducir, entre otras, esta gravísima dificultad: los cuerpos animales están repletos de órganos que requieren una coordinación muy ajustada de partes complejas para poder cumplir sus funciones. Dos ejemplos clásicos son el ojo y el ala. ¿Cómo tales órganos pueden haberse formado mediante una enorme cantidad de variaciones aleatorias pequeñísimas, cada una de ellas favorable para la especie? Por ejemplo, el paleontólogo estadounidense Stephen Jay Gould (1941-2002), darwinista heterodoxo y no creyente, planteó una excelente pregunta: ¿Para qué sirve el 5 % de un ojo? Richard Dawkins, darwinista ortodoxo, respondió que puede servir para tener un 5 % de visión. Empero, es una falacia suponer que el 5 % de un ojo implica un 5 % de visión normal.

Además, Dawkins reafirma la respuesta de Darwin al problema del ojo. Entre los animales vivientes hay distintos tipos de ojos, que permiten concebir una serie de diseños intermedios. Sin embargo, según el conocimiento actual, se piensa que esos distintos tipos de ojos no surgieron los unos de los otros. El eminente biólogo alemán Ernst Mayr (1904-2005), uno de los creadores de la teoría neodarwinista, sostuvo que el ojo debe de haber evolucionado independientemente al menos 40 veces. Johnson replica preguntando por qué las formas más primitivas de ojos subsisten todavía, sin haber evolucionado hacia formas más avanzadas. En este punto yo plantearía una objeción aún más fuerte: ¿Cómo el mismo suceso de altísima improbabilidad

---

[37] *Ibid.*, pág. 58.

puede haber ocurrido 40 veces en eventos independientes entre sí?

Los escenarios gradualistas para el desarrollo de sistemas complejos son especulaciones. "Las alas de pájaros y murciélagos aparecen en el registro fósil ya desarrolladas, y nadie ha confirmado mediante experimentos que la evolución gradual de alas y ojos es posible. Esta ausencia de confirmación histórica o experimental es presumiblemente lo que Gould tenía en mente cuando escribió que: 'Estos cuentos, en la tradición 'simplemente así' de la historia natural evolucionista, no prueban nada'. ¿Estamos lidiando aquí con ciencia o con versiones racionalistas de las fábulas de Kipling?"[38].

Johnson enumera cuatro factores a tener en cuenta al evaluar la probabilidad de la evolución darwinista: "la cantidad de micromutaciones favorables requeridas para crear órganos y organismos complejos, la frecuencia con que tales micromutaciones favorables ocurren justo donde y cuando se necesitan, la eficacia de la selección natural en preservar las leves mejoras con suficiente consistencia para permitir que los beneficios se acumulen y el tiempo permitido por el registro fósil para que todo esto haya sucedido"[39].

Las graves dificultades que enfrenta el neodarwinismo han llevado a algunos evolucionistas (como Gould) a abandonar el principio darwinista básico de la gradualidad evolutiva, postulando la existencia de macromutaciones. Gould llegó a declarar que la síntesis neodarwinista estaba muerta. Por lo tanto, a grandes rasgos, hoy hay dos teorías darwinistas sobre la macroevolución: la ortodoxa, basada en las micromutaciones, y la basada en las macromutaciones: el "saltacionismo" o "evolución a grandes saltos".

---

[38] *Ibid.*
[39] *Ibid.*, págs. 59-60.

Tribulaciones del darwinismo saltacionista[40]

En esta sección analizaré una variante heterodoxa del darwinismo: el "saltacionismo" de Goldschmidt, que concibe una evolución basada en macromutaciones.

A mediados del siglo XX, Richard Goldschmidt desafió a los neodarwinistas invitándolos a explicar cómo una serie de estructuras complejas, por ejemplo el pelo de los mamíferos y la hemoglobina, pudo haberse producido por acumulación y selección de mutaciones pequeñas, cosa que él juzgó imposible. Goldschmidt concluyó que la evolución darwinista no podía dar cuenta más que de variaciones dentro de la frontera de la especie y que la evolución más allá de ese punto debe de haber ocurrido a grandes saltos, a través de macromutaciones. Reconoció que las mutaciones a gran escala producirían en casi todos los casos monstruos mal adaptados, pero pensaba que en raras ocasiones un accidente afortunado podría producir un miembro de una nueva especie con capacidad de sobrevivir y propagarse. Él mismo llamó a estas ideas la teoría del "monstruo esperanzado" (*hopeful monster*).

Darwin había rechazado enfáticamente cualquier teoría de la evolución que incluyera la aparición súbita de un órgano complejo. Por ejemplo, escribió lo siguiente: "Si me convenciera de que la teoría de la selección natural requiere de tales adiciones, yo la rechazaría como basura… Yo no daría nada por la teoría de la selección natural si ésta requiriera adiciones milagrosas en cualquier etapa de la descendencia"[41]. En sintonía con esta postura de Darwin, los darwinistas ridiculizaron la teoría del "monstruo esperanzado". "Como lo expresó Goldschmidt, 'Esta vez yo no sólo estaba loco sino que era casi un criminal.' Gould incluso ha comparado el tratamiento dado a Goldschmidt en los

---

[40] Cf. *Ibid.*, págs. 58-66.
[41] *Ibid.*, pág. 54.

círculos darwinistas con los 'Dos Minutos de Odio' cotidianos dirigidos contra 'Emmanuel Goldstein, enemigo del pueblo' en la novela *1984* de George Orwell"[42].

La mayoría de los científicos cree que las macromutaciones postuladas por Goldschmidt, capaces de reformar en una sola generación todas las partes complejas e interrelacionadas de un animal de modo de producir una nueva especie viable, son imposibles. La teoría del "monstruo esperanzado" postula algo virtualmente equivalente a un milagro sin Dios, y no tiene bases ni en la evidencia experimental ni en la teoría genética. Johnson comenta que suponer que una macromutación genética aleatoria puede reconstruir un órgano como un hígado o un riñón es más o menos tan razonable como suponer que se puede producir un reloj mejorado arrojando un viejo reloj contra una pared. Ahora bien, que la macroevolución por macromutaciones aleatorias sea imposible no prueba que la macroevolución por micromutaciones aleatorias sea probable o incluso posible. Desde el punto de vista del cálculo de probabilidades, el darwinismo gradualista es tan poco plausible como el saltacionismo de Goldschmidt.

---

[42] *Ibid.*, pág. 58.

10. DESAFÍOS AL DARWINISMO DESDE LA PALEONTOLOGÍA

El problema fósil[43]

Según la teoría darwinista de la evolución, el registro fósil debería conservar enormes cantidades de formas de transición entre especies. Sin embargo, el registro fósil está muy alejado de esa expectativa darwinista. El propio Darwin concedió que el estado de la evidencia fósil era "la más obvia y grave objeción que puede ser instada contra mi teoría" y que esto explicaba el hecho de que "todos los más eminentes paleontólogos... y todos nuestros más grandes geólogos... han mantenido de forma unánime, y a menudo vehemente, la inmutabilidad de las especies"[44]. Darwin esperaba que los abundantes fósiles con formas de transición fueran descubiertos más adelante. 150 años después, esos fósiles siguen siendo demasiado escasos, por lo cual sólo muy difícilmente se puede mantener la postura esperanzada de Darwin.

A continuación describiré cuatro características del registro fósil que son inconsistentes con el darwinismo.

Aparición súbita. Los fósiles muestran un patrón consistente de aparición súbita de las especies. En palabras del paleontólogo darwinista Stephen Jay Gould: "En cualquier área local, una especie no surge gradualmente por la transformación constante de sus ancestros; aparece súbitamente y completamente formada"[45]. Los darwinistas ortodoxos generalmente pretenden explicar esta aparición súbita ateniéndose a la hipótesis de Darwin: la existencia de brechas en un registro fósil incompleto.

---

43 Cf. Phillip E. Johnson, *Darwin on Trial*, cap. 4.
44 *Ibid.*, págs. 68-69.
45 *Ibid.*, pág. 73.

Pero a medida que transcurre el tiempo y se descubren más y más fósiles sin que el patrón básico cambie, este problema se hace cada vez más grave para el darwinismo.

Estabilidad. La aparición súbita de una especie es seguida generalmente por un largo período de estabilidad. Esta característica es llamada *stasis*. Escuchemos de nuevo a Gould: "La mayoría de las especies no exhiben un cambio direccional durante su permanencia en la tierra. Ellas aparecen en el registro fósil luciendo muy similares a cuando desaparecen; el cambio morfológico es usualmente limitado y sin dirección"[46]. En este punto los neodarwinistas recurren a la "selección estabilizadora", una forma de selección natural que impide el cambio eliminando todas las innovaciones, a veces durante millones de años y a pesar de condiciones ambientales cambiantes. "La selección natural aparece aquí en su formulación como una tautología con demasiado poder explicativo, una explicación invisible para todo propósito, para cualquier cambio o falta de cambio que haya ocurrido"[47].

Extinciones masivas. La extinción de las especies ha sido causada predominantemente por catástrofes, más que por la obsolescencia gradual exigida por la teoría de Darwin: "Si miramos a cada especie como descendiente de alguna otra forma desconocida, tanto la progenitora como las variaciones de transición habrán sido generalmente exterminadas por el propio proceso de formación y perfección de la nueva forma"[48]. Dos catástrofes en particular sobresalen entre las varias extinciones masivas ocurridas en la historia de la tierra: la extinción pérmica, que hace 245 millones de años acabó con más del 90 % de las especies, y la famosa extinción K-T, que al final de la era cretácea (hace 65 millones de años) exterminó a los dinosaurios y a

---

46 *Ibid.*

47 *Ibid.*, págs. 75-76.

48 *Ibid.*, pág. 68.

muchas otras especies. Las actuales explicaciones de las extinciones con base en catástrofes guardan cierta semejanza con el catastrofismo de Cuvier, una teoría científica vigente antes del éxito de la obra de Darwin.

Discontinuidades mayores. En general, la historia de la vida es una historia de variaciones alrededor de un conjunto de diseños básicos, no de mejoras acumulativas. El patrón básico de aparición súbita seguida por *stasis* no se da sólo en el nivel de las especies, sino en todas las divisiones del mundo biológico (reinos, *phyla*, clases, órdenes, etc.). En todos los niveles predomina la discontinuidad, con muy pocos tipos intermedios.

Para intentar superar estas dificultades Gould y Eldridge propusieron una nueva teoría llamada "equilibrio puntuado". Ésta supone que la historia de las especies contiene largos períodos de estabilidad y breves períodos de cambios grandes y rápidos, impulsados por macromutaciones. La enorme mayoría de esas macromutaciones serían perjudiciales. Los darwinistas ortodoxos, con razón, reprochan a esta teoría que las macromutaciones aleatorias favorables son completamente inverosímiles, algo así como "milagros sin Dios".

Se puede considerar a la teoría del "equilibrio puntuado" como un saltacionismo, un retorno a la teoría del *hopeful monster* de Goldschmidt, y también como un evolucionismo cuasifijista. Contra el fijismo, esa teoría sostiene el ancestro común, la interdependencia y la mutabilidad de las especies (o sea, el evolucionismo). Pero, a semejanza del fijismo, también sostiene que las especies aparecen abruptamente y no cambian o cambian poco durante su estadía en la tierra; hasta que se transforman, y ahí reaparece la diferencia con el fijismo.

A mi juicio este "evolucionismo cuasifijista" es un paso en la dirección correcta, pero el "equilibrio puntuado" falla por seguir aferrado a la ideología naturalista del darwinismo. El carácter aleatorio de las macromutaciones del darwinismo saltacionista las vuelve completamente inverosímiles.

Para resumir la cuestión, citaré a dos paleontólogos darwinistas. Gould escribió que "la extrema rareza de las formas transicionales en el registro fósil [es] el secreto profesional de la paleontología"[49]. Su colega Niles Eldredge fue aún más revelador: "Nosotros los paleontólogos hemos dicho que la historia de la vida apoya [la historia del cambio adaptativo gradual], sabiendo realmente todo el tiempo que no lo hace"[50].

Esta sorprendente situación ha sucedido porque el darwinismo disfruta del *status* de una verdad *a priori*. Así, la franca oposición de la evidencia fósil a las predicciones darwinistas se convierte en el problema de cómo la evolución darwinista ocurrió generalmente de una manera que escapa a la detección.

La explosión cámbrica[51]

El mayor problema singular que el registro fósil plantea al darwinismo es la "explosión cámbrica", llamada por algunos "el *Big Bang* biológico". Este fenómeno ocurrió hace unos 530 millones de años durante un período muy breve (en términos geológicos), en una etapa temprana de la historia de la vida. La mayoría de las decenas de *phyla* animales aparecieron en ese período, sin relaciones conocidas entre sí y sin ninguna traza de los ancestros evolutivos que el darwinismo requiere, y luego se mantuvieron sin mayores cambios. Como lo expresó Dawkins: "Es como si hubieran sido simplemente plantados allí, sin una historia evolutiva"[52]. La imagen general de la historia de la vida que surge de este hecho es una explosión de planes corporales

---

[49] *Ibid.*, pág. 82.
[50] *Ibid.*
[51] Cf. *Ibid.*, págs. 77-79.
[52] *Ibid.*, pág. 77.

básicos seguida por algunas extinciones. Ningún nuevo *phylum* animal evolucionó después.

Esto contradice totalmente el modelo darwinista de la evolución, que Gould llama "el cono de la diversidad creciente". Según la teoría de Darwin, la diferenciación de las distintas especies, géneros, familias, etc. fue gradual, lenta y creciente, por lo cual las mayores diferencias deberían aparecer en la "copa" y no en la "raíz" o el "tronco" del "árbol de la vida". Sin embargo, lo que ocurrió en realidad es lo contrario. Prácticamente todos los "planes corporales" existentes (muy distintos entre sí) surgieron casi desde el principio del "árbol de la vida". Debido a la explosión cámbrica, la diversificación mayor ocurrió casi al principio de la historia de la vida multicelular, no al final.

Los darwinistas no han dado una solución satisfactoria al problema de la explosión cámbrica. La explicación darwinista tradicional de la ausencia de ancestros precámbricos es la llamada "teoría del artefacto": ellos existieron, pero el registro fósil no los ha preservado. Gould describió la reclasificación de los fósiles de Burgess como "el toque de difuntos de la teoría del artefacto"[53].

A quien quiera analizar a fondo el problema de la explosión cámbrica le recomiendo el reciente y excelente libro *La duda de Darwin*, de Stephen Meyer.

---

[53] *Ibid.*, pág. 78.

11. LA SECUENCIA DE LOS VERTEBRADOS

Este capítulo se basa principalmente en: Phillip E. Johnson, *Darwin on Trial*, cap. 6.

Los darwinistas sostienen que los anfibios y los peces modernos descendieron de un pez ancestral; que los reptiles descendieron de un ancestro anfibio; que las aves y los mamíferos descendieron separadamente de reptiles ancestrales; que todos los mamíferos (incluso el ser humano) descendieron de un primer mamífero; y que todas estas transformaciones ocurrieron principalmente por medio del "mecanismo darwinista": mutaciones genéticas aleatorias combinadas con la selección natural.

De peces a anfibios. La tesis darwinista es que una especie de pez desarrolló gradualmente la habilidad de salir del agua y moverse sobre la tierra, mientras adquiría en forma más o menos concurrente el peculiar sistema reproductivo de los anfibios y otras características de éstos. No obstante, según el libro de texto *Vertebrate History* de Barbara Stahl, "ninguno de los peces conocidos es considerado como un ancestro directo de los primeros vertebrados terrestres"[54].

De anfibios a reptiles. No existen candidatos satisfactorios para documentar esta transición. Tampoco existe ninguna explicación detallada de cómo un anfibio puede haber desarrollado el modo de reproducción propio de un reptil a través de un mecanismo darwinista.

De reptiles a aves. El descubrimiento del *Archaeopteryx* poco después de la publicación de *El origen de las especies* ayudó mucho a establecer la credibilidad del darwinismo y a desacreditar a escépticos como el gran naturalista suizo Louis Agassiz. Sin embargo, se sigue discutiendo si el *Archaeopteryx* es una prueba

---

[54] Phillip E. Johnson, *Darwin on Trial*, pág. 100.

de la transición de reptil a ave. Según un artículo de 1990 de Peter Wellnhofer, una autoridad reconocida, es imposible determinar si el *Archaeopteryx* es realmente un ancestro de las aves modernas. Una inmensa sucesión de mutaciones genéticas aleatorias debería haber producido el ala, las plumas, el característico pulmón de las aves y su capacidad de volar. No existen explicaciones detalladas de cómo un solo ancestro puede haber producido descendientes tan variados como el pingüino, el colibrí y el avestruz a través de una enorme cantidad de etapas intermedias viables.

De reptiles a mamíferos. Llegamos al fin a la joya de la corona de la evidencia fósil del darwinismo: los terápsidos, reptiles mamiferoides citados por Gould y muchos otros como prueba concluyente. El gran orden de los terápsidos contiene muchas especies fósiles con esqueletos que parecen ser intermedios entre los de los reptiles y los mamíferos, sobre todo en lo referente a los huesos de sus mandíbulas y oídos. Sin embargo, la convergencia de las características de los esqueletos no señala necesariamente una transición evolutiva. Hay muchas importantes características por las cuales los mamíferos difieren de los reptiles, además de los huesos citados. Además, la misma abundancia de las especies de terápsidos plantea otra grave dificultad. "La noción de que los mamíferos en general evolucionaron de los reptiles en general a través de un amplio grupo de diversas líneas de terápsidos no es darwinismo. La transformación darwinista requiere una sola línea de descendencia… Se puede construir una línea artificial de descendencia, pero sólo mezclando arbitrariamente especímenes de diferentes subgrupos y arreglándolos por fuera de su secuencia cronológica real"[55]. Una forma de resolver este problema sería abandonar la arraigada idea de que los mamíferos son un grupo "monofilético" (descendiente de un solo ancestro común a todos los mamíferos). Convertir a los mamíferos en un

---

[55] *Ibid.*, pág. 103.

grupo polifilético haría más plausible la tesis de que los terápsidos son ancestros de los mamíferos, pero sólo al costo inaceptable de demoler el argumento darwinista de las homologías de los mamíferos como reliquias de un ancestro común.

La evolución dentro de la clase de los mamíferos

La clase de los mamíferos incluye especies tan diversas como las vacas, los monos, los gatos, las ballenas, las focas, los murciélagos, los osos, las zarigüeyas, etc. Si los mamíferos son un grupo monofilético, entonces el modelo darwinista requiere que todas estas especies hayan descendido de una sola especie no identificada de pequeños mamíferos terrestres. Tendría que haber existido una enorme cantidad de especies intermedias en cada línea de transición, pero el registro fósil no brinda evidencias adecuadas de ello.

Subsisten enormes problemas no resueltos. Por ejemplo, ¿a través de cuál proceso darwinista las útiles patas traseras de un cuadrúpedo se marchitaron hasta alcanzar proporciones vestigiales, y en qué etapa de la transformación de un roedor en monstruo marino ocurrió esto? ¿Las patas delanteras de un roedor se transformaron por etapas adaptativas graduales en las aletas de la ballena? Johnson sentencia: "No oímos nada de las dificultades porque para los darwinistas los problemas insolubles no son importantes"[56].

---

[56] *Ibid.*, pág. 112.

12. EL ORIGEN DEL HOMBRE

Esta sección está basada en: Phillip E. Johnson, *Darwin on Trial*, págs. 106-112.

Después que la teoría de Darwin sobre el origen evolutivo del hombre a partir de primates fue aceptada, hubo un esfuerzo decidido para encontrar los "eslabones perdidos" que la teoría exigía. La cuestión a estudiar es si la imaginación darwinista puede haber jugado un rol importante en la construcción de la evidencia ofrecida para apoyar esa teoría. "La antropología física —el estudio del origen del hombre— es un campo que a través de su historia ha sido más pesadamente influenciado por factores subjetivos que casi cualquier otra rama de la ciencia respetable. Desde el tiempo de Darwin hasta el presente la 'descendencia del hombre' ha sido una certeza cultural que pedía una confirmación empírica, y la fama mundial ha sido la recompensa para cualquiera que pudiera presentar una evidencia fósil plausible de los eslabones faltantes. La presión para encontrar confirmación fue tan grande que condujo a un fraude espectacular, el hombre de Piltdown —al cual los funcionarios del Museo Británico protegieron celosamente de una inspección inamistosa, permitiéndole brindar cuarenta años de servicio útil en el moldeo de la opinión pública"[57]. Es comprensible que los antropólogos que analizan los huesos de sus posibles ancestros se involucren emocionalmente con su objeto de estudio. "Las descripciones de fósiles hechas por personas que anhelan acunar a sus ancestros en sus manos deberían ser examinadas tan cuidadosamente como la carta de recomendación de la madre de un candidato a un puesto de trabajo"[58].

---

[57] Phillip E. Johnson, *Darwin on Trial*, pág. 107.
[58] *Ibid.*, pág. 108.

La clasificación de los fósiles de homínidos es un tema altamente controvertido. Los antropólogos suelen criticar fuertemente los trabajos de sus colegas, en parte debido a sus rivalidades personales. Por ejemplo, algunos expertos dudan que el *Australopithecus afarensis* y el *Australopithecus africanus* sean especies distintas; y muchos niegan que haya existido la especie *Homo habilis*. Solly Zuckerman (1902-1993), uno de los principales expertos británicos en primates, después de someter a los australopitecinos a años de intrincados estudios biométricos, concluyó que es inaceptable considerarlos como ancestros del hombre. Además, Zuckerman comparó las normas profesionales de la antropología física a las de la parapsicología, y observó que el registro de especulaciones temerarias sobre los orígenes del hombre "es tan asombroso que es legítimo preguntar si en este campo se puede encontrar todavía mucha ciencia en absoluto"[59].

En general la evidencia de relaciones ancestrales es relativamente escasa en el registro fósil. Por lo tanto, según Zuckerman, debería ser causa de sospecha que haya un exceso de ancestros en el área precisa en que los observadores humanos están más inclinados a dar vía libre al *wishful thinking* (la ilusión, o el pensamiento guiado por el deseo). La ausencia de evidencia directa de la evolución del hombre no preocupaba a Zuckerman, porque él asumía que esa evolución estaba establecida en forma independiente.

En resumen, aunque (como en mi caso) se esté dispuesto a aceptar la hipótesis del origen del hombre a partir de primates, cabe reconocer que la evidencia fósil no provee con certeza la transición gradual y continua (con innumerables estados intermedios) postulada por la teoría darwinista. Además, si uno se atiene únicamente a esa teoría, la producción de la mente humana a partir de materia animal resulta un misterio insoluble.

---

[59] *Ibid.*, pág. 109.

Mi opinión

Un cristiano no puede ignorar los grandes problemas filosóficos y teológicos asociados a la tesis de que el origen del hombre se explica adecuadamente a partir de la sola teoría darwinista, del mismo modo que el origen de cualquier otra rama del "árbol de la vida". El darwinismo tiende a afirmar el origen del hombre a partir de un primate por el mero impulso de la evolución biológica. Según Darwin y la gran mayoría de los darwinistas, el hombre sería sólo un animal, aunque más evolucionado e inteligente que otros. Entre el hombre y los animales no habría más que diferencias de grado, no sustanciales. Esto es evidentemente incompatible con la fe cristiana. El hombre no es un simple animal, sino un animal racional, porque está dotado de un alma espiritual. De por sí, lo no inteligente no puede producir la inteligencia. El espíritu no puede surgir de la materia en virtud de las solas fuerzas naturales que actúan en la evolución biológica. Éstas podrían explicar el origen material del cuerpo humano, pero no el origen del alma humana, que es espiritual. El alma humana, con su autoconciencia, su inteligencia abstracta, su conciencia moral, su libre albedrío, etc., determina una diferencia abismal entre el hombre y todos los demás animales. Ahora bien, suponiendo que se contemple adecuadamente la discontinuidad ontológica entre primates y seres humanos (y por ende la acción propiamente creadora de Dios con respecto al alma espiritual del hombre) no tengo inconvenientes para aceptar la continuidad física entre primates y seres humanos, o sea el origen del cuerpo humano por medio de la evolución del cuerpo de un primate.

Me parece oportuno señalar aquí que no es correcto referirse a los relatos de la creación de Génesis 1 y 2 como "relatos míticos". Aunque tal vez sea verdad que esos relatos utilizan elementos míticos, los integran dentro de un conjunto cuyo contenido no es mitológico, sino teológico. Se trata de textos inspirados por Dios que, sirviéndose de imágenes tomadas de una cosmología arcaica, enseñan verdades religiosas tales como la creación de todo lo visible y lo invisible por parte de Dios, la bondad de todo lo creado por Dios, la existencia de una jerarquía ontológica dentro del universo material (cuya cumbre es el ser humano), la igualdad de naturaleza o esencia entre el hombre y la mujer, etc.

13. DESAFÍOS AL DARWINISMO DESDE LA BIOQUÍMICA

Reevaluación del neodarwinismo a la luz de la bioquímica

En tiempos de Darwin se sabía muy poco acerca de las células; y aún a principios del siglo XX, cuando comenzó a elaborarse la síntesis neodarwinista, la bioquímica no existía. En la segunda mitad del siglo XX el progreso de la bioquímica hizo crecer espectacularmente el conocimiento de la estructura interna de la célula. La teoría darwinista debe ser reconsiderada a la luz de los avances de la bioquímica. Para ser válida, ella debería dar cuenta de la estructura molecular de la vida; pero el darwinismo ha fracasado en el nivel molecular. No hay explicaciones darwinistas detalladas de la evolución de ningún sistema bioquímico fundamental, sino sólo una variedad de especulaciones ilusionadas. Nadie ha explicado jamás de un modo detallado y científico cómo el "mecanismo mutación-selección" podría haber construido las intrincadísimas estructuras de ninguno de los muchos sistemas bioquímicos complejos contenidos en las células. Como veremos, los descubrimientos de la bioquímica tienden a apoyar la hipótesis del diseño inteligente de los seres vivos, en detrimento de la visión darwinista de la evolución como un proceso natural no planificado ni guiado por inteligencia alguna.

"La ciencia moderna ha aprendido que, en última instancia, la vida es un fenómeno molecular: todos los organismos están hechos de moléculas que actúan como las tuercas y tornillos, engranajes y poleas de los sistemas biológicos. Ciertamente hay características biológicas complejas (tales como la circulación de la sangre) que emergen a niveles superiores, pero los rasposos detalles de la vida son la provincia de las biomoléculas. Por ende la ciencia de la bioquímica, que estudia esas moléculas, tiene la misión de explorar el mismo cimiento de la vida. Desde mediados de los años cincuenta la bioquímica ha dilucidado esmeradamente las obras de la vida en el nivel molecular. Darwin ignoraba la razón para la variación dentro de una especie (uno de los requisitos de su teoría), pero la bioquímica ha identificado su base molecular. La ciencia del siglo XIX no podía siquiera adivinar el mecanismo de la visión, la inmunidad o el movimiento, pero la bioquímica moderna ha identificado las moléculas que permiten esas y otras funciones"[60].

Los descubrimientos de la bioquímica revelan los límites de la evolución darwinista. Se ha dado en llamar "cajas negras" a los dispositivos conocidos sólo desde un punto de vista externo (en términos de entradas y salidas, o insumos y productos), pero cuyo funcionamiento interno se desconoce. En tiempos de Darwin, la célula era una caja negra; pero la bioquímica ha abierto esa caja. Después de la segunda guerra mundial, cuando se volvió práctico el uso del microscopio electrónico, el conocimiento de la estructura interna de la célula creció espectacularmente. Consideremos el ejemplo de la visión. Para Darwin, la visión era una caja negra. Él desestimó la cuestión del origen último del ojo de la siguiente manera: "Cómo un nervio se vuelve sensible a la luz difícilmente nos concierne más que cómo se originó la vida misma"[61]. Sin embargo, la bioquímica actual se aproxima a resolver el problema de la visión.

"Al igual que la biología tuvo que ser reinterpretada después que se descubrió la complejidad de la vida microscópica, el neodarwinismo debe ser reconsiderado a la luz de los avances en la bioquímica… Para que la teoría darwinista de la evolución sea verdadera, debe dar cuenta de la estructura molecular de la vida.

---

[60] Michael J. Behe, *Darwin's Black Box*, pág. X.
[61] *Ibid.*, pág. 18.

El propósito de este libro [*La caja negra de Darwin*] es mostrar que no lo hace"[62].

La evidencia molecular[63]

"El propósito de esta revisión ha sido aclarar qué tendríamos que encontrar en la evidencia molecular… antes de que estuviéramos justificados para concluir que el darwinismo es probablemente verdadero. Necesitaríamos encontrar evidencia de que los ancestros comunes y los intermediarios transicionales existieron realmente en el mundo viviente del pasado, y de que la selección natural en combinación con cambios genéticos aleatorios realmente tiene el tipo de poder creativo que se le atribuye. No será suficiente encontrar que los organismos comparten una base bioquímica común, o que sus moléculas, tanto como sus características visibles, pueden ser clasificadas en un patrón de grupos dentro de grupos. La afirmación importante del darwinismo no es que las relaciones existen, sino que esas relaciones fueron producidas por un proceso naturalista en el cual las especies progenitoras fueron gradualmente transformadas en formas descendientes bastante diferentes a través de largas ramas… de intermediarios transicionales, sin intervención de ningún Creador u otro mecanismo no naturalista"[64].

Podemos distinguir tres sentidos diferentes de la palabra "evolución": a) la evolución en sentido amplio o transformismo; b) la evolución darwinista, basada en el mecanismo mutación-selección; c) la evolución naturalista, es decir la evolución sin ningún influjo sobrenatural. Estas tres nociones se relacionan entre sí de la siguiente manera: la evolución naturalista es una de las posibles nociones de la evolución; y (en mi opinión) la

---

[62] *Ibid.*, págs. 24-25.
[63] Cf. Phillip E. Johnson, *Darwin on Trial*, cap. 7.
[64] *Ibid.*, págs. 116-117.

evolución darwinista es una de las formas posibles de la evolución naturalista.

Después de evaluar la evidencia molecular, Johnson mantiene su postura escéptica con respecto a estas tres formas de la teoría de la evolución. Aunque concuerdo con Johnson en que la evidencia molecular no proporciona una demostración estricta de la evolución en sentido amplio, yo pienso que permite considerarla como una hipótesis sumamente razonable; pero coincido con Johnson en que la evidencia molecular (al igual que la evidencia fósil) no otorga credibilidad a la evolución naturalista ni a la evolución darwinista. Por el contrario, la inmensa (e inesperada, para Darwin y sus primeros discípulos) complejidad de los seres vivos en el nivel molecular vuelve aún menos creíble la teoría darwinista, planteándole problemas insuperables. Más adelante profundizaremos sobre este tema.

Gran parte de las investigaciones de biología molecular consisten en la comparación de secuencias dentro del ADN de distintas especies. Por ejemplo, comparaciones de ese tipo muestran que hay una diferencia del 2 % entre el material genético de los seres humanos y el de los chimpancés. Eso no prueba que entre ambas especies haya una diferencia sólo de grado (no esencial). Conviene recordar que el código genético es muy importante en los seres vivos, pero no lo es todo. En el hombre hay muchas cosas esenciales (como la capacidad de conocimiento intelectual, de abstracción y reflexión) que no existen en absoluto en los chimpancés. Debemos guardarnos del error de extrapolar consecuencias filosóficas exageradas a partir de unos datos científicos en sí válidos. Las formas de medir la "distancia" entre especies pueden ser varias. El grado de similitud entre sus respectivos códigos genéticos es sólo una de ellas. La gran cuestión científica pendiente no es tanto la de medir esa distancia, sino la de explicar cómo se llegó a recorrerla.

La biosíntesis de moléculas complejas[65]

Hay sistemas bioquímicos que, aunque a primera vista parecen dóciles a un enfoque gradualista, resultan ser problemas insolubles dentro del marco darwinista, porque las probabilidades de que algo salga mal son abrumadoras. Muchos de los procesos metabólicos que sintetizan aminoácidos, proteínas, nucleótidos o ácidos nucleicos dentro del organismo son sistemas de ese tipo.

A modo de analogía, Behe presenta esta situación imaginaria. Un gran grupo de marmotas intenta cruzar una autopista de 2.000 carriles, llenos de vehículos que se mueven a la velocidad máxima permitida. En abstracto, no parece haber ningún límite que las marmotas no puedan superar, pero en la práctica la mayoría muere atropellada en el primer carril, algunas alcanzan el segundo carril, y unas pocas llegan hasta el tercer carril, o excepcionalmente hasta el cuarto; ninguna más allá.

Behe describe detalladamente la biosíntesis del monofosfato de adenosina (AMP), una de las muchas sustancias químicas complejas necesarias para la vida, a partir de la ribosa 5-fosfato. Una molécula de AMP contiene 33 átomos: diez de carbono, once de hidrógeno, siete de oxígeno, cuatro de nitrógeno y uno de fósforo. La síntesis de una molécula de AMP insume trece reacciones químicas sucesivas y requiere doce enzimas, dos grupos formilo, cinco moléculas de ATP, una de GTP, una de dióxido de carbono, dos de glutamina, una de glicina y dos de ácido aspártico. Las moléculas obtenidas en los pasos intermedios no sirven para nada a la célula excepto para hacer AMP o GMP. La síntesis aleatoria de AMP es absolutamente improbable. Si disolviéramos en agua todas las sustancias requeridas no obtendríamos AMP aunque esperáramos un millón de años.

---

[65] Cf. Michael Behe, *Darwin's Black Box*, cap. 7.

Supongamos que el compuesto A es transformado en el compuesto D a través de los compuestos intermedios B y C. ¿El camino A-B-C-D podría haber evolucionado gradualmente? Depende. Si A, B y C son útiles para la célula y si B, C y D no son esenciales desde el principio, quizás un desarrollo lento y gradual es posible. Empero, ¿qué ocurre si (como en el caso del AMP) D es necesario desde el principio y A, B y C sólo sirven como precursores de D? En ese caso, ¿para qué le sirve al organismo producir A? ¿O, si produce A, para qué le sirve producir B? La respuesta darwinista típica es ésta: D estaba ya disponible en la sopa primordial; a medida que D se volvió escaso, los organismos aprendieron a sintetizar D a partir de C; luego, a medida que C se acababa, produjeron C a partir de B; y cuando la escasez amenazó otra vez, produjeron B a partir de A. En los libros de texto, nadie ha puesto nombres químicos reales sobre las míticas letras A, B, C, D, porque al hacerlo uno tiene que mostrar reacciones químicas reales que las producen.

Los problemas de la teoría A-B-C-D son numerosos y graves. Behe detalla tres de ellos: a) los experimentos de síntesis prebiótica no han producido ninguna de las sustancias intermedias de la biosíntesis del AMP, excepto una; b) hay buenas razones para pensar que las reacciones químicas intermedias sólo pueden ocurrir bajo la cuidadosa guía de las enzimas; c) algunas de las sustancias intermedias son químicamente inestables. Behe concluye: "El cuento A-B-C-D es una vieja idea que ha sido transmitida irreflexivamente… Nadie tiene idea de cómo se desarrolló el camino del AMP. Aunque unos cuantos investigadores han observado que el camino en sí mismo presenta un severo desafío al gradualismo, nadie ha escrito sobre el obstáculo planteado por la necesidad de regular el camino metabólico de una célula inmediatamente desde su comienzo. No es de extrañar —nadie quiere escribir sobre el atropello en las rutas"[66].

La ciencia de la evolución molecular[67]

Si los sistemas bioquímicos complejos no han sido explicados por nadie, ¿qué tipos de trabajos bioquímicos han sido publicados bajo el rótulo de "evolución"? Behe analiza qué ha sido estudiado en esta área y qué no. Comienza su relevamiento en una revista especializada de mucho prestigio, el *Journal of Molecular Evolution* (JME), dedicada exclusivamente a la investigación orientada a explicar el origen de la vida en el nivel molecular. Durante la década anterior, el JME había publicado alrededor de mil artículos científicos. Esos artículos pueden ser clasificados de la siguiente manera: a) más del 80 % corresponde a comparaciones de secuencias de ADN o de proteínas; b) alrededor del 10 % corresponde a la síntesis química de moléculas consideradas necesarias para el origen de la vida; c) alrededor del 5 % corresponde a modelos matemáticos de la evolución molecular o a métodos matemáticos para comparar e interpretar datos de secuencias.

Una comparación de secuencias es una comparación de dos proteínas diferentes, aminoácido por aminoácido; o una comparación de dos porciones diferentes de ADN, nucleótido por nucleótido. Aunque útil para determinar posibles líneas de descendencia, lo cual es una cuestión interesante por sí misma, comparar secuencias no puede mostrarnos cómo un sistema bioquímico complejo logró su función. Behe explica esto con una excelente analogía: los manuales de una máquina de escribir y de una computadora producidas por la misma compañía pueden tener muchas palabras, frases o incluso párrafos idénticos, sugiriendo un origen común (quizás el mismo autor escribió los

---

[66] *Ibid.*, págs. 154 y 159.
[67] Cf. *Ibid.*, cap. 8.

dos manuales), pero comparar las secuencias de letras de los manuales nunca nos dirá si una computadora puede ser producida paso a paso a partir de una máquina de escribir (y, agrego yo, cambiando piezas en forma aleatoria).

Por otra parte, los modelos matemáticos de la evolución molecular, aunque útiles para entender cómo los procesos graduales se comportan en el tiempo, asumen como hipótesis que la evolución en el mundo real es un proceso gradual y aleatorio; no lo demuestran ni pueden demostrarlo.

En cuanto a la investigación sobre el origen de la vida, se ha desvanecido el optimismo prevalente en los años 1950 después de los famosos experimentos de Stanley Miller. Klaus Dose, un científico prominente en esta área, hizo la siguiente evaluación global: "Más de 30 años de experimentación sobre el origen de la vida en los campos de la evolución química y molecular han conducido a una mejor percepción de la inmensidad del problema del origen de la vida en la Tierra más que a su solución. En la actualidad todas las discusiones sobre las teorías y experimentos principales en este campo terminan en un estancamiento o en una confesión de ignorancia"[68].

Behe sostiene que los artículos publicados en el JME incluyen muchos artículos valiosos e interesantes, pero ninguno que contradiga el mensaje de su libro. Este mensaje no consiste en negar la existencia de la evolución por mutaciones aleatorias y selección natural, sino en negar que esa clase de evolución pueda explicar todo en el ámbito de la biología. Behe se pronuncia así: "Como los analistas de secuencias, yo creo que la evidencia apoya fuertemente el origen común. Pero la pregunta radical sigue sin respuesta: ¿Qué ha causado la formación de los sistemas complejos? Nadie ha explicado jamás de un modo detallado y científico cómo la mutación y la selección natural podrían

---

[68] *Ibid.*, pág. 168.

construir las estructuras complejas e intrincadas discutidas en este libro"[69].

Behe también presenta los resultados de su relevamiento de los 400 artículos sobre evolución molecular publicados entre 1984 y 1994 por otra revista prestigiosa: *Proceedings of the Nacional Academy of Sciences* (PNAS). Este relevamiento arroja un resultado muy similar al del JME. Después de relevar también libros y reuniones científicas, Behe afirma: "La búsqueda puede ser extendida, pero los resultados son los mismos. Nunca ha habido una reunión, ni un libro, ni un artículo sobre detalles de la evolución de sistemas bioquímicos complejos"[70]. Finalmente, Behe presenta un relevamiento de 30 libros de texto de bioquímica publicados entre 1970 y 1995 usados en universidades importantes. Muchos libros de texto ignoran completamente la evolución, mientras que el resto le dedica muy poca atención. Por ejemplo, uno de esos libros de texto (Conn et al., 1987, John Wiley & Sons) tiene una sola referencia a la evolución en su índice temático, que tiene en total unas 2.500 referencias. Se refiere a una frase de la página 4: "Los organismos han evolucionado y se han adaptado a las condiciones cambiantes en una escala de tiempo geológica y continúan haciéndolo"[71]. No dice nada más.

Behe concluye: "'Publica o perece' es un proverbio que los académicos toman en serio… La teoría de la evolución molecular darwinista no ha publicado, y por lo tanto debería perecer"[72].

---

[69] *Ibid.*, pág. 176.
[70] *Ibid.*, pág. 179.
[71] *Ibid.*, pág. 183.
[72] *Ibid.*, pág. 186.

14. LA COMPLEJIDAD IRREDUCTIBLE

En su famoso libro *La caja negra de Darwin* el bioquímico Michael Behe analizó una categoría de sistemas biológicos que plantean un desafío poderosísimo a la evolución darwinista: los sistemas con complejidad irreductible.

El gradualismo es un componente absolutamente esencial de la teoría darwinista de la evolución. Darwin escribió: "Si pudiera demostrarse que existió cualquier órgano complejo que no podría haber sido formado por medio de modificaciones numerosas, sucesivas y leves, mi teoría sería absolutamente destruida"[73]. Los críticos de Darwin sospechan que su criterio de fracaso se ha cumplido. ¿Pero cómo podemos estar seguros de esto? ¿Qué tipo de sistema biológico no podría ser formado por medio de "modificaciones numerosas, sucesivas y leves"? Behe responde: "Para empezar, un sistema que es irreductiblemente complejo"[74].

Enseguida Behe propone su ya célebre definición de la complejidad irreductible: "Por irreductiblemente complejo me refiero a un solo sistema compuesto de varias partes bien coordinadas que interactúan entre sí, contribuyendo a la función básica, en donde la eliminación de una cualquiera de las partes hace que el sistema efectivamente cese de funcionar. Un sistema irreductiblemente complejo no puede ser producido directamente... por modificaciones leves y sucesivas de un sistema precursor, porque cualquier precursor... que carece de una parte es por definición no funcional. Un sistema biológico irreductiblemente complejo, si existe tal cosa, sería un desafío poderoso a la evolución darwinista"[75].

---

[73] Michael J. Behe, Darwin's Black Box, pág. 39.
[74] *Ibid.*
[75] *Ibid.*

Hay sólo tres formas en que el darwinismo podría resolver el problema del origen de un sistema irreductiblemente complejo, pero las tres son muy poco creíbles: 1) que el sistema surja por una vía directa y gradual, sin cumplir su función hasta alcanzar el grado de complejidad irreductible; 2) que el sistema surja entero, como una unidad integrada, de un solo golpe; 3) que el sistema se forme por una vía indirecta y gradual.

La primera solución (la vía directa y gradual) viola una premisa básica de la teoría darwinista porque la selección natural, que asegura la supervivencia de las variantes biológicas más aptas, sólo puede favorecer a los sistemas que cumplan una función útil. Pero, por definición, nuestro sistema, antes de alcanzar el grado de complejidad irreductible, no cumple ninguna función, por lo que la selección natural debería descartar las variantes dotadas de las versiones incompletas del sistema.

La segunda solución (la vía directa y súbita) implica renunciar al postulado del gradualismo, absolutamente central para Darwin y los darwinistas ortodoxos. Richard Dawkins lo explica así: la evolución "debe ser gradual cuando está siendo usada para explicar la venida a la existencia de objetos complicados y aparentemente diseñados, como los ojos. Porque si no es gradual en estos casos, ella deja de tener todo poder explicativo. Sin gradualidad en esos casos, estamos de vuelta en el milagro, lo cual es simplemente un sinónimo de la total ausencia de explicación [científica]"[76].

La tercera solución (la vía indirecta y gradual) es la preferida por los darwinistas. Plantea que las distintas partes del sistema irreductiblemente complejo podrían tener otras funciones (ajenas a las de ese sistema) antes de integrarse en él. Esta solución es metafísicamente posible, pero estadísticamente muy inverosímil. La probabilidad de esta solución cae precipitadamente a medida

---

[76] *Ibid.*, pág. 40.

que aumenta la complejidad de los sistemas considerados. En esta perspectiva, las vías indirectas de formación de los sistemas con complejidad irreductible deberían volverse cada vez más tortuosas, hasta un grado inimaginable.

En general, se puede decir que los argumentos darwinistas no son concluyentes, porque nunca resuelven los detalles bioquímicos de su teoría. Ningún científico darwinista ha presentado jamás una explicación completa y detallada del origen de ningún sistema biológico irreductiblemente complejo.

Como ejemplo de sistema biológico irreductiblemente complejo propongo el caso de la reproducción sexual. Una especie con reproducción sexual necesita los dos sexos. De nada le sirve tener individuos de sexo masculino si no tiene también individuos de sexo femenino; y viceversa.

La vía evolutiva directa y gradual implicaría la formación gradual simultánea o sucesiva (a través de muchas mutaciones genéticas aleatorias y de millones de años) de los aparatos reproductivos masculino y femenino, de tal modo que durante todo ese proceso evolutivo los aparatos reproductivos incompletos (o completos pero sólo en uno de los sexos) no tendrían ninguna función. Recién cuando los dos aparatos reproductivos (masculino y femenino) estuviesen completamente formados y perfectamente ajustados entre sí, la forma de reproducción de la especie pasaría de asexual a sexual. La selección natural debería preservar durante millones de años los aparatos reproductivos incompletos, a pesar de que no presentarían ninguna ventaja adaptativa. Se supone que la selección natural no funciona así porque, al carecer de propósito, no puede prever la utilidad futura de órganos actualmente inútiles.

Por su parte, la vía evolutiva indirecta y gradual supondría que, durante ese larguísimo proceso evolutivo, cada órgano de los aparatos reproductivos incompletos desempeñe otra función, ajena a la reproducción. Por ejemplo, quizás el útero fue antes un segundo estómago, los ovarios fueron antes glándulas suprarrenales adicionales, etc. Es fácil intuir que la probabilidad de esta vía es infinitesimal.

En cuanto a la vía evolutiva directa y súbita, supondría que dos individuos de la especie asexuada sufran macromutaciones genéticas aleatorias, súbitas y simultáneas, adquiriendo aparatos reproductivos completos, uno masculino y el otro femenino, perfectamente ajustados entre sí. También la probabilidad de que esto ocurra aleatoriamente es infinitesimal.

15. EJEMPLOS DE SISTEMAS IRREDUCTIBLEMENTE COMPLEJOS

En *La caja negra de Darwin* Michael Behe analiza detalladamente varios ejemplos de sistemas biológicos con complejidad irreductible: el cilio, el flagelo bacteriano, la coagulación de la sangre, el transporte intracelular y el sistema inmunológico. Behe dice que los ejemplos de complejidad irreductible podrían multiplicarse sin mayores dificultades, incluyendo aspectos de la replicación del ADN, el transporte de electrones, la síntesis de telómeros, la fotosíntesis, la regulación de la transcripción, etc.

El cilio y el flagelo bacteriano[77]

El cilio y el flagelo bacteriano son sistemas biológicos con complejidad irreductible que se asemejan a sistemas de nado. Algunas células nadan usando un cilio, mientras que algunas bacterias nadan rotando sus flagelos. El cilio es un sistema de nado basado en un remo. Los sistemas de ese tipo constan de tres partes básicas: una paleta que se pone en contacto con el agua, un motor o fuente de energía y un conector que une a ambos. En el cilio, los remos son los microtúbulos (hechos de una proteína llamada tubulina), cuya superficie está en contacto con el medio acuoso y empuja contra él; los motores son los brazos de dineína (una proteína que impulsa el movimiento mecánico); y los conectores son los brazos de nexina (otra proteína), que transmiten la fuerza del motor hasta los microtúbulos. Si falta cualquiera de esas tres partes principales, el cilio no cumple su función. Por lo tanto, el cilio es un sistema irreductiblemente complejo. Esta descripción es una gran simplificación: un cilio contiene más de 200 tipos diferentes de proteínas.

---

[77] Cf. Michael J. Behe, *Darwin's Black Box*, cap. 3.

Revisando la enorme literatura científica sobre los cilios, Behe constató que en las dos décadas anteriores se habían publicado sólo dos artículos que intentaron siquiera sugerir un modelo para la evolución del cilio teniendo en cuenta consideraciones mecánicas reales. Peor aún, los dos artículos estaban en grave desacuerdo entre sí y ninguno de ellos discutía detalles cuantitativos cruciales. Los proponentes de ambos modelos discutieron entre sí, señalando exitosamente los enormes problemas del modelo ajeno. En líneas generales la comunidad científica había ignorado ambas contribuciones. En resumen, nadie sabe cómo evolucionó el cilio.

El flagelo bacteriano es similar a un sistema de nado basado en una hélice giratoria. Los sistemas de esa clase constan de tres componentes fundamentales: un elemento rotatorio (el rotor), un elemento estacionario (el estator) y una hélice. En el flagelo bacteriano, la hélice es un filamento externo compuesto de una proteína llamada flagelina. El motor giratorio, localizado en la base del flagelo, consta de un rotor y un estator, identificados respectivamente con las estructuras llamadas "anillo M" y "anillo S". También esta descripción es una simplificación. El flagelo bacteriano está formado por más de 40 proteínas, cuyas funciones son en muchos casos desconocidas.

"En resumen, cuando los bioquímicos comenzaron a examinar estructuras aparentemente simples como los cilios y los flagelos, descubrieron una complejidad asombrosa, con docenas o incluso cientos de partes precisamente ajustadas entre sí. Es muy probable que muchas de las partes que no hemos considerado aquí sean requeridas para que cualquier cilio funcione en una célula. A medida que el número de partes requeridas se incrementa, la dificultad de armar gradualmente el sistema completo se dispara, y la probabilidad de escenarios indirectos se desploma. Darwin luce cada vez más perdido. Una nueva investigación de los roles de las proteínas auxiliares no puede simplificar el sistema irreductiblemente complejo. La intransigencia del problema no puede ser aliviada; sólo se volverá peor. La teoría darwinista no ha dado ninguna explicación del cilio o el flagelo. La abrumadora complejidad de los sistemas de nado nos impulsa a pensar que podría no dar nunca una explicación"[78].

La coagulación de la sangre[79]

Behe examina el sistema de coagulación de la sangre utilizando como analogía las excéntricas máquinas de las caricaturas de Rube Goldberg, un dibujante humorístico norteamericano. La investigación bioquímica ha descubierto que la coagulación de la sangre es un sistema complejísimo, compuesto por más de 30 piezas de proteínas interdependientes. Los componentes principales del sistema son el fibrinógeno, la fibrina y la trombina. El fibrinógeno está compuesto de seis cadenas de proteínas. La trombina corta algunas de esas cadenas en pequeños trozos de fibrina. La fibrina forma el coágulo inicial, una red que atrapa las células de la sangre. El resto de las proteínas son proenzimas y enzimas que controlan el proceso de coagulación a través de una intrincada red de pesos y contrapesos cuidadosamente balanceados, a fin de que la coagulación se inicie sólo cuando y donde se necesita, cubra toda la herida y luego se detenga. Así se evitan normalmente las dos fallas principales, ambas potencialmente letales: el defecto y el exceso de coagulación. El sistema de coagulación es irreductiblemente complejo. Un problema en uno cualquiera de sus muchos componentes puede causar la falla del sistema completo.

Behe analiza el intento de explicación darwinista del origen del sistema de coagulación de la sangre ofrecido por Russell

---

[78] *Ibid.*, pág. 73.
[79] Cf. *Ibid.*, cap. 4.

Doolittle, el científico que había hecho el mayor esfuerzo en esa área. Doolittle propuso una serie de pasos hipotéticos en los que las proteínas de la coagulación aparecen una tras otra. Behe concluye que esa explicación es muy inadecuada porque no se dan razones para las apariciones de las proteínas, no se intenta calcular la probabilidad de esas apariciones y no se intenta estimar las propiedades de las nuevas proteínas. "En ningún paso —ni siquiera uno— Doolittle da un modelo que incluya números o cantidades; sin números, no hay ciencia. Cuando se pinta un cuadro meramente verbal del desarrollo de un sistema tan complejo, no hay absolutamente ninguna manera de saber si realmente funcionaría"[80]. "El escenario de Doolittle reconoce implícitamente que la cascada de la coagulación es irreductiblemente compleja, pero trata de empapelar el dilema con una plétora de referencias metafóricas al *yin* y el *yang*. La conclusión es que los grupos de proteínas deben ser insertados todos a la vez en la cascada. Esto puede hacerse sólo postulando un 'monstruo esperanzado' que afortunadamente consigue todas las proteínas de una sola vez, o por la guía de un agente inteligente… El hecho es que nadie en la tierra tiene la más vaga idea de cómo la cascada de la coagulación llegó a existir"[81].

El transporte intracelular[82]

Behe examina el sistema de transporte intracelular utilizando varias analogías. Una de ellas es la de una ficticia sonda espacial no tripulada que explora el espacio interestelar y está dotada de mecanismos automáticos para fabricar nuevas piezas y llevarlas hasta el lugar donde se necesitan. En el ejemplo considerado la nueva pieza requerida es una trituradora de baterías. "Todas las máquinas fantásticas de nuestra sonda espacial tienen contrapartes directas en la célula. La sonda espacial misma es la

---

80 *Ibid.*, pág. 95.
81 *Ibid.*, págs. 96-97.
82 Cf. *Ibid.*, cap. 5.

célula, la biblioteca es el núcleo, el plano es el ADN, la copia del plano es el ARN, la ventana de la biblioteca es el poro nuclear, las máquinas principales son los ribosomas, el área principal es el citoplasma, el adorno es la secuencia de señales, la trituradora de baterías es la hidrolasa lisosomal, la guía es la partícula de reconocimiento de señal (PRS), el sitio de recepción es el receptor de PRS, la sala de procesamiento 1 es el retículo endoplasmático (RE), las salas de procesamiento 2-4 son el aparato de Golgi, la antena es un carbohidrato complejo, las subsalas son vesículas recubiertas de clatrina, y varias proteínas desempeñan los roles de recortador, transportista, codificador de entrega, marcador de puerto y puerta de entrada. La sala de tratamiento de basura es el lisosoma. (…) La sonda espacial ficticia es tan complicada que aún no ha sido inventada, ni siquiera de una manera burda. El sistema celular auténtico ya está en su lugar, y cada segundo de cada día este proceso ocurre incontables miles de millones de veces en tu cuerpo. La ciencia es más extraña que la ficción"[83].

Se puede distinguir tres métodos que la célula usa para introducir las proteínas en compartimientos. Dos de esos métodos se parecen, porque ambos usan portales en una membrana para seleccionar a las proteínas que permiten entrar. Behe llama a estos dos métodos "transporte por puerta" y los compara con un garaje de estacionamiento que está reservado a automóviles con placa diplomática. Este sistema requiere tres componentes básicos: una etiqueta de identificación, un escáner para leer la etiqueta y una puerta que es activada por el escáner. Cada uno de estos tres componentes es imprescindible. Por lo tanto el sistema es irreductiblemente complejo.

El tercer método (el transporte vesicular) es aún más complejo, porque la carga de proteína es cargada en contenedores para el envío. En nuestra analogía, es como si los diplomáticos tuvieran que entrar sus autos en un gran camión de remolque, el camión

---

entrara al garaje especial y luego los autos salieran del camión y estacionaran. Este sistema requiere un mínimo de seis componentes distintos, por lo que es irreductiblemente complejo. Los sistemas irreductiblemente complejos no pueden evolucionar de un modo darwinista, paso a paso, por una vía directa. Un sistema de transporte vesicular con uno o dos de los seis componentes mínimos requeridos no sirve para nada. Es todo o nada: o se tienen los seis componentes de entrada o el sistema no funciona. Además, es extremadamente improbable que componentes usados para otros propósitos se adapten fortuitamente a nuevos roles en un sistema complejo.

Behe analiza la enfermedad de las células I. "Un niño puede morir a causa de este solo defecto en una de las muchas máquinas necesarias para llevar proteínas al lisosoma. Una sola falla en el laberíntico camino de transporte de proteínas de la célula es fatal. A menos que el sistema entero estuviera inmediatamente en su lugar, nuestros ancestros habrían sufrido un destino similar. Los intentos de evolución gradual del sistema de transporte de proteínas son una receta para la extinción"[84].

En conclusión: "El transporte vesicular es un proceso alucinante, no menos complejo que la entrega completamente automatizada de vacunas de un área de almacenamiento a una clínica a mil millas de distancia. Los defectos en el transporte vesicular pueden tener las mismas consecuencias letales que el fracaso en entregar una vacuna requerida en una ciudad atacada por una enfermedad. Un análisis muestra que el transporte vesicular es irreductiblemente complejo, y por lo tanto su desarrollo resiste firmemente las explicaciones gradualistas, como las que la evolución darwinista requiere. Una búsqueda en la literatura bioquímica profesional y en los libros de texto muestra que nadie ha propuesto jamás una ruta detallada por medio de la cual tal sistema podría haber venido a la existencia. De cara a la enorme

---

[84] *Ibid.*, pág. 114.

complejidad del transporte vesicular, la teoría darwinista está muda"[85].

El sistema inmunológico[86]

El sistema inmunológico del cuerpo humano tiene cuatro características principales: diversidad, reconocimiento, destrucción y tolerancia.

Diversidad. Los enemigos microscópicos (bacterias, virus y hongos) del ser humano son muy abundantes y muy diferentes entre sí. Para enfrentarlos, el cuerpo humano produce miles de millones de anticuerpos de distintas formas. En el óvulo fecundado hay cuatro grupos de genes que contribuyen a hacer anticuerpos: el grupo 1 contiene unos 250 segmentos de genes, el grupo 2 contiene diez segmentos, el grupo 3 contiene seis más y el grupo 4 otros ocho. Cuando el feto crece, comienza a producir células B, que son las "fábricas de anticuerpos". Durante la construcción de células B, ocurre algo raro: el genoma del ADN es reordenado y parte del mismo es descartado. Tres segmentos de los grupos 1, 2 y 3 son elegidos, aparentemente al azar, y unidos entre sí. Otras operaciones muy complejas, en las que intervienen copias de ARN de los cuatro grupos de genes, aumentan el número de variaciones posibles. Esto permite fabricar unos diez mil millones de tipos diferentes de anticuerpos. Esta cantidad es tan grande que es casi seguro que al menos un tipo de anticuerpo se unirá a casi cualquier molécula, incluso las sintéticas.

Reconocimiento. Cada anticuerpo está formado por cuatro cadenas de aminoácidos: dos cadenas livianas idénticas y dos cadenas pesadas idénticas. El conjunto tiene una forma simétrica semejante a una letra Y. La base de la Y está unida a la membrana de la célula B y el resto de la Y sobresale hacia afuera de esa célula,

---

[85] *Ibid.,* págs. 115-116.
[86] Cf. *Ibid.,* cap. 6.

para tratar de detectar a los invasores. Los dos extremos superiores de la Y contienen los "sitios de unión". Cada tipo de anticuerpo tiene sitios de unión con diferentes características: por ejemplo, un anticuerpo puede tener un sitio de unión con una pieza que sobresale aquí, un agujero más allá y un parche aceitoso en el borde; otro anticuerpo puede tener una carga positiva a la izquierda, una hendidura en el medio y un bulto a la derecha; etc. Si la forma de un sitio de unión es exactamente complementaria a la forma de una molécula de la superficie de un invasor, entonces el anticuerpo se unirá a esa molécula. Enseguida el anticuerpo, a través de un mecanismo muy complicado, enviará una señal hasta el núcleo de la célula B. Al recibir esta señal, la célula B comienza a reproducirse rápidamente, pero ahora los anticuerpos ya no están pegados a la membrana celular, sino que quedan libres para moverse en el fluido extracelular, buscar a los invasores y unirse a ellos. Incluso en un esquema muy simplificado, este sistema de reconocimiento de enemigos consta de al menos tres componentes esenciales: la forma del anticuerpo unida a la célula B, el mensajero y la forma libre o exportada del anticuerpo. Este sistema es irreductiblemente complejo. Una célula que tratara de desarrollar este sistema en pasos darwinistas (graduales) estaría en un grave dilema. ¿Qué debería hacer primero? Ninguno de los tres componentes tiene utilidad alguna sin los otros dos. "Somos conducidos inexorablemente a la conclusión de que incluso esta selección clonal muy simplificada no podría haberse originado en pasos graduales"[87].

Destrucción. Los anticuerpos no destruyen por sí mismos a los virus o bacterias enemigos, sino que sólo ofician como señales para otros sistemas que destruyen a los objetos así marcados. Gran parte de la matanza real de enemigos es hecha por el "sistema complementario", llamado así porque complementa la

---

[87] *Ibid.*, pág. 125.

acción de los anticuerpos. El sistema complementario consta de unos veinte tipos de proteínas que forman dos caminos relacionados, llamados "camino clásico" y "camino alternativo". Estos caminos son notablemente complejos y recuerdan en varios sentidos a la cascada de la coagulación de la sangre. El camino clásico comienza cuando un gran conjunto de proteínas (llamado C1) se une a un anticuerpo que a su vez está unido a la superficie de una célula extraña. C1 está compuesto por 22 cadenas de proteínas. En este camino intervienen nueve conjuntos de proteínas (de C1 a C9), varios de ellos con más de una variante, que interactúan de diversos modos entre sí. Al final de un complejísimo proceso, una forma tubular pincha y agujerea la membrana de la bacteria invasora. La presión osmótica hace que el agua se precipite hacia adentro y destruya a la bacteria. El camino alternativo es tan complejo como el camino clásico y ambos caminos son sistemas irreductiblemente complejos.

Tolerancia. El sistema inmunológico tiene que discriminar entre el cuerpo humano y el resto del mundo. Por ejemplo, no debe generar anticuerpos contra los glóbulos rojos que circulan permanentemente por la sangre. Cuando el cuerpo produce anticuerpos contra sí mismo, generalmente ocurre un desastre. Es lo que pasa, por ejemplo, en la esclerosis múltiple o en la diabetes juvenil. Cómo el cuerpo adquiere tolerancia a sus propios tejidos es todavía algo oscuro, pero sea cual sea el mecanismo, sabemos una cosa: un sistema de autotolerancia tuvo que estar presente desde el comienzo del sistema inmunológico.

En conclusión: "Diversidad, reconocimiento, destrucción, tolerancia —todos estos y más interactúan los unos con los otros. Hacia cualquier lado que nos volvamos, una explicación gradualista del sistema inmune está bloqueada por múltiples requisitos entretejidos. Como científicos anhelamos entender cómo este magnífico mecanismo vino a la existencia, pero la complejidad del sistema condena a todas las explicaciones darwinistas a la frustración. El mismo Sísifo se apiadaría de nosotros"[88].

---

[88] *Ibid.*, pág. 139.

16. DESAFÍOS AL DARWINISMO DESDE LA TEORÍA DE LA INFORMACIÓN

Introducción al tema

El darwinismo sigue siendo aún hoy la teoría más aceptada sobre la evolución. Esto puede sorprender si se considera lo mucho que se desarrolló la biología desde mediados del siglo XIX y cuántos aspectos fundamentales de la biología actual eran totalmente desconocidos para Darwin. A continuación recordaré tres de esos aspectos.

A. Darwin no tenía una explicación de la "descendencia con modificación" pues desconocía la genética moderna. Las tres leyes fundamentales de la genética fueron descubiertas por el botánico y religioso católico austriaco Gregor Mendel (1822-1884), a través de un largo y minucioso trabajo de experimentación de cruzamientos de guisantes en el jardín de su monasterio. Aunque Mendel publicó sus descubrimientos en 1865, los mismos fueron ignorados por sus colegas científicos hasta su redescubrimiento en 1900. Los neodarwinistas de la primera mitad del siglo XX completaron la teoría de Darwin al identificar las mutaciones genéticas aleatorias como el mecanismo generador de nuevas variantes biológicas.

B. En el siglo XIX se sabía muy poco de la estructura interna de las células. Se tendía a pensar que las células eran muy simples, poco más que bultitos microscópicos de materia gelatinosa. Los descubrimientos de la bioquímica nos permiten hoy admirar la formidable complejidad de cada célula, compuesta por "máquinas moleculares" intrincadísimas que sugieren un diseño exquisito. Como hemos visto, los desafíos al darwinismo desde la bioquímica son muchos y muy grandes. En esta sección presentaré uno, el desarrollado en el siguiente punto.

C. Recién en 1953, al descubrirse la estructura molecular del ADN en forma de doble hélice, se pudo comprender un hecho capital y asombroso: cada célula de cada organismo vivo contiene información. El ADN contiene un código, semejante al código de un programa de computación. El código del ADN es un programa para construir proteínas, los componentes básicos de las células. El ADN es una cadena de nucleótidos, cada uno de los cuales contiene una base nitrogenada. Existen cuatro bases diferentes. Tres bases consecutivas codifican uno de veinte aminoácidos. Los sucesivos aminoácidos señalados en el programa genético se combinan para formar una proteína. La mayoría de las proteínas están formadas por cientos de aminoácidos. Hay millones de proteínas diferentes y cada una de ellas tiene una función específica dentro de un cuerpo.

El descubrimiento de la estructura del ADN y del rol principalísimo de la información genética en la biología ha puesto en crisis al darwinismo. Cálculos bastante sencillos muestran que la probabilidad de que la información del genoma de cualquier especie haya surgido por puro azar, dando lugar a un orden tan admirable, complejo y delicado como el de los organismos vivos, es tan abismalmente baja que puede ser despreciada a los efectos prácticos. Obviamente, esta objeción no se aplica a toda forma de evolucionismo, sino sólo al evolucionismo materialista o naturalista.

La teoría darwinista implica una enorme sucesión de hechos improbabilísimos. Como veremos, el cálculo de probabilidades arroja muy serias dudas sobre esa teoría. Una mutación genética no es otra cosa que un error de copia de la información genética. La teoría neodarwinista supone que cada nueva especie se originó gracias a una larga y afortunada sucesión de mutaciones, las que, auxiliadas por la selección natural, dieron lugar aleatoriamente a nuevos programas genéticos y por ende a nuevas proteínas y nuevos planes corporales. A priori esto parece muy improbable pero, ¿qué tan improbable es? En este punto entra en juego la matemática.

A lo largo de los años varios matemáticos se han quejado de que en la teoría darwinista de la evolución los números simplemente no cuadran. La conferencia del Instituto Wistar de Filadelfia en 1966 dio lugar a una agria confrontación entre biólogos darwinistas y matemáticos acerca de la plausibilidad de la evolución darwinista. En función de la enorme cantidad de sucesos muy improbables requeridos para la formación darwinista de una nueva especie, varios matemáticos (como Marcel-Paul Schützenberger y Stanislaw Ulam) intuyeron que el tiempo disponible no era ni remotamente suficiente para que la evolución darwinista pudiera haber ocurrido. La respuesta de los darwinistas fue dogmática: dado que la evolución darwinista de hecho ocurrió, las dificultades matemáticas se resolverán de un modo u otro. Schützenberger sostuvo que: "Hay una brecha considerable en la teoría neodarwinista de la evolución, y creemos que esta brecha es de tal naturaleza que no puede ser salvada con la actual concepción de la biología"[89].

Empero, en ese entonces faltaba un dato fundamental para convertir la sospecha de los matemáticos en certeza: ¿qué tan probable es que una secuencia aleatoria de aminoácidos dé lugar a una proteína funcional? Hoy ese dato es conocido. En 2004 una investigación de Douglas Axe encontró que sólo una de cada aproximadamente 10^{77} (un uno seguido de 77 ceros) secuencias de aminoácidos produce una proteína estable. Por otra parte, se estima que la cantidad total de seres vivos que han existido en toda la historia de la Tierra es del orden de 10^{40} (un uno seguido de 40 ceros). Éste es el número máximo de posibles mutantes. La conclusión ineludible es que la formación aleatoria de una sola proteína funcional en el tiempo transcurrido desde la aparición de la vida en la Tierra hasta hoy es infinitesimalmente

---

[89] Michael J. Behe, *Darwin's Black Box*, pág. 29.

improbable. De allí se deduce que las sucesiones de mutaciones requeridas para transformar una bacteria en un elefante o un erizo son tan abismalmente improbables que en la práctica deben ser consideradas imposibles. Si además consideramos la bajísima probabilidad de que las nuevas proteínas formadas aleatoriamente se combinen para formar planes corporales viables, se impone una conclusión: el darwinismo es inviable.

Más adelante presentaré la teoría del matemático William Dembski sobre la información compleja y especificada, que es a la vez una crítica rigurosa al darwinismo y un fuerte alegato a favor del diseño inteligente.

Una falacia de Dawkins[90]

Behe refuta una analogía de Richard Dawkins que, a pesar de ser patentemente falsa, ha convencido a filósofos de la ciencia como Michael Ruse, Daniel Dennett y Elliott Sober. Behe la presenta según la versión de Sober. Imaginen una cerradura de combinación compuesta de 19 discos. En el borde de cada disco figuran las 26 letras del idioma inglés. Los discos pueden girar separadamente de forma que en una ventana aparecen secuencias de 19 letras. La probabilidad de que aparezca una secuencia determinada es bajísima: 1 en 26^{19}. Este último número es aproximadamente $7,66467 \times 10^{26}$. Pero ahora imaginen que un disco se bloquea si en la ventana sale una letra que coincide con el mensaje elegido como blanco. Repitiendo este proceso, el mensaje elegido aparecerá al cabo de un número sorprendentemente pequeño de intentos (del orden de $13 \times 19 = 247$). Dawkins establece esta analogía con la evolución darwinista: los giros de los discos representan a las mutaciones aleatorias, y el bloqueo de los discos representa a la selección natural entre las variantes, que no es aleatoria.

La falla garrafal de esta analogía es evidente. ¿Por qué la selección natural habría de seleccionar una combinación errónea? Si tu vida dependiera de que una combinación aleatoria de letras abriera la cerradura, no te serviría de nada acertar la primera letra. Aunque acertaras 18 de las 19 letras, pronto estarías muerto. La analogía de Dawkins es en realidad un excelente ejemplo de diseño inteligente. El agente inteligente "tiene la frase deseada en mente y guía el resultado en esa dirección tan seguramente como un adivino guía una tabla ouija. Esto difícilmente parece un fundamento firme sobre el cual construir una filosofía de la biología"[91].

No repetiré aquí lo dicho en el cap. 14 al hablar de las tres vías posibles que los darwinistas tienen para tratar de resolver el problema de la complejidad irreductible. Los argumentos indicados allí contra esas tres vías de escape darwinistas se aplican tal cual al caso particular de la cerradura de Dawkins.

---

[91] *Ibid.*, pág. 221.

17. EL MILAGRO DE LOS MONOS LITERATOS

En este capítulo plantearé una idea del filósofo francés Claude Tresmontant (1925-1997) orientada a refutar matemáticamente la teoría neodarwinista. Dice Tresmontant que sostener esa teoría es creer en "el milagro de los monos literatos". Supongamos que un mono inmortal ha sido adiestrado para escribir a máquina. Como no es inteligente, la mayor parte del tiempo escribirá cosas sin ningún sentido. Sin embargo, según el cálculo de probabilidades, después de un período de tiempo suficientemente largo, el mono acabará por escribir, por puro azar, una novela, por ejemplo *Don Quijote de la Mancha*. Empero, se plantean dos graves dificultades: a) la bajísima frecuencia de aciertos; por cada éxito (o texto inteligible) habría una multitud inmensa de fracasos (o textos ininteligibles); b) el larguísimo tiempo requerido; sólo para escribir la primera frase del Quijote nuestro pobre mono necesitaría muchísimos siglos de intentos fallidos, y para escribir toda la obra precisaría un tiempo inconcebiblemente prolongado.

La evolución neodarwinista se parece a la tarea de este mono literato. Cada mutación genética aleatoria se asemeja a la escritura de una letra elegida al azar. La transformación de una especie viable en otra especie viable se asemeja a la escritura de una obra literaria formidable. Implica una sucesión enorme de mutaciones y un lapso de tiempo suficientemente largo entre cada par de mutaciones, para permitir el funcionamiento de la selección natural. Ahora bien, si la evolución biológica funcionara de este modo, debería producir una inmensa cantidad de "basura biológica" (permítaseme referirme así a plantas o animales muy defectuosos, no a personas; cada persona tiene un valor infinito, pese a sus posibles defectos) equivalente a la "basura literaria" que produciría el mono en cuestión. Por cada ser vivo normal debería haber billones de monstruos: aves sin cabeza, mamíferos de tres o cinco patas, peces con plumas, etc. Pero en realidad no es así. Tanto en el origen de cada especie como en el de cada individuo, la evolución avanza de acierto en acierto, de invención genial en invención genial, como dirigida por la mano maestra de un artista supremo. Cada especie es una maravilla en sí misma, y cada órgano de cada especie, y cada función de cada órgano de cada especie, etc.

De aquí surgen dos objeciones muy graves contra el neodarwinismo.

A) No existe evidencia empírica de esa enorme producción de "basura biológica". Para contrarrestar esta objeción, habría que suponer que la selección natural actúa con una eficiencia casi infinita, eliminando muy rápidamente casi toda esa ingente cantidad de "basura" sin dejar rastros. Esa suposición es muy difícil de hacer, ya que, por definición, la selección natural es un mecanismo muy lento, que requiere a menudo el paso de muchas generaciones para desempeñar su rol destructivo.

B) Además, si la evolución biológica estuviera dirigida sólo por el azar, habría llevado billones de años alcanzar un solo resultado coherente (una nueva especie viable), puesto que habría que "escribir" aleatoriamente una sucesión de millones de mutaciones aleatorias magníficamente coordinadas entre sí. Pero el tiempo disponible está acotado, ya que la vida tiene sólo unos pocos miles de millones de años de existencia.

Multiplicar los monos literatos no resuelve estos dos problemas. En efecto, cuanto mayor sea la cantidad de monos, menor será el tiempo requerido para escribir por azar una gran obra literaria; pero, a igual tiempo, una mayor cantidad de monos producirá una mayor cantidad de basura literaria. Los monos no pueden multiplicarse indefinidamente, ya que la cantidad de materia de la biosfera es finita. E incluso si la multiplicación de los monos pudiera resolver el problema del tiempo requerido para escribir la obra, lo haría sólo al precio de volver aún más insoluble el inmenso problema de la sobreabundancia de basura literaria.

Tresmontant concluye que la evolución biológica no es guiada sólo por el azar, sino que es la ejecución de un diseño inteligente. Es la creación misma desarrollándose ante nuestros ojos. No es tanto una "evolución creadora", como decía el gran filósofo francés Henri Bergson (convertido al catolicismo al final de sus días), cuanto una "creación evolutiva". Negar esto implica acumular milagro de mono literato sobre milagro de mono literato, en una sucesión vertiginosa de improbabilidades cada vez más inadmisibles. Aceptarlo significa entrever la sabiduría de la obra creadora de Dios.

Me anticipo a responder dos posibles objeciones: a) El argumento de Tresmontant es una analogía y toda analogía implica a la vez una semejanza y una desemejanza. Es cierto que en la metáfora del mono literato no está representada la selección natural; pero esa metáfora muestra cuán pasmosamente improbable sería la tarea que la selección natural debería desempeñar en el esquema neodarwinista. b) Tresmontant no presenta una cuantificación de su argumento, pero apunta a mostrar que en la teoría neodarwinista los números simplemente "no cierran". Varios matemáticos han planteado objeciones parecidas contra el neodarwinismo. Como veremos más adelante, W. Dembski ha desarrollado un argumento matemático riguroso (basado en la noción de "complejidad especificada") para demostrar que la evolución es el producto de un diseño inteligente.

A continuación intentaré una cuantificación elemental del argumento referido de Tresmontant. Comencemos recordando la primera frase de la gran novela de Miguel de Cervantes, *Don Quijote de la Mancha*: *"En un lugar de la Mancha, de cuyo nombre no quiero acordarme, no ha mucho tiempo que vivía un hidalgo de los de lanza en astillero, adarga antigua, rocín flaco y galgo corredor"*. Esta frase consta de 177 caracteres, contando los espacios en blanco.

Considerando únicamente las 27 letras del idioma español, más el espacio en blanco, el punto y la coma (y sin considerar, por ejemplo, los tildes), tenemos un conjunto de 30 caracteres. El número de textos distintos que es posible formar combinando al azar 177 de esos 30 caracteres es $30^{177} = 2{,}8214 \times 10^{261}$ (aproximadamente). Podemos hacernos una idea de la enormidad de este número si tomamos en cuenta que la cantidad total estimada de partículas subatómicas (protones, neutrones y electrones) del universo es del orden de 10^{80}. Esto significa que la probabilidad de que un mono dotado de una máquina de escribir tipee al primer intento la frase citada es muchísimo menor que la de que alguien, eligiendo al azar una de las partículas subatómicas del universo, acierte a dar con una determinada arbitrariamente. Ésta podría ser la versión cósmica de "encontrar una aguja en un pajar".

Más aún. Imaginemos, por puro afán especulativo, que existiese un megauniverso (o "universo de segundo orden") formado por tantos "universos de primer orden" (semejantes al nuestro) como partículas subatómicas hay en nuestro universo. Dentro de ese imaginario megauniverso, nuestro universo sería relativamente tan pequeño como lo es un protón dentro del universo conocido. Pues bien, la cantidad total de partículas subatómicas en ese megauniverso sería del orden de 10^{160}. Este número inmenso es todavía mucho menor a la cantidad de textos posibles con 177 caracteres. Por lo tanto, aunque extendiéramos la "lotería cósmica" al nivel de ese imaginario megauniverso, la probabilidad de escoger la partícula subatómica correcta sería aún mucho mayor que la probabilidad de acierto de nuestro pobre "mono literato". Y si, dejando volar aún más la imaginación, supusiéramos la existencia de un "universo de tercer orden" formado por 10^{80} "universos de segundo orden", la cantidad total de partículas subatómicas sería 10^{240}, todavía muy inferior a la cantidad de permutaciones posibles de la primera frase de *Don Quijote de la Mancha*.

Ésta es la razón poderosísima que hace que cualquier ser humano, al ver un texto como el citado, adquiera de forma intuitiva e inmediata una certeza total de que dicho texto es el producto de un agente inteligente, no de ningún proceso puramente aleatorio, como el del "mono literato". Por lo mismo, y con mayor razón aún (si cabe hablar así), esa certeza inconmovible es válida también ante el texto completo de *Don Quijote de la Mancha*, novela compuesta de miles de frases, de las cuales la citada es sólo la primera.

Pasemos ahora del ámbito de la información literaria al ámbito de la información biológica. Ésta está contenida fundamentalmente en las moléculas de ADN (Ácido Desoxirribo-Nucleico). El ADN almacena información —las instrucciones para ensamblar proteínas, que constituyen el principal componente de las células— bajo la forma de un código de cuatro caracteres: A, G, C y T, que corresponden respectivamente a la adenina, la guanina, la citosina y la timina, cuatro sustancias llamadas "bases". El genoma de un virus puede estar compuesto, por ejemplo, por unas 20.000 bases. La cantidad total de permutaciones posibles de 20.000 bases es $4^{20.000} = 10^{12041}$ (aproximadamente). Este número es tan enorme que la probabilidad de que esta información biológica (tan genial como la información contenida en una obra maestra literaria) sea únicamente producto del azar (por ejemplo, de mutaciones genéticas aleatorias) es tan abismalmente baja que debe ser despreciada.

Es importante tener en cuenta que tanto en el caso de la información literaria como en el caso de la información genética, la cantidad de permutaciones sin sentido supera enormemente a la cantidad de permutaciones con sentido; y también que, en general, las distintas permutaciones con sentido forman "islas" dentro de los respectivos espacios probabilísticos, islas separadas por grandes océanos de permutaciones sin sentido.

Si, finalmente, consideramos que el genoma humano está compuesto por unos tres mil millones de bases, por lo cual la cantidad total de permutaciones posibles es $4^{3000000000} = 10^{1806180000}$ (aproximadamente), podemos tomar conciencia de que la credulidad requerida para aceptar que el azar es la única causa del origen del genoma humano, como quiere el neodarwinismo, es realmente abismal, inconcebiblemente mayor que la requerida para creer en el "milagro de los monos literatos".

La reflexión acerca de estos datos de la ciencia contemporánea fue la razón fundamental que impulsó al filósofo británico Antony Flew (1923-2010), uno de los principales defensores del ateísmo, a cambiar de idea y anunciar que creía en la existencia de Dios, el Creador del mundo, de la vida y de la información genética contenida en los seres vivientes.

Para concluir, rebatiré una posible objeción. Muchas personas objetan que, dado que cualquier permutación de 177 caracteres tiene la misma probabilidad, no es sorprendente que el mono literato escriba la primera frase de *Don Quijote de la Mancha* al primer intento. Cualquier otro resultado habría sido igualmente improbable. Antes de responder directamente la objeción, pondré otro ejemplo. Supongamos que todas las semanas compro uno de los 100.000 billetes de la lotería y que, en cierta ocasión, gano el premio principal. Lleno de alegría, organizo una fiesta e invito a mis amigos y vecinos. Uno de mis vecinos, matemático de profesión, me dice: "No entiendo por qué estás tan excitado por haber ganado la lotería. Que tu número haya ganado no tiene nada de sorprendente, porque algún número tenía que ganar y todos los números tenían igual probabilidad". Un poco chasqueado, admito que su fría lógica es correcta. A la semana siguiente, vuelvo a ganar la lotería. Esta vez mi vecino matemático no reacciona de la misma manera. No sólo no me felicita, sino que incluso da cierto crédito al rumor de que he sobornado al director de la lotería. Transcurre otra semana y gano por tercera vez. La sospecha de mi vecino se convierte en certeza plena: soy un corrupto. Después de mi cuarto acierto, mi vecino se une a una manifestación callejera que reclama la destitución del director de la lotería. Cuando acierto por quinta vez y, a raíz de la alarma social creada, el director de la lotería y yo vamos a parar a la cárcel, mi vecino piensa que se ha hecho justicia… ¿Mi vecino ha actuado de un modo irracional? No. Después de que yo hubiera ganado cinco o diez veces seguidas la lotería, todos estarían completamente convencidos de que ese resultado no fue fruto del azar. Y no sin razón, ya que la hipótesis de un fraude sería casi infinitamente más probable y razonable que la hipótesis de una secuencia de aciertos fortuitos. La probabilidad de diez aciertos consecutivos es de 1 en 10^{50}, tan increíblemente baja que, a los efectos prácticos, debe ser considerada como una imposibilidad total. Y sin embargo, esa probabilidad bajísima es muchísimo mayor que las que calculé más arriba.

Ahora volvamos al mono literato. Recordemos que las permutaciones de 177 caracteres sin sentido son enormemente más numerosas que las permutaciones con sentido. Por eso no sólo nos quedaríamos pasmados si, al primer intento, el mono escribiera la primera frase de *Don Quijote de la Mancha*, sino también si escribiera cualquier frase con sentido, en el idioma español o en cualquier otro idioma. Algo análogo ocurre con el código genético. Las mutaciones genéticas aleatorias perjudiciales son muchísimo más probables que las favorables e incluso que las neutras. Por lo tanto, las probabilidades de que esas mutaciones produzcan un desbarajuste anatómico o fisiológico son mucho mayores que las de que produzcan una obra maestra biológica. Pues bien, para mantener cierta proporción con los logros de la evolución biológica, debemos imaginar que nuestro mono literato no sólo ha escrito de entrada la primera frase de *Don Quijote de la Mancha*, sino también la novela entera. Y no sólo eso, sino que, en los cinco intentos siguientes, ha escrito *La Ilíada*, *La Divina Comedia*, *Hamlet*, *Fausto* y *Crimen y castigo*. Ha escrito todas estas obras maestras de literatura completas, de corrido y casi sin errores. Es decir, en términos de mi otra analogía, el mono literato ha ganado la lotería mil, diez mil o cien mil veces seguidas. No se nos puede reprochar que neguemos que el dactilógrafo sea un mono de verdad, o que afirmemos que hay un truco de por medio y que en realidad la máquina de escribir es operada remotamente por un ser humano muy cuidadoso. En este caso, nuestro escepticismo estaría plenamente justificado. Lo que, con razón, Tresmontant reprocha a los neodarwinistas no es que crean en un milagro de mono literato, sino en una sucesión casi infinita de "milagros de mono literato" que se suceden uno tras otro y se acumulan uno sobre el otro ininterrumpidamente.

18. OTRAS TEORÍAS CIENTÍFICAS NATURALISTAS DE LA EVOLUCIÓN

En los capítulos anteriores hemos revisado las gravísimas críticas científicas del darwinismo. Probablemente, cualquier otra teoría científica que estuviera en una situación similar habría sido desechada hace mucho tiempo. Pero el darwinismo no es una teoría científica cualquiera; es el pilar que sustenta el edificio de la actual ideología naturalista o secularista. La gran mayoría de los biólogos se aferra al darwinismo por razones filosóficas o por mera inercia cultural. Por otra parte, algunos científicos, convencidos de la impotencia de la teoría darwinista para dar cuenta de las bases moleculares de la vida, pero no proclives a aceptar el diseño inteligente, procuran elaborar teorías no darwinistas de la evolución que se mantengan dentro del marco de la filosofía naturalista.

El tema principal de este libro, según está expresado en su subtítulo, se refiere al darwinismo y el diseño inteligente, y sus respectivas relaciones con la fe cristiana. En un libro como éste sólo es posible referirse casi de pasada a las otras teorías alternativas. En este capítulo analizaré brevemente dos de esas teorías: la teoría de la simbiosis o endosimbiosis, propuesta por Lynn Margulis, y la teoría de la complejidad o autoorganización, propuesta por Stuart Kauffman; además presentaré someramente el incipiente movimiento de la "Tercera Vía" en biología.

La teoría de la endosimbiosis[92]

En lugar de la visión darwinista del progreso por medio de la competencia y la lucha, Margulis propuso el avance por medio de la cooperación y la simbiosis. Su teoría sobre el origen

---

[92] Cf. Michael J. Behe, *Darwin's Black Box*, págs. 187-189.

bacteriano de las mitocondrias de las células eucariotas, inicialmente ridiculizada por los darwinistas, fue ganando aceptación a regañadientes y actualmente goza de amplia aceptación. Posteriormente Margulis y otros científicos propusieron una versión mucho más ambiciosa de la teoría de la endosimbiosis, buscando reemplazar totalmente la teoría neodarwinista de la evolución. Esta segunda teoría encontró pocos apoyos y un muy amplio rechazo en la comunidad científica.

Aun suponiendo (lo que ya es mucho suponer) que la simbiosis hubiera ocurrido con frecuencia a través de la historia de la vida, la teoría de la endosimbiosis no podría dar una explicación última del origen de los sistemas bioquímicos complejos, por una razón muy sencilla: la simbiosis es la unión de dos células o sistemas separados, tales que ambos estaban funcionando antes de esa unión. La simbiosis requiere la preexistencia de al menos dos sistemas bioquímicos complejos funcionales.

En mi opinión, la suerte corrida por la versión más ambiciosa de la teoría de la endosimbiosis puede ser un buen indicador del destino que probablemente espera a la teoría darwinista. La simbiosis existe y puede explicar algunas cosas puntuales en biología, pero de ahí a hacerla la clave fundamental de toda la evolución biológica hay un abismo infranqueable. Algo análogo podría decirse del mecanismo mutación-selección.

La teoría de la complejidad[93]

La teoría de la complejidad afirma que los sistemas con un gran número de componentes interactivos se autoorganizan espontáneamente en patrones ordenados. Kauffman propuso que las sustancias químicas de la sopa prebiótica se autoorganizaron en caminos metabólicos complejos y que también el cambio entre distintos tipos de células es un resultado

---

[93] Cf. *Ibid.*, págs. 189-192.

de la autoorganización. La teoría de la complejidad comenzó como un concepto matemático para describir el comportamiento de algunos programas de computadora. Sus proponentes aún no han logrado conectarla a la vida real. Kauffman sostiene que su teoría podría explicar no sólo el origen de la vida y el metabolismo, sino también las formas corporales, las relaciones ecológicas, la psicología, los patrones culturales y la economía.

La vaguedad de la teoría de la complejidad ha decepcionado a algunos de sus primeros defensores. El número de junio de 1995 de la revista *Scientific American* preguntó en su portada: "¿La complejidad es un engaño?" Adentro había un artículo titulado *De la complejidad a la perplejidad*, que hacía la siguiente observación irónica: "La vida artificial, un subcampo importante de los estudios de la complejidad, es una 'ciencia libre de hechos', de acuerdo con un crítico. Pero sobresale en la generación de gráficos de computadoras"[94].

Tampoco la teoría de la complejidad explica los sistemas bioquímicos complejos. "La esencia de la vida celular es la regulación: la célula controla cuánto y qué tipos de sustancias químicas produce; cuando pierde el control, muere. Un ambiente celular controlado no permite las interacciones casuales entre sustancias químicas (nunca especificadas) que Kauffman necesita"[95]. Behe concluye: "La teoría de la complejidad puede todavía hacer contribuciones importantes a la matemática e incluso modestas contribuciones a la bioquímica. Pero no puede explicar el origen de las estructuras bioquímicas complejas que apuntalan la vida. Ni siquiera lo intenta"[96].

El siguiente ejemplo puede servir para refutar la idea de que una posible autoorganización de los seres vivos podría eximirlos de la necesidad de un diseño inteligente. En la ladera de un monte

---

[94] *Ibid.*, pág. 191.
[95] *Ibid.*
[96] Ibid., pág. 192.

alguien ha hecho una serie de excavaciones con formas de letras de tal modo que, en relieve, se forma la palabra "Diseño". En un momento posterior se derrama desde la cumbre del monte, en todas las direcciones, un gran volumen de agua. El agua desciende por la ladera del monte y parte de ella se "autoorganiza" al caer dentro de las excavaciones referidas, de modo que finalmente la palabra "Diseño" queda escrita con letras líquidas. Obviamente, esa autoorganización de la materia inerte depende absolutamente de una organización inteligente previa.

La Tercera Vía en la biología

El 30/05/2014 James Shapiro, Raju Pookottil y Denis Noble lanzaron el proyecto *The Third Way* (La Tercera Vía), con la siguiente declaración de principios (la traducción es mía): "La gran mayoría de la gente cree que hay sólo dos vías alternativas para explicar los orígenes de la diversidad biológica. Una vía es el creacionismo, que depende de la intervención de un Creador divino. Esto es claramente no científico porque introduce una fuerza sobrenatural arbitraria en el proceso de la evolución. La alternativa comúnmente aceptada es el neodarwinismo, que es claramente ciencia naturalista pero ignora mucha de la evidencia molecular contemporánea e invoca un conjunto de hipótesis sin soporte acerca de la naturaleza accidental de la variación hereditaria. El neodarwinismo ignora procesos evolutivos rápidos e importantes tales como la simbiogénesis, la transferencia horizontal de ADN, la acción del ADN móvil y las modificaciones epigenéticas. Además, algunos neodarwinistas han elevado a la selección natural a la categoría de una fuerza creativa única que resuelve todos los problemas evolutivos difíciles sin una base empírica real. Muchos científicos ven hoy la necesidad de una exploración más profunda y completa de todos los aspectos del proceso evolutivo"[97].

---

[97] https://www.thethirdwayofevolution.com/.

Aunque esta declaración incurre en la falacia habitual de confundir la teoría científica del diseño inteligente con el creacionismo fijista, al día siguiente (31/05/2014) *Evolution News*, el sitio web del *Discovery Institute*, bastión principal de dicha teoría, dio una cálida bienvenida al proyecto de la Tercera Vía mediante una nota titulada "Un grupo de científicos escépticos respecto al darwinismo que busca una 'tercera vía' en biología ha lanzado un nuevo sitio web; ¡les damos la bienvenida!"[98].

En noviembre de 2016 la *Royal Society* (la más antigua sociedad científica del mundo) realizó en Londres una conferencia de tres días sobre las nuevas tendencias en la biología evolutiva. Allí ocurrió una tensa confrontación entre los representantes del darwinismo y los de la Tercera Vía.

---

[98] https://evolutionnews.org/2014/05/a_group_of_darw/.

19. INTRODUCCIÓN A LA CRÍTICA FILOSÓFICA DEL DARWINISMO

En filosofía la neutralidad es imposible. Si uno toma un tema y se limita a decir que sobre ese tema Platón dijo tal cosa, Aristóteles tal otra, Plotino tal otra, etc., entonces está haciendo historia, pero ni siquiera ha comenzado a filosofar. Tomás de Aquino dijo que en filosofía lo que en definitiva importa no es qué dijeron Platón o Aristóteles sobre el tema en cuestión, sino cuál es la verdad. Al filosofar no podemos evitar en absoluto una búsqueda personal de la verdad. Además, como dijo Aristóteles, la filosofía es en el fondo inevitable. Si filosofamos, entonces filosofamos; si no filosofamos, entonces también filosofamos, para intentar probar que no filosofamos.

Karl Popper: el darwinismo como pseudociencia

Uno de los principales filósofos de la ciencia del siglo XX, el austriaco Karl Popper (1902-1994) planteó una objeción muy grave contra el darwinismo desde el punto de vista de la epistemología. Según Popper la característica principal de las teorías científicas es su falsabilidad, es decir su posibilidad de ser refutadas por medio de datos empíricos. En una ocasión Popper sostuvo que el darwinismo es una pseudociencia por carecer de poder de predicción y, por ende, no ser falsable. Esto significa que no hay ningún hecho posible o concebible que pueda refutar la teoría darwinista. Todas las especies y variantes que existen hoy han sobrevivido a la selección natural por ser las más aptas o suficientemente aptas; lo mismo vale también para el pasado y para el futuro. ¿Pero concretamente cuáles son hoy las variantes y especies más aptas y cuáles las menos aptas? ¿Cuáles sobrevivirán y cuáles no (exceptuando las que sean extinguidas más o menos deliberadamente por el hombre)? ¿Y en qué se transformarán las que sobrevivan transformándose? ¿Cuáles son las leyes universales que rigen sobre la evolución biológica? Sobre todas estas cuestiones el darwinismo no hace ninguna predicción arriesgada. Ocurra lo que ocurra, el darwinista dirá (*a posteriori*) que eso es lo que tenía que ocurrir en virtud de la selección natural y ofrecerá conjeturas ideadas *ad hoc* para intentar explicar lo ocurrido mediante el mecanismo mutación-selección. Por ejemplo, el darwinismo no puede predecir cómo serán los descendientes de los osos actuales dentro de 100 millones de años. Además, si mañana apareciera un fósil de un conejo del período precámbrico, probablemente la mayoría de los darwinistas no daría el brazo a torcer, sino que reajustaría su teoría afirmando que, por algún motivo ingenioso y poco plausible, que idearían para salir del paso, los conejos evolucionaron por selección natural más rápido de lo que se había pensado.

Debido a las reacciones de los darwinistas, posteriormente Popper suavizó su crítica a la teoría darwinista, pero siguió sosteniendo que ella podía hacer una sola predicción: la gradualidad de los cambios. Esto se aplica al darwinismo más ortodoxo. En cuanto a las versiones del darwinismo que admiten macromutaciones (por ejemplo, el "equilibrio puntuado") es aún más cierto que no son falsables, porque son compatibles con cualquier desarrollo (falta de cambio, cambio pequeño o cambio grande) en cualquier especie, cualquier momento y cualquier lugar.

La evolución: ¿hecho o teoría?[99]

A menudo los darwinistas intentan hacer pasar parte de la teoría darwinista de la evolución como un hecho, fijando incorrectamente el límite entre hechos y teoría. De este modo se busca evitar la posibilidad de que el darwinismo fracase totalmente como hipótesis científica. Las objeciones científicas —

---

[99] Cf. Phillip E. Johnson, *Darwin on Trial*, cap. 5.

dicen los darwinistas— se refieren sólo a la teoría, pero la evolución en sí misma sigue siendo un hecho. En este contexto, ellos generalmente consideran el término "evolución" como un sinónimo de la explicación básica dada por Darwin de las relaciones entre las especies. Al parecer piensan que esa explicación se deduce inevitablemente del hecho de esas relaciones. "La misma lógica inspira a los darwinistas de hoy cuando hacen caso omiso a los críticos que sostienen que un elemento u otro de la teoría es dudoso. 'Di lo que quieras contra cualquier detalle', responden. 'De todos modos, nada en la biología tiene sentido excepto a la luz de la evolución'"[100].

Johnson critica detalladamente el influyente artículo *La evolución como hecho y como teoría* de S. J. Gould, que sigue la línea de razonamiento descrita más arriba. Gould se basa en una analogía entre la teoría de la gravitación de Newton y la teoría de la evolución de Darwin. La teoría de la gravitación de Newton fue reemplazada por la teoría de la gravitación de Einstein sin que la gravitación dejara de ser un hecho. Análogamente, la teoría de la evolución de Darwin podría ser mejorada o sustituida por otra teoría sin que la evolución deje de ser un hecho.

Esta analogía entre gravitación y evolución es falsa en dos niveles diferentes. "Observamos directamente que las manzanas caen cuando se las suelta, pero no observamos un ancestro común de los simios modernos y los humanos. Lo que sí observamos es que los simios y los humanos son física y bioquímicamente más semejantes entre sí que con los conejos, las serpientes o los árboles. El ancestro común simiesco es una hipótesis dentro de una teoría, que pretende explicar cómo surgieron estas semejanzas mayores y menores. La teoría es plausible, especialmente para un materialista filosófico, pero no obstante podría ser falsa"[101]. Yo diría que, por más plausible que sea una

---

[100] *Ibid.*, pág. 89.
[101] *Ibid.*, pág. 90.

teoría, no deja de ser una teoría; no se convierte por eso en un hecho.

Pero hay un segundo nivel en el que la analogía en cuestión es mucho más peligrosa. En este nivel se considera como teoría a la selección natural de Darwin y como hecho, no meramente a la evolución, sino a la evolución materialista o naturalista, una evolución no planificada ni guiada por inteligencia alguna, sino impulsada por fuerzas naturales ciegas y aleatorias. Reclasificar esta teoría como un hecho sirve para protegerla de la refutación.

Gould ofrece tres pruebas del "hecho de la evolución". "Primero, tenemos evidencia abundante, directa y observacional de la evolución en acción"[102]. Aunque todos (incluso los creacionistas) concuerdan en que existe evidencia de la microevolución, "el punto en discusión no es si la microevolución ocurre, sino si nos dice algo importante sobre los procesos responsables de crear a las aves, los insectos y los árboles… Sin embargo, en lugar de explicar cómo las variaciones de las polillas se relacionan con el tipo de evolución que realmente importa, él [Gould] cambia de tema y golpea a los creacionistas"[103].

Otros darwinistas, en vez de ignorar el problema de la relación entre la microevolución y la macroevolución, apelan a una doctrina filosófica de uniformidad de las leyes de la ciencia. Pero esta doctrina no constituye ninguna prueba. La física moderna suministra un excelente contraejemplo: las mismas fuerzas no gobiernan los fenómenos en todos los niveles de magnitud. En el nivel cósmico predomina absolutamente la fuerza de gravedad. Sin embargo, en el nivel molecular predomina la fuerza eléctrica, y la fuerza de gravedad, aunque existe, es despreciable. Y en el nivel de los núcleos atómicos cuentan sobre todo las fuerzas nucleares, despreciables en los otros dos niveles. Por esto, no hay

---

102 *Ibid.*, pág. 91.
103 *Ibid.*, pág. 92.

ninguna prueba de que el mecanismo de mutación-selección, que puede hacer cambiar las proporciones de polillas claras y oscuras en una población local, también puede transformar un pez en un anfibio. El siguiente ejemplo ilustra este punto: el hecho de que alguien pueda arrojar la jabalina a 50 metros no prueba que también pueda lanzarla de la Tierra a la Luna.

El segundo argumento de Gould es que la imperfección de la naturaleza revela la evolución naturalista[104]. Los darwinistas suelen depender pesadamente del tema "Dios no lo habría hecho así". Podemos responder simplemente que este argumento no es científico, sino filosófico; y que se trata de mala filosofía. Dios puede tener sus razones (inescrutables o no) para tolerar determinadas imperfecciones en sus diseños. Además, como veremos, no siempre las supuestas imperfecciones aducidas por los darwinistas son imperfecciones. A veces se trata de simples preferencias subjetivas; y otras veces podría tratarse de características cuya utilidad no se ha descubierto aún. En esta última dirección señalo, a modo de ejemplo, el caso del apéndice, tradicionalmente considerado como un vestigio inútil de un órgano anterior atrofiado. Recientemente se descubrió que el apéndice cumple una función de cierta importancia. En el próximo capítulo analizaré en detalle el argumento de la imperfección.

La tercera prueba de Gould se refiere al registro fósil. "Gould concede que raramente se ha encontrado evidencia fósil de transformaciones macroevolutivas, pero insiste en que hay al menos dos instancias en la secuencia de los vertebrados donde tales transformaciones pueden ser confirmadas. Un ejemplo son los reptiles mamiferoides… El otro son los homínidos"[105]. Ya hemos criticado esas supuestas evidencias en capítulos

---

[104] Dedicaré el próximo capítulo a un análisis más profundo de este argumento.
[105] *Ibid.*, pág. 98.

anteriores. Ahora agrego que esas supuestas evidencias, en el mejor de los casos, probarían una evolución en sentido amplio, no la evolución darwinista, en ninguna de sus dos versiones aquí descritas: como "hecho" o como "teoría".

Darwinismo y naturalismo[106]

Considerando la falta de evidencia directa que respalde la teoría darwinista y los desafíos insuperables que la paleontología, la bioquímica y la teoría de la información plantean al darwinismo, es necesario cuestionar las premisas filosóficas del darwinismo. En último análisis, la teoría darwinista no es una mera hipótesis científica, sino que es vista por la mayoría de sus propulsores como una necesidad filosófica, a partir del supuesto de que la filosofía naturalista es verdadera. La crítica del darwinismo como axioma naturalista implica una crítica del naturalismo filosófico. Si bien considero que esa crítica es justa y necesaria, excede los límites que me he planteado en esta obra.

"Johnson sostiene que la teoría de la evolución de Darwin depende en gran medida de la hipótesis altamente tendenciosa y usualmente implícita del materialismo: la idea de que las únicas cosas que realmente existen son la materia y la energía del universo físico. Si uno comienza con esta hipótesis, entonces uno se ha librado elegantemente del principal rival de la evolución [darwinista], que ha parecido mucho más plausible a las más grandes mentes a través de la historia: que una entidad sobrenatural, Dios, poseedora de un gran poder e inteligencia, diseñó el cosmos y la vida que éste contiene. Si, por postulado, no existe tal Ser, entonces algo parecido a la evolución [darwinista] tiene que ser verdad. Sólo el universo existe, por lo tanto el universo solo ha producido la vida. Un lindo truquito, que ahorra una horrible cantidad de trabajo científico"[107].

---

[106] Cf. Phillip E. Johnson, *Darwin on Trial*, caps. 9-11.
[107] Michael J. Behe, *Prólogo a la edición del 20° aniversario*, en: *Ibid.*, pág. 11.

"Si el naturalismo científico ha de ocupar una posición cultural dominante, debe hacer más que proveer información sobre el universo físico. Debe extraer las implicaciones espirituales y éticas de su historia de la creación. En pocas palabras, la evolución debe convertirse en una religión"[108].

Según el cientificismo darwinista, el mayor descubrimiento científico es aquel que permite a los humanos modernos aprender que ellos son productos de un proceso natural ciego que no tiene ningún propósito ni se preocupa en absoluto de ellos. Explica Johnson: "La resultante 'muerte de Dios' es experimentada por algunos como una pérdida profunda, y por otros como una liberación. ¿Pero liberación de qué? Si la naturaleza ciega ha producido de algún modo una especie humana con la capacidad de gobernar la tierra sabiamente, y si esa capacidad ha sido previamente invisible sólo porque estaba ahogada por la superstición, entonces las perspectivas para la libertad y la felicidad humanas son ilimitadas. Éste era el mensaje del *Manifiesto Humanista* de 1933"[109].

"Ya sea que un darwinista asuma la visión optimista o la pesimista, [él piensa que] es imperativo enseñar al público a entender el mundo como lo entienden los naturalistas científicos. Los ciudadanos deben aprender a ver a la ciencia como la única fuente confiable de conocimiento, y el único poder capaz de mejorar (o incluso preservar) la condición humana. Esto implica… un programa de adoctrinamiento en el nombre de la educación pública"[110].1

Lo inferior no puede generar espontáneamente lo superior

La filosofía aristotélico-tomista plantea objeciones muy serias al darwinismo, que en esencia pueden ser expresadas en lenguaje

---

108 *Ibid.*, pág. 153.
109 *Ibid.*, pág. 163.
110 *Ibid.*, pág. 164.

corriente de la siguiente manera: como nadie puede dar lo que no tiene, lo más no puede provenir únicamente de lo menos, y lo superior no puede provenir únicamente de lo inferior. El planteo filosófico riguroso de esta objeción es posible, pero excede el alcance de esta obra.

La epistemología evolutiva

El darwinismo ha engendrado una epistemología evolutiva, cuyo carácter absurdo es bastante manifiesto. Esa epistemología sostiene que el conocimiento humano es el resultado de la evolución darwinista. Las ideas que tenemos por verdaderas serían sólo aquellas que, mediante la selección natural, resultan ser más convenientes para nuestra supervivencia y reproducción. Pero entonces la teoría darwinista de la evolución se autodestruye, porque se despoja a sí misma del valor de la verdad. No habría motivos para creer que esa teoría describe adecuadamente lo que ocurrió en la realidad. En una perspectiva darwinista radical no hay verdadero conocimiento ni verdadera libertad. Más adelante analizaré este tema con más profundidad.

20. EL ARGUMENTO DE LA IMPERFECCIÓN

Forma general del argumento

Los darwinistas emplean a menudo argumentos filosóficos a favor del darwinismo y en contra del diseño inteligente. El principal de ellos es el argumento de la imperfección. Lo presentaré en su forma más general, como dos silogismos concatenados.

Silogismo 1: A) Premisa mayor: Ningún diseñador realiza diseños con imperfecciones. B) Premisa menor: La característica Y de la especie X es una imperfección. C) Conclusión: La especie X no fue hecha por un diseñador.

Silogismo 2: A) Premisa mayor: Toda especie no hecha por un diseñador fue producida por la evolución darwinista. B) Premisa menor: La especie X no fue hecha por un diseñador. C) Conclusión: La especie X fue producida por la evolución darwinista.

Nótese que los dos silogismos están bien construidos, porque las conclusiones se deducen de las premisas y porque la premisa menor del silogismo 2 es la conclusión del silogismo 1. No obstante, podemos hacer tres objeciones muy graves a este razonamiento.

La primera y principal objeción consiste en cuestionar la premisa mayor del Silogismo 1: que ningún diseñador comete o admite imperfecciones en sus diseños. Es obvio que a veces los diseñadores cometen errores. Los darwinistas no suelen tomar esto en cuenta porque generalmente consideran sólo a Dios (un Ser omnisciente y omnipotente) como posible diseñador de los seres vivos. Empero desde un punto de vista lógico no se puede descartar *a priori* otros posibles diseñadores; por ejemplo, seres extraterrestres, como sostienen los partidarios de la teoría de la panspermia dirigida. Además, incluso si consideramos sólo a

Dios como posible diseñador, la premisa en cuestión no es un hecho objetivo ni una verdad evidente por sí misma, sino una mera opinión subjetiva. Es un hecho que a menudo los diseñadores no buscan la perfección técnica. Al respecto Behe da dos ejemplos relevantes. En primer lugar, menciona la "obsolescencia incorporada" de muchos productos industriales. En segundo lugar, da un ejemplo personal: "No doy a mis hijos los juguetes mejores y más elegantes porque no quiero echarlos a perder y porque quiero que aprendan el valor de un dólar"[111]. El argumento de la imperfección pasa por alto que el diseñador podría tener múltiples motivos, y que a menudo la excelencia ingenieril es relegada por él a un rol secundario. El problema básico de ese argumento es que "depende críticamente de un psicoanálisis del diseñador no identificado. Sin embargo las razones por las que un diseñador haría o no haría algo son virtualmente imposibles de conocer a menos que el diseñador te diga específicamente cuáles son esas razones"[112]. Agrego que es muy ilógico que los darwinistas pretendan conocer mejor la psicología de Dios (el Ser infinito, inabarcable para nuestra inteligencia finita) que la psicología de los demás diseñadores reales o posibles (seres humanos o extraterrestres). Esto es un ejemplo de su fuerte tendencia a refugiarse en una mala filosofía para ocultar las debilidades científicas de su teoría.

La segunda objeción consiste en cuestionar la premisa menor del Silogismo 1: que la característica Y de la especie X es una imperfección. También esta objeción se basa en una opinión subjetiva sobre cómo deberían ser las cosas. Muchas veces las supuestas imperfecciones no son tales. Por ejemplo, que no hayamos descubierto la utilidad de una estructura biológica no significa que esa utilidad no exista. Se ha descubierto la utilidad de muchos órganos antes considerados vestigiales (como el

---

[111] Michael J. Behe, *Darwin's Black Box*, pág. 223.
[112] *Ibid*.

apéndice y el cóccix). Otro ejemplo: recientemente se ha descubierto que el mal llamado "ADN basura" cumple funciones muy importantes y complejas. Francis Crick, uno de los descubridores de la estructura de doble hélice de las moléculas de ADN, enunció esta regla, y la llamó Segunda Regla de Orgel: "La evolución es más lista que tú". El filósofo ateo y darwinista Daniel Dennett la explicó así: "Una y otra vez evolucionistas, biólogos moleculares, biólogos en general, ven algún aspecto de la naturaleza que les parece inútil o tonto o que no tiene demasiado sentido —y luego descubren que es de hecho un diseño exquisitamente ingenioso, una brillante pieza de diseño—; eso es lo que Francis Crick quería decir con la Segunda Regla de Orgel"[113].

La tercera objeción consiste en cuestionar la premisa mayor del Silogismo 2: que toda especie no hecha por un diseñador fue producida por la evolución darwinista. Esta afirmación es totalmente arbitraria por lo que, incluso si las dos premisas del Silogismo 1 fueran ciertas, no quedaría demostrado que la especie X surgió por medio del mecanismo mutación-selección. Por eso a menudo los darwinistas utilizan esta premisa inválida sin explicitarla.

Dos cosmovisiones enfrentadas

Inevitablemente, cada científico enmarca su labor científica dentro de su propia cosmovisión; y ésta, en tanto sea verdadera o falsa, puede ser una ayuda o un estorbo para esa labor. Las dos cosmovisiones principales que se enfrentan en nuestra cultura contemporánea son el monoteísmo cristiano y el ateísmo materialista. El cristiano cree que el principio y fundamento de todo no es la nada, ni el absurdo, ni el caos, sino Dios, el Ser Perfectísimo. Por lo tanto, sabe de antemano que la Razón es lo más originario: aunque exista el caos, hay un orden racional que

---

[113] http://www.idnet.com.au/files/pdf/Fundamentalist%20Dennett.pdf.

lo incluye y trasciende. En cambio, para el ateo consecuente la razón es una realidad secundaria, derivada de un mundo que en el fondo es irracional. Comparando los valores heurísticos respectivos de ambas cosmovisiones con respecto a dos fenómenos —los "órganos vestigiales" y el "ADN basura"—, veremos que hay problemas científicos que conviene abordar desde una perspectiva cristiana, en vez de una perspectiva atea.

Los órganos vestigiales

En *El Origen de las Especies* (1859), Charles Darwin argumentó que la existencia de numerosos "órganos vestigiales" (órganos que antes tuvieron una función pero ahora son inútiles) era una evidencia a favor de su teoría de la evolución y en contra de la creación de las especies. Darwin propuso como ejemplos de órganos vestigiales el apéndice, el cóccix, las muelas de juicio, etc. En 1893 Robert Wiedersheim publicó una lista de 86 órganos vestigiales.

Hoy se sabe que, en este punto, Darwin y Wiedersheim estaban equivocados: han sido descubiertas las funciones de casi todos esos supuestos órganos vestigiales y se sospecha que es imposible identificar órganos inútiles. Aunque casi todos los científicos siguen pensando que la evolución biológica ha ocurrido, hoy muchos descartan los órganos vestigiales como indicio de que la evolución ocurrió de un modo darwinista: una evolución aleatoria, no diseñada ni guiada por inteligencia alguna.

Los darwinistas suelen utilizar una variante del argumento de la imperfección basada en los supuestos "órganos vestigiales", que aparentan ser residuos inútiles de una función perdida a lo largo de la evolución. Este argumento suele ser presentado de la forma siguiente: A) Premisa mayor: Ningún diseñador habría hecho una especie con un órgano vestigial. B) Premisa menor: La especie X tiene el órgano vestigial Y. C) Conclusión: La evolución darwinista produjo la especie X.

Este argumento no es convincente, por las siguientes tres razones: 1) Cuestionamiento de la premisa mayor: aquí se aplica lo dicho en la sección anterior. 2) Cuestionamiento de la premisa menor: que no hayamos descubierto una utilidad para una estructura no significa que esa utilidad no exista. Se ha descubierto la utilidad de muchos órganos antes considerados vestigiales. 3) Cuestionamiento de la conclusión: este silogismo está mal construido, porque la conclusión no se deduce de las dos premisas. Es un caso de la falacia llamada *non sequitur*. Incluso si alguna estructura no tuviera ninguna función, la teoría darwinista no ha explicado realmente cómo esa estructura surgió, con todos los detalles bioquímicos que una explicación científica requiere. Además, este argumento parece confundir el diseño inteligente con el creacionismo fijista. El diseño inteligente es perfectamente compatible con la evolución en sentido amplio, e incluso con una evolución que incluya en cierta medida el mecanismo mutación-selección.

El ADN basura

Desde 1953, cuando Watson y Crick descubrieron la estructura de doble hélice de la molécula de ADN, los avances de la ciencia genética han sido enormes. La molécula de ADN está formada por un gran número de nucleótidos. Algunas secciones del ADN (los genes) conforman un código tal que tres nucleótidos sucesivos corresponden a un aminoácido. Los aminoácidos son los "bloques" con los que se forman las proteínas, que a su vez son los componentes fundamentales de las células. Asombrosamente, el ADN es algo así como un plano con la información necesaria para construir proteínas y células.

En 1972 se dio en llamar "ADN basura" a las secciones del ADN que no codifican ninguna proteína. Se estima que alrededor del 98 % del ADN humano corresponde a esas secciones. Frente a este fenómeno, el científico adherido al "paradigma ateo" tiende fácilmente a formular la hipótesis de que esas secciones de ADN son "basura", un producto no funcional del mecanismo aleatorio que impulsa la evolución darwinista. Por el contrario, frente al mismo fenómeno, el científico adherido al "paradigma cristiano" tiende fácilmente a formular la hipótesis de que esas secciones del ADN tienen funciones aún no descubiertas, pues toda la molécula de ADN es producto de un diseño inteligente.

En 2012, al publicarse los resultados de investigaciones del gran proyecto ENCODE (*ENCyclopedia Of Dna Elements*), se vio que éstos desestiman la hipótesis del "ADN basura". El informe de ENCODE afirma que al menos el 80 % del ADN humano (unas 40 veces más de lo que se pensaba previamente) es funcional. Muchas secciones del ADN tienen funciones de regulación u otras, sumamente complejas, que los científicos apenas han comenzado a desentrañar. Casi todas las semanas se descubren nuevas funciones del ex "ADN basura".

La idea de que la mayor parte de nuestro ADN es un residuo inútil de la evolución fue usada incesantemente por proponentes del darwinismo como prueba de la evolución darwinista. Para su desventura, esa idea resultó ser falsa. Sin embargo, una minoría de darwinistas militantes sigue defendiendo el mito del ADN basura. Un ejemplo de ello es Dan Graur, biólogo de la Universidad de Houston. En su reciente libro *Ciencia Zombie*, Jonathan Wells se refiere a él así: "En 2013, el biólogo Dan Graur criticó el 'evangelio libre de evolución de ENCODE' y acusó a sus investigadores de 'conducirse con ligereza con el término función, al divorciar el análisis genómico de su contexto evolutivo'. (…) Graur argumentó que 'si el genoma humano en verdad está desprovisto de ADN basura como lo implica el proyecto ENCODE, entonces un proceso evolutivo largo y no dirigido no puede explicar el genoma humano'. En otras palabras: 'si ENCODE tiene razón, entonces la evolución [darwinista] es falsa'. Pero para Graur la evolución [darwinista] no puede ser falsa. ¿Su solución al problema? 'Matar a

ENCODE'". Concluyo que los prejuicios materialistas están impulsando a no pocos científicos hacia un callejón sin salida.

135

21. LA DUDA HORRIBLE DE DARWIN

El 3 de julio de 1881, en una carta a William Graham, Charles Darwin escribió lo siguiente: "Pero entonces siempre surge en mí la duda horrible de si las convicciones de la mente del hombre, que se ha desarrollado a partir de la mente de los animales inferiores, son de cualquier valor o dignas de confianza en absoluto. ¿Confiaría alguien en las convicciones de la mente de un mono, si es que hay alguna convicción en tal mente?" Estas palabras de Darwin son una excelente objeción a una doctrina filosófica basada en la teoría darwinista de la evolución: me refiero a la "epistemología evolutiva", que definiré como la doctrina que sostiene que el conocimiento mismo evoluciona por selección natural.

El filósofo Daniel Dennett, uno de los principales exponentes del llamado "nuevo ateísmo", ha afirmado que la teoría darwinista de la evolución es un "ácido universal", que corroe todo aquello en lo que creíamos (incluso la religión) y las formas en que mirábamos el mundo. A diferencia de Darwin, a quien esa idea lo afligía, al parecer Dennett no llegó a comprender que ese "ácido universal" se corroe también a sí mismo.

La epistemología evolutiva implica que no tenemos algunas ideas por verdaderas porque sean realmente verdaderas, sino porque el mecanismo de la evolución darwinista (mutaciones genéticas aleatorias más selección natural) ha hecho prevalecer esas ideas en nuestras mentes, debido a sus ventajas adaptativas para la especie humana, o sea porque fomentan la supervivencia y la reproducción de los seres humanos. Por ejemplo, hasta hace dos siglos casi todos los hombres creían en Dios, pero —según la corriente de pensamiento que estoy describiendo— no porque Dios existiera, sino porque la evolución biológica les hizo creer que existía. Los darwinistas ateos tienden a pensar que, ahora que el ser humano ha tomado en sus manos la dirección de su propia evolución, ya no necesita la ayuda de las ideas religiosas; aunque no es fácil ver por qué la religión habría perdido sus "ventajas adaptativas".

No es posible hacer que concuerden la epistemología evolutiva y la epistemología realista. Esta última es la que sostiene la validez objetiva de los conocimientos humanos. Es fácil imaginar ideas que, a pesar de que en la hipótesis de la filosofía darwinista no tienen ninguna validez objetiva, otorgan ventajas evolutivas a los seres humanos que las tienen por verdaderas. Por ejemplo, según la filosofía darwinista la vida humana no tiene un propósito objetivo y ningún acto humano, ni siquiera el suicidio, es intrínsecamente malo; sin embargo, la idea de que el suicidio es un pecado grave presenta ventajas obvias y notables para la supervivencia y la reproducción de los individuos que la sostienen.

Por lo tanto, es inevitable que la epistemología evolutiva sea autocontradictoria. Por un lado los epistemólogos evolutivos piensan que la epistemología evolutiva es verdadera, o sea que describe cómo son las cosas realmente. Por otro lado, aplicando la epistemología evolutiva a la misma idea de la epistemología evolutiva, se deduce que ellos no creen en la epistemología evolutiva porque sea verdadera, sino porque la evolución biológica los ha movido a pensar así, debido a las ventajas adaptativas que les confiere.

Más aún, si la epistemología evolutiva fuera verdadera, también la propia teoría científica de la evolución (y no sólo sus consecuencias o adherencias filosóficas) sería un mero producto de la evolución, no una descripción objetiva de la historia natural. La epistemología darwinista se destruye a sí misma. En palabras de Darwin, no hay por qué confiar en las ideas de un animal más desarrollado que los animales inferiores, ni siquiera cuando se trata de la idea de que el hombre no es más que un animal más desarrollado que los animales inferiores.

Algunos filósofos intentan salvar a la epistemología evolutiva diciendo que la teoría de la evolución no nos dice cómo ocurrieron las cosas realmente, pero es coherente en sí misma y con nuestras experiencias. Sin embargo, no hay coherencia en esta forma de pensar, porque implica que por un lado afirmemos la realidad objetiva de la evolución y por otro lado la neguemos. Sería la idea de la evolución, y no la realidad de la evolución, la que nos hace creer en la idea de la realidad de la evolución. La "duda horrible" de Darwin se presenta como un callejón sin salida para el pensamiento darwinista.

Gracias a Dios, los llamados "callejones sin salida" siempre tienen una salida, aunque no hacia adelante, sino hacia atrás. La única forma de salir del mentado callejón darwinista es volver al realismo metafísico. Se puede aceptar una teoría de la evolución biológica si a la vez se acepta que hay en el hombre una facultad (la inteligencia) que le permite captar conceptualmente la verdad de lo real; pero un hombre con una facultad así es mucho más que un conjunto de átomos y mucho más que un animal más desarrollado. Es una persona, algo que pertenece a un orden de cosas enteramente distinto.

22. INTRODUCCIÓN A LA CRÍTICA TEOLÓGICA DEL DARWINISMO

La teología es la ciencia que aplica la razón humana a los datos de la fe, es decir al contenido de la Divina Revelación. El católico cree que la Revelación se transmite por la Sagrada Escritura y por la Sagrada Tradición (un concepto muy amplio, que abarca todo lo que la Iglesia cree, celebra, vive y reza). La teología católica es como una mesa apoyada en cuatro patas: la Biblia, la Tradición, el Magisterio y el teólogo individual, con su fe católica y su razón. La guía del Magisterio vivo de la Iglesia no es una imposición exterior a la labor teológica, sino un aspecto interno esencial de la misma. Cristo dio a sus apóstoles poder para enseñar con su misma autoridad y les dio el Espíritu Santo, que nos recuerda las palabras de Jesús y nos guía hasta la verdad completa. Por eso en la teología (a diferencia de la ciencia y la filosofía) valen los argumentos de autoridad; porque en definitiva se trata de la autoridad de Dios, que tiene un valor máximo. La teología católica no es pues un "libre examen", de corte individualista, como la teología protestante. El teólogo católico debe poder decir, como el mismo Jesús: (En esencia) "mi doctrina no es mía, sino de Aquel que me ha enviado" (Juan 7,16). No puede tomar o dejar *a piacere* dentro de la doctrina católica lo que le gusta y rechazar lo que no le gusta. Así construye una mera religión personal, que no coincide con la religión verdadera, basada en el testimonio de Cristo y de la Iglesia.

Distintas posiciones de los cristianos sobre la evolución

Como vimos en el capítulo 2, lo que el católico puede o debe rechazar no es el creacionismo en sí mismo, sino algunas de sus versiones. Habiendo rechazado allí las dos variantes del creacionismo fijista (la de la Tierra joven y la de la Tierra vieja), me resta examinar las distintas versiones del creacionismo evolucionista, que suele llamarse "evolucionismo teísta".

Es posible distinguir al menos cuatro tipos de "evolucionismo teísta": 1) un evolucionismo teísta sin diseño inteligente; 2) un evolucionismo teísta con diseño inteligente indetectable por la razón humana; 3) un evolucionismo teísta con diseño inteligente detectable racionalmente sólo por filosofía, no por la ciencia; 4) un evolucionismo teísta con diseño inteligente detectable racionalmente por la filosofía y por la ciencia.

Por razones históricas, en la práctica la expresión "evolucionismo teísta" se reserva generalmente para los primeros tres tipos, mientras que el cuarto tipo corresponde a los defensores teístas de la teoría del diseño inteligente. En la terminología corriente, pues, el evolucionismo teísta compite contra la teoría del diseño inteligente.

Once premisas del debate teológico sobre la evolución

a) Según la fe cristiana, no puede haber contradicción entre la verdadera ciencia y la verdadera religión. No existe una "doble verdad" en el sentido averroísta: algo no puede ser verdadero en ciencia y falso en teología; ni tampoco falso en ciencia y verdadero en teología.

b) La fe cristiana exige creer que Dios es el inteligentísimo y omnipotente Creador del universo y de todos los seres que hay en él: vivos o inertes, racionales o irracionales.

c) El concepto de "diseño inteligente" no es una novedad del movimiento norteamericano del Diseño Inteligente. Con mayúscula o con minúscula, se trata del mismo concepto, exigido por la fe cristiana en Dios Creador, providentísimo Gobernador del mundo.

d) Las nociones de "creación" y "evolución" no son necesariamente excluyentes, pero tampoco son necesariamente complementarias. Pueden ser excluyentes o complementarias, según qué se entienda exactamente por "creación" y por "evolución".

e) En principio no existen dificultades teológicas insalvables para que el cristiano acepte una noción general de la evolución, es decir la idea de que las especies proceden unas de otras, a partir de un origen común.

f) Más aún, aunque la fe cristiana (en sí misma, es decir independientemente del conocimiento científico) es tan compatible con el fijismo como con el evolucionismo, podría decirse que la teoría de la evolución (en el sentido amplio ya expuesto) manifiesta más claramente la infinita inteligencia del Creador que las concepciones fijistas del origen de las especies.

g) Empero, la fe cristiana es evidentemente incompatible con cualquier evolucionismo materialista o naturalista; y también con cualquier teoría de la evolución que niegue la realidad del diseño inteligente de los seres vivos por parte de Dios.

h) Aunque el neodarwinismo (el darwinismo ortodoxo actual) es la teoría más aceptada hoy dentro de la comunidad científica, el teólogo no debe dar por supuesta la validez científica de la teoría neodarwinista, sin tomar en cuenta el debate científico en curso acerca de dicha validez.

i) La teoría neodarwinista presenta importantes dificultades o puntos débiles.

j) Se debe dar crédito a los principales representantes del Movimiento del Diseño Inteligente (MDI) por replantear vigorosamente dichas dificultades, intensificando un debate científico que muchos pretendían dar por cerrado.

k) El teólogo tampoco debe dar por supuesto que el darwinismo de por sí no implica una opción materialista o naturalista, sin antes examinar esta cuestión cuidadosamente.

Creación y evolución no se oponen

Esta sección es un ensayo de respuesta a los argumentos que pretenden oponer la evolución cósmica o biológica a la doctrina cristiana sobre el diseño inteligente y la creación del mundo y de los seres vivos por parte de Dios, tachando de absurdas las nociones de diseño evolutivo y de creación evolutiva.

El creacionismo evolucionista no rebaja nuestra noción de Dios, sino que en cierto modo subraya la infinita inteligencia del Creador, que no necesita de continuas intervenciones especiales ni de milagros cotidianos para desplegar toda su obra creadora.

Desde el punto de vista lógico, no hay contradicción alguna entre evolución, por un lado, y creación con diseño inteligente, por otro lado. Son perfectamente concebibles una creación evolutiva y un diseño evolutivo.

El problema pues, no se encuentra en el orden lógico, sino en el orden psicológico. Muchas personas declaran absurda la noción de creación evolutiva principalmente porque no comprenden su finalidad, es decir porque no comprenden por qué o para qué Dios habría creado el universo según un plan evolutivo. Es una vana pretensión, típicamente racionalista, pretender comprender la "psicología divina". Los racionalistas y los tomistas (entre los cuales modestamente me incluyo) coincidimos en que "ser" es "ser inteligible". Los tomistas refieren la necesaria inteligibilidad del ser a la Inteligencia divina. Los racionalistas, arbitrariamente, la refieren a la razón humana, que toma así el lugar de Dios. Por eso, los racionalistas no aceptan que haya verdades que sobrepasen la capacidad finita de comprensión de la razón humana. El creyente, en cambio, se inclina ante la sobrecogedora e inefable majestad de Dios, el misterio infinito que nos envuelve y nos sostiene en el ser. San Agustín escribió: "Si lo comprendes, no es Dios". Por lo tanto, pese a racionalistas cristianos como Descartes, Leibniz y otros, el racionalismo contiene un germen oculto de ateísmo.

Sin embargo, "misterio" no es lo absolutamente desconocido. En el lenguaje cristiano, "misterio" es una realidad divina, trascendente y salvífica, que se nos manifiesta de algún modo visible o perceptible. Por la fe y por la razón, podemos conocer verdaderamente a Dios, aunque no podamos abarcarlo ni agotarlo con nuestro entendimiento finito. Podemos hablar de Dios con sentido, pese a Su incomprensibilidad última. El cristiano puede entonces intentar una respuesta a la pregunta acerca de por qué Dios creó el mundo a través de un larguísimo y complejísimo proceso de evolución cósmica y biológica. A continuación presento un fragmentario intento de respuesta.

Lo primero que hay que decir surge de lo dicho hasta aquí: Dios sabe por qué hace lo que hace. Es preciso confiar en la infinita sabiduría y la infinita bondad de Dios. Aunque en el libro de Job se trata de un problema distinto (el problema del mal), esta respuesta es semejante a la que el mismo Dios da a los angustiados reproches de Job: "Ciñe tus lomos como un bravo: voy a interrogarte, y tú me instruirás. ¿Dónde estabas tú cuando fundaba Yo la tierra? Indícalo, si sabes la verdad. ¿Quién fijó sus medidas? ¿Lo sabrías? ¿Quién tiró el cordel sobre ella? ¿Sobre qué se afirmaron sus bases? ¿Quién asentó su piedra angular, entre el clamor a coro de las estrellas del alba y las aclamaciones de todos los hijos de Dios?" (Job 38,3-7; cf. Job 38-39). Job termina comprendiendo lo absurdo que es pretender poner a Dios en el banquillo de los acusados o desconfiar de Él.

Por otra parte, cabe decir que una de las notas características de Dios es la sobreabundancia del don divino. Las dimensiones del universo y las cantidades de especies vegetales y animales pueden parecernos exageradas a nosotros, pero —como nos enseña la Biblia— los pensamientos de Dios no son como los pensamientos de los hombres, sino que los superan infinitamente (cf. Isaías 55,8).

La afirmación cristiana de que el universo es para el hombre no debe ser interpretada en el sentido de un utilitarismo estrecho. Ella no implica que, para justificar su existencia, cada cosa deba tener una utilidad directa e inmediata para el hombre. Más bien significa que en el mundo hay una jerarquía ontológica, dentro de la cual el hombre ocupa la primera posición. El sentido último del universo material es ser el hogar transitorio del hombre en su camino hacia la vida eterna, pero en este hogar puede haber "adornos" con una finalidad no utilitarista. Quizás la galaxia Andrómeda no nos servirá nunca de mucho salvo como objeto de conocimiento y de contemplación, pero eso solo podría justificar su existencia a los ojos de Dios. Más aún, aunque tal vez haya rincones del universo que el hombre no llegue a conocer jamás, Dios mismo los conoce y se complace en ellos: "Dios vio todo lo que había hecho y vio que era muy bueno" (Génesis 1,31).

Además, puede haber cierto grado de necesidad en la existencia de tantas estrellas y tantos seres vivos diferentes según un plan de creación evolutiva. Por ejemplo, quizás las arañas y las serpientes podrían ser vistas como requisitos o como "subproductos", más o menos necesarios, de la creación evolutiva del hombre.

Por último, hoy se conoce y se valora positivamente la complejidad enorme de los ecosistemas y la importancia de la biodiversidad. Quizás a nosotros nos pueda parecer que las tortugas galápago (por ejemplo) no son de mucha utilidad para el hombre, pero seguramente cumplen un rol —aunque tal vez modesto— en el sistema ecológico global.

23. DARWINISMO Y CRISTIANISMO

El darwinismo cristiano

Por lo común el "evolucionismo teísta" no es más que un intento de conjugar neodarwinismo y cristianismo. La mayoría de los cristianos que defienden el evolucionismo teísta son darwinistas; y todos los darwinistas cristianos son evolucionistas teístas. Esta combinación de darwinismo y cristianismo debe ser examinada desde dos puntos de vista: el de la razón y el de la fe.

Consideremos en primer lugar el punto de vista de la razón. Teniendo en cuenta todo lo dicho hasta aquí, concluyo que conviene aceptar que ha habido una evolución biológica. Aunque distingamos el hecho comprobado de la microevolución y la teoría de la macroevolución en sentido amplio, es necesario reconocer que esta última es una teoría bien fundada y muy razonable. En cambio, pienso que las abrumadoras objeciones matemáticas y científicas expuestas hasta aquí justifican plenamente el rechazo de la teoría darwinista de la evolución. Dicho de otro modo, propongo aceptar la existencia real del "árbol de la vida", pero no la explicación darwinista de las relaciones entre sus distintos componentes.

Desde el punto de vista de la fe, debemos preguntarnos si es posible un darwinismo cristiano; o sea, si el darwinismo es compatible con la fe cristiana. Adelanto mi conclusión: un supuesto "darwinismo cristiano" sólo puede ser un evolucionismo teísta de tipo 1 (sin diseño inteligente), y entonces no es realmente cristiano, o un evolucionismo teísta de tipo 2 o 3 (con diseño inteligente), y entonces no es realmente darwinista.

La filosofía materialista y (en mayor medida aún) la filosofía naturalista tienen una profunda influencia en el actual ámbito científico. Ambas filosofías son contrarias a la fe cristiana. La refutación filosófica del materialismo y el naturalismo es posible pero excede el alcance de este libro.

Podemos distinguir dos tipos de naturalismo científico: uno filosófico y otro metodológico. El naturalismo científico filosófico sostiene que la ciencia debe adherirse a la filosofía naturalista. El naturalismo científico metodológico sostiene que el método científico, por definición, exige que el trabajo científico se desarrolle como si la filosofía naturalista fuera verdadera. Claramente la primera de estas dos formas de naturalismo científico es contraria a la fe cristiana. En cuanto a la segunda, opino que en el fondo también lo es. Sin el Creador todo se diluye, incluso la ciencia (cf. Concilio Vaticano II, constitución *Gaudium et Spes*, núm. 36).

Deberíamos preguntarnos si el darwinismo implica el naturalismo, en cuyo caso sería esencialmente incompatible con el cristianismo. Los cristianos darwinistas admiten que usualmente el darwinismo está unido a filosofías materialistas o naturalistas, pero piensan que es posible separar el componente científico del darwinismo (el "darwinismo científico") de su componente filosófico (el "darwinismo filosófico"). Una vez realizada dicha separación, el "darwinismo científico" podría ser integrado sin dificultad en la filosofía y la teología cristianas. El resultado de esta operación imaginaria (la conjunción del "darwinismo científico" y la metafísica cristiana) sería un darwinismo "metafísicamente modesto": Dios es el Diseñador y Creador de todo lo que existe, pero produce la evolución biológica a través del mecanismo darwinista: mutación-selección. En el lenguaje de la filosofía clásica, Dios sería la Causa Primera y el azar y la selección natural serían las causas segundas de la evolución. En principio esta variante del neodarwinismo parece ser compatible con el cristianismo. Esta corriente de pensamiento sostiene que, en el fondo, el conflicto entre el darwinismo y el monoteísmo no es un problema de principios (o sea, de oposición sustancial entre ambos), sino que es un accidente histórico, producto de un malentendido entre ambas partes. Algunos incluso piensan que la responsabilidad principal de que haya habido un innecesario debate entre "creación" y "evolución" fue de los cristianos (por su supuestamente errónea adhesión a la "teología física" de Paley[114] y otros autores) y no de los científicos que postularon un evolucionismo materialista o naturalista.

En cambio, yo sostengo que el problema de fondo no es histórico sino filosófico. La tendencia manifiestamente atea de la gran mayoría de los darwinistas no es un mero accidente histórico, ni el producto de un malentendido casual, fácilmente evitable. Más aún, pienso que el "darwinismo cristiano" es una ilusión tan falsa y peligrosa como lo fue el "marxismo cristiano" de la corriente principal de la "teología de la liberación". Los teólogos de la liberación solían negar que ellos eran marxistas, alegando que se limitaban a utilizar el "análisis marxista de la realidad". No parecían darse cuenta de que quien analiza la realidad con las categorías mentales del marxismo es en el fondo marxista. Un grave peligro análogo acecha a los "darwinistas cristianos".

¿Es posible, pues, un darwinismo cristiano? Analizaré esta cuestión desde dos puntos de vista: primero desde el punto de vista histórico y luego desde el punto de vista filosófico.

Darwinismo y cristianismo: la cuestión histórica

La tesis de la mayor culpabilidad cristiana en el supuesto malentendido entre darwinismo y cristianismo omite considerar muchos hechos fundamentales, entre ellos los siguientes.

Ante todo conviene recordar la postura religiosa del propio Charles Darwin: "Los años de estudio en Cambridge fueron

---

[114] El famoso argumento de Paley es una reformulación de la "quinta vía" de Santo Tomás de Aquino, llamada por Kant "prueba físico-teológica" de la existencia de Dios. La quinta vía prueba la existencia de Dios a partir del orden del mundo o a partir de la finalidad en la naturaleza.

también el comienzo de serias y profundas dudas religiosas... Pasada la madurez acabaría siendo un completo agnóstico, incapaz ya de creer en la existencia de Dios... Cuando en octubre de 1836 regresó Darwin de su periplo a casa..., para él habían perdido toda su vigencia tanto el dogma científico-natural (constancia de las especies) como el teológico (creación). Alrededor de los cuarenta años se describía personalmente como un agnóstico... Por su hijo Francis sabemos que en la familia de Darwin jamás se habló una sola palabra sobre religión... En noviembre de 1859 (es decir, el mismo mes de la aparición de la obra de Darwin) escribía Engels a Marx: 'Por lo demás, Darwin, a quien precisamente estoy leyendo, es un hombre muy famoso... La teleología (finalidad) todavía no estaba destruida. Y eso es lo que ha ocurrido ahora' "[115].

Además, cabe recordar que para Darwin la diferencia entre el hombre y los demás animales es sólo de grado, afirmación obviamente incompatible con la fe cristiana.

Los principales divulgadores tempranos de la obra de Darwin fueron pensadores ateos, agnósticos, panteístas o deístas caracterizados por su oposición al dogma cristiano, es decir al cristianismo ortodoxo. Piénsese por ejemplo en Thomas Huxley, en los otros miembros del *X Club* o en Ernst Haeckel. También en los siglos XX y XXI muchos de los principales representantes o divulgadores del darwinismo han sido ateos, y a menudo ateos militantes. Piénsese por ejemplo en Julian Huxley, Jacques Monod, Stephen Gould, Richard Dawkins, Daniel Dennett, etc. El evolucionismo materialista sostenido por estos y otros autores semejantes es obviamente ateo. Las implicaciones antiteístas de la teoría de Darwin constituyen uno de los motivos principales por los que ellos la apreciaron y respaldaron con tanto ardor.

---

[115] Adolf Haas, *Darwin*, en: Karl-Heinz Weger, *La crítica religiosa en los tres últimos siglos. Diccionario de autores y escuelas*, Editorial Herder, Barcelona 1986, págs. 78-80.

El neodarwinismo "metafísicamente modesto" con diseño inteligente es casi inexistente. De hecho casi ninguno de los pensadores neodarwinistas sostiene una doctrina de este tipo. El neodarwinismo realmente existente (el que se afirma o se sugiere en la inmensa mayoría de los libros de texto o de divulgación sobre la evolución) no tiene nada de metafísicamente modesto.

En pocas palabras, el darwinismo histórico no es "metafísicamente modesto", porque niega la finalidad en la naturaleza. Desde el punto de vista terminológico cabe afirmar que un neodarwinismo metafísicamente modesto sería una teoría tan diferente del neodarwinismo existente que no tendría derecho a llevar el mismo nombre que él. En el mundo real, la perspectiva darwinista es la de una evolución ciega, no planificada ni guiada por inteligencia alguna. Esta perspectiva, predominante hoy en los medios científicos más influyentes, sobre todo en América del Norte, excluye terminantemente la idea de un diseño inteligente, tanto de la vida como del universo en general. Por lo tanto, en el caso de sus defensores cristianos, está en la línea del "evolucionismo (pseudo) teísta tipo 1", incompatible con la fe cristiana. Más aún, la perspectiva darwinista se ha convertido en una completa cosmovisión anticristiana, como vimos en el capítulo 3.

Entre otras deficiencias importantes, la antropología darwinista tiene una fuerte tendencia al individualismo radical. El historiador británico Paul Johnson lo expresó de la siguiente manera, refiriéndose a la negativa de Richard Dawkins a debatir con él sobre la existencia de Dios: "Dejo de lado la razón aparente del rechazo de Dawkins: que mi desafío está motivado por intereses personales. Todos sabemos que no es el verdadero motivo. […] A fin de cuentas, según el autor de *El gen egoísta*, todos nos guiamos continuamente por intereses personales y cualquier otro motivo sería antinatural o ilusorio. Huelga decir que no comparto esta deprimente visión de la humanidad, y compadezco al profesor por creer imposible que un ser humano sea impulsado por la fe, una causa, un genuino deseo de esclarecer a la sociedad o —el principal motivo en mi caso— un ferviente deseo de compartir el precioso don de la creencia en Dios con tantos mortales como sea posible. Una de las consecuencias espantosas de ser un materialista como Dawkins es que, por lógica, uno está obligado a negar la existencia de la metafísica, y el mundo del espíritu se convierte en zona prohibida. Uno está obligado a encarcelarse en una existencia unidimensional, sin pasado significativo y sin futuro personal, donde lo único que importan son objetos materiales empujados por genes porcinos"[116].

Por supuesto, existen algunas personas que intentan combinar el darwinismo y el cristianismo. La gran cuestión es si esa combinación es lógicamente posible, más allá de una mera afirmación verbal.

Darwinismo y cristianismo: la cuestión filosófica

El evolucionismo de por sí no implica el materialismo o el naturalismo. Pero, ¿podemos decir lo mismo del darwinismo? En otras palabras: si el neodarwinismo metafísicamente modesto existe, ¿es una teoría coherente?

Mi tesis es que el neodarwinismo implica de por sí una ideología naturalista porque excluye toda finalidad y afirma que el proceso evolutivo es guiado por un mecanismo "ciego" (mutación-selección).

Ante todo recordemos que, según el neodarwinismo, en el fondo el único motor de la evolución es el azar, por lo cual éste sería en verdad la única causa segunda de la evolución. Ahora bien, el azar no es una explicación, sino una ausencia de explicación.

---

[116] Paul Johnson, *¿Qué teme el ateo de Oxford?*, en: Paul Johnson, *Al diablo con Picasso y otros ensayos*, Javier Vergara Editor, Buenos Aires 1997, págs. 292-293.

Decir que el azar es la causa de la evolución equivale a decir que la evolución no tiene ninguna causa, lo cual es absurdo, y además conduce a concebir la evolución como un proceso sin un propósito o causa final, no planificado ni guiado por inteligencia alguna.

En rigor, la noción de "neodarwinismo metafísicamente modesto" es autocontradictoria. El neodarwinismo no sólo prescinde metodológicamente de la existencia de la finalidad en la naturaleza, sino que la niega desde el mismo punto de partida. El materialismo o el naturalismo constituyen sus premisas. No es extraño que, partiendo de esas premisas, sea imposible reconciliar sus resultados con la fe cristiana. Éstos se encuentran en una oposición radical e inevitable con dicha fe.

Un neodarwinismo metafísicamente modesto debería mantenerse abierto a la posibilidad de que Dios guíe la evolución biológica a través de las causas segundas. Pero el rol explicativo asignado al azar en el neodarwinismo es absoluto por definición. El neodarwinista necesita probar que toda evolución biológica ha ocurrido sólo por azar, sin finalidad alguna; basta que haya un caso que no pueda ser explicado con base en el azar para que su teoría se derrumbe. Esta entronización neodarwinista del azar como una explicación última (a la manera de un ídolo o falsa deidad) excluye la noción de una evolución planificada y guiada por Dios. Siendo esto así, el neodarwinismo metafísicamente modesto puede ser sostenido sólo verbalmente, no lógicamente.

La mente humana rechaza toda contradicción. Por lo tanto, si, por un lado, por medio de vías filosóficas (por ejemplo las "cinco vías" de Santo Tomás de Aquino) uno llega a demostrar con certeza la existencia de Dios, y, por otro lado, se encuentra con un neodarwinismo que, al negar la existencia de toda finalidad en el universo, niega explícita o implícitamente la existencia de Dios, uno se ve obligado a rechazar ese neodarwinismo.

Ni el MDI ni yo negamos la existencia del "mecanismo darwinista" ni su capacidad de producir microevolución. Negamos que ese mecanismo sea capaz de producir macroevolución, es decir la evolución de las especies mismas, dando cuenta de la complejidad y diversidad de la vida. Admitimos que el azar juega un rol dentro de la evolución, pero pensamos que ese rol ha de ser pequeño. El azar absoluto no existe. Para Dios no hay azar. El azar (como el desorden) es un concepto relativo. Así como el desorden supone un orden subyacente (como demuestra la "teoría del caos"), el azar supone un diseño subyacente. Si concebimos rectamente la evolución como el despliegue gradual en el tiempo de un plan magníficamente concebido por la inteligencia infinita y eterna de Dios, necesariamente debemos admitir que el rol del azar dentro de ese plan debe ser en el fondo modesto. Ese azar (ausencia de designio o de propósito) no puede ser más que un azar aparente. Esto contradice el núcleo del pensamiento darwinista; porque ese pensamiento es más ideológico que científico, y su ideología es materialista o naturalista. El azar darwinista es un azar absoluto, un sustituto de Dios.

La evidencia científica disponible apoya la teoría de la evolución, pero no apoya la teoría darwinista de la evolución. La fuerza de esta última tiene otras raíces. Parte de la premisa de que Dios no existe o no tiene ninguna influencia real en este mundo. Habiendo eliminado así la principal alternativa (el diseño inteligente), el darwinismo es la explicación más lógica de la evolución que queda en pie, o quizás la única.

Según los defensores de la armonía entre darwinismo y cristianismo, la auténtica cuestión en torno al darwinismo es estrictamente científica y no tiene relevancia para la teología. Por las razones expuestas, creo que eso es imposible de aceptar.

24. EVOLUCIONISMO TEÍSTA

¿Qué es el evolucionismo teísta?

Desde un punto de vista puramente terminológico, la expresión "evolucionismo teísta" debería designar simplemente la forma de pensamiento que combina "evolucionismo" y "teísmo". Si "evolucionismo" se define en sentido amplio, como la doctrina que sostiene la mutabilidad y el origen interdependiente de las especies, que provienen las unas de las otras por transformación a partir de un ancestro común; y si "teísmo" se define como un monoteísmo compatible con la teología natural cristiana, entonces, a mi juicio, en principio no hay nada que objetar al evolucionismo teísta.

Sin embargo, en la práctica la expresión "evolucionismo teísta" suele tener otro significado más cuestionable. Históricamente, el evolucionismo teísta ha surgido principalmente del intento de combinar una forma específica de evolucionismo (la teoría darwinista de la evolución) con la fe cristiana. A continuación trataré de mostrar que esa corriente principal del evolucionismo teísta (que debería llamarse en realidad "darwinismo cristiano"), debido a sus concesiones injustificadas a los adversarios de la fe cristiana, generalmente defiende diversas posturas contrarias a la fe o a una sana filosofía.

El evolucionismo teísta y el diseño inteligente divino

Muchos evolucionistas teístas sostienen una visión que podría describirse como creación sin diseño inteligente, o con diseño inteligente parcial. La tesis principal de esa corriente es que, aunque Dios es el creador de todos los seres vivos, no es su diseñador en un sentido propio y auténtico, porque los ha creado a través de un proceso evolutivo en el que desempeñan un rol primordial los fenómenos aleatorios: sobre todo las mutaciones genéticas aleatorias (según el mecanismo evolutivo postulado por el neodarwinismo), pero también el indeterminismo cuántico (según la teoría cuántica, interpretando la relación de Heisenberg como un principio de indeterminación física u ontológica).

En general, los autores de esta corriente niegan que la evolución biológica sea guiada inteligentemente por Dios. Más bien, Dios se habría limitado a crear un universo con leyes naturales (físicas y químicas) finamente sintonizadas para producir un ambiente capaz de soportar la vida biológica y la vida humana. Después de crear el primer ser vivo, Dios habría dejado que el mecanismo darwinista (mutación-selección), actuando autónomamente, produjera de un modo aleatorio las distintas especies, con sus diversas características anatómicas y fisiológicas.

Esta forma de concebir la creación de los seres vivos contradice el dogma cristiano. La Divina Revelación (transmitida en la Sagrada Escritura y en la Tradición de la Iglesia) enseña sin lugar a dudas que Dios no sólo ha creado todas las cosas visibles e invisibles, sino que lo ha hecho según un designio sapientísimo; y también que la Providencia de Dios gobierna todos los acontecimientos de este mundo, grandes y pequeños. La fe cristiana es totalmente incompatible con cualquier limitación del diseño inteligente o del gobierno inteligente del mundo y de la vida por parte de Dios. Esto es tan evidente que no es necesario demostrarlo aquí.

El evolucionismo teísta y el multiverso

La visión de una creación sin diseño inteligente es llevada a un extremo por algunos autores que intentan una justificación teológica del multiverso. La idea del multiverso ha sido propuesta y sostenida principalmente por motivos antiteológicos. Dado que el diseño inteligente de nuestro universo y de sus seres vivos es casi evidente, para negarlo se suele recurrir hoy a un postulado audaz: hay un número inmenso o infinito de universos, de modo que el nuestro (que parece tan bien diseñado) es un mero resultado del azar. Según los evolucionistas teístas que defienden el multiverso (por ejemplo, Francis Collins), el uso del azar por parte de Dios juega un rol estelar no sólo en la evolución biológica, sino también en la evolución cósmica. Dios habría creado muchísimos o infinitos universos y en cada uno de ellos las cosas evolucionan sin intervención de Dios de tal modo que en uno de ellos, por puro azar, se produjo una evolución biológica darwinista que dio lugar a la existencia del ser humano.

Esto es mala ciencia, porque no hay la menor evidencia científica del multiverso; pero también es mala teología: Dios no necesita crear infinitos universos para ver si de ese "juego de azar" resulta por casualidad algún universo que sirva a sus propósitos. Si Dios puede crear el universo de la nada, también puede diseñarlo inteligentemente según sus fines, empleando para ello (como causas segundas) una combinación apropiada de fenómenos determinísticos o aleatorios. Para Dios no hay azar ni probabilidad. Dios conoce todas las cosas con certeza, en su eterno presente. Como Einstein, pienso que Dios no juega a los dados; pero, y esto es lo decisivo, incluso si Dios jugara a los dados, ningún resultado lo sorprendería, porque ninguno sería independiente de su inteligencia y su voluntad. Esto vale como argumento contra todos los evolucionismos teístas que defienden una creación sin diseño inteligente, tanto los más moderados (que niegan sólo el diseño inteligente de los seres vivos), como los más radicales (que niegan también el diseño inteligente del universo y de las leyes naturales).

El evolucionismo teísta y el darwinismo

Los evolucionistas teístas suelen pensar: a) que el darwinismo es una buena teoría científica, con una buena base experimental (los casos comprobados de microevolución); b) que no es un evolucionismo aleatorio; y c) que no favorece el ateísmo.

Estos pensadores no tienen en cuenta que la extrapolación de la microevolución a la macroevolución es infundada. El darwinismo es capaz de explicar algunas formas de microevolución, pero el abismo existente entre este logro modestísimo y las enormes ambiciones explicativas del darwinismo justifican plenamente hablar de un fracaso del darwinismo. Que el mecanismo darwinista (mutación-selección) pueda modificar las proporciones de las variantes de una especie presentes en una población local no prueba que sea capaz de crear el ojo o el ala, o de transformar un pez en un anfibio. Debe tenerse en cuenta el peso abrumador de las objeciones contra el darwinismo que provienen de la paleontología, de la biología molecular y de la teoría de la información, que he presentado con algún detalle en este libro.

Los evolucionistas teístas suelen insistir en que la evolución darwinista no es aleatoria porque uno de sus factores (la selección natural) no lo es. No tienen en cuenta que, de los dos factores del mecanismo darwinista (mutación-selección) sólo el primero (las mutaciones) juega un rol creativo, mientras que el segundo (la selección natural) juega un rol meramente destructivo. En la teoría darwinista de la evolución, todas las nuevas variantes biológicas son generadas por las mutaciones genéticas aleatorias, que no son otra cosa que errores aleatorios en la copia de la información genética. Vale decir que, según la síntesis neodarwinista, una afortunadísima sucesión de errores de copia ha transformado al ancestro común primigenio (una bacteria) en un elefante o un ser humano; mejor dicho, lo ha transformado en ambas cosas y en muchísimas otras cosas más, a través de muchísimas y afortunadísimas sucesiones de errores.

Por otra parte, desde la misma época de Darwin, muchos cristianos y no cristianos han estado persuadidos de que el darwinismo era esencialmente una teoría atea o favorable al ateísmo. Ésa fue la razón principal por la que Darwin propuso su teoría, por la que Haeckel, Huxley y el Club X la difundieron, y por la que Wallace (codescubridor de la selección natural, pero partidario del diseño inteligente) cayó en el olvido. Esto fue lo que captó inmediatamente Engels al leer la primera edición de El *Origen de las Especies*. Además, es innegable que hoy (habiendo caído en desgracia el marxismo y el freudismo), el darwinismo es el principal sostén intelectual del ateísmo cientificista.

El evolucionismo teísta y el problema del mal

Muchos evolucionistas teístas cristianos, indebidamente impresionados por los argumentos ateos, piensan que es necesario recurrir a la indeterminación cuántica y al azar neodarwinista para poder resolver el problema del mal físico en general, y el problema de la "imperfección" de los organismos vivientes en particular. Así rechazan implícitamente las soluciones de la teología cristiana clásica al problema del mal, porque ésta no tuvo en cuenta en absoluto esos dos fenómenos, descubiertos recién en el siglo XX.

En realidad, esos argumentos ateos son falaces: se basan en la falsa premisa de que un Dios infinitamente sabio y bueno no puede crear un mundo en el que exista el mal físico o un ser vivo con una determinada y supuesta imperfección. Los cristianos en cuestión dan por buenos esos argumentos falaces y por eso, para "disculpar" a Dios de la existencia de los males físicos o de las imperfecciones de los seres vivos, defienden una idea (incompatible con la fe cristiana) de creación sin diseño inteligente, en la que dichos males e imperfecciones son el resultado de procesos aleatorios no diseñados ni guiados por Dios.

En verdad, Dios no necesita de esas disculpas nuestras; pero si las necesitara, tampoco servirían, por dos razones: a) el azar no existe para Dios; b) incluso si (por el absurdo) el azar fuera algo incontrolable para Dios, Dios seguiría siendo responsable de las consecuencias del mecanismo aleatorio puesto en marcha por Él.

Con perdón del ejemplo (no se me ocurre otro mejor): análogamente, es tan responsable de su propia muerte quien se suicida de un disparo a la cabeza que quien muere jugando a la ruleta rusa. En otras palabras, si se rechazan las respuestas cristianas clásicas a las objeciones ateas, ni la indeterminación cuántica ni el azar darwinista permiten resolver de veras el problema del mal. Dios es siempre responsable de su obra creadora, tanto si la lleva a cabo por medios determinísticos como por medios azarosos.

El evolucionismo teísta y el libre albedrío

Muchos evolucionistas teístas piensan que es necesario recurrir a la indeterminación cuántica para poder sostener el libre albedrío porque —dicen— en un mundo donde todos los cuerpos (incluso las neuronas cerebrales) siguen las leyes de la mecánica de Newton todos los movimientos están determinados por las leyes naturales, y entonces un ser humano no podría mover un brazo a la derecha o a la izquierda, según su libre elección. Un ente con suficiente capacidad de cálculo (como el ficticio "demonio de Laplace") que conociera la posición inicial y la velocidad inicial de todas las partículas en el instante del *Big Bang* podría conocer anticipadamente toda la historia cósmica, hasta en sus menores detalles. No habría espacio alguno para el libre albedrío.

Los teístas que piensan así rechazan implícitamente las respuestas de la teología cristiana clásica a las objeciones del mecanicismo, porque la teoría cuántica surgió recién en el siglo XX. Pero si se rechazan las respuestas cristianas clásicas al mecanicismo, la indeterminación cuántica no permite resolver de veras la cuestión del libre albedrío. Si el alma humana espiritual es incapaz de mover un brazo en un mundo donde vale la física newtoniana, ¿por qué sería capaz de mover un electrón en un mundo donde vale la física cuántica? Y a la inversa, si el espíritu es capaz de mover un electrón en un marco cuántico, ¿por qué no sería capaz de mover un brazo en un marco newtoniano?

La postura aquí criticada (que en realidad es una especie de mecanicismo) se basa en una extrapolación de la física más allá de su ámbito de validez. Para explicar esto me referiré, a modo de ejemplo, a dos leyes de la física que no se aplican sin más a los seres humanos.

El primer ejemplo se refiere a la primera ley de Newton, la ley de inercia. Esta ley fundamental de la mecánica dice que las partículas y los cuerpos rígidos no sometidos a ninguna fuerza se comportan de la siguiente manera: si están en reposo, continuarán en reposo; y si están en movimiento, continuarán moviéndose con un movimiento rectilíneo y uniforme. Ahora bien, considerando el caso estático (el de un cuerpo rígido en reposo), es evidente que la validez de la ley de inercia se restringe a los cuerpos sin vida, que por esa razón se llaman cuerpos inertes o materia inerte. Un ser vivo en reposo, aunque no esté sometido a ninguna fuerza externa, puede comenzar a moverse por sí mismo en cualquier momento. Simplemente, el modelo físico de "cuerpo rígido" (que por definición no tiene fuerzas internas) no se aplica a los organismos vivos.

El segundo ejemplo se refiere al segundo principio de la termodinámica. Este principio puede enunciarse así: en un sistema termodinámico cerrado, la variación de la entropía entre dos estados de equilibrio será positiva o nula. Otro enunciado del mismo principio dice que la entropía total del universo tiende a aumentar con el tiempo. La entropía es una magnitud física asociada al desorden molecular, el cual a su vez se relaciona con el desorden a nivel macroscópico. El principio en cuestión permite justificar la irreversibilidad de ciertos procesos físicos. Por ejemplo, si una botella de vidrio cae al suelo, probablemente se rompa en muchos pedazos; pero jamás sucede que, a través de procesos físicos, los distintos fragmentos de vidrio asciendan del suelo por sí mismos y se ensamblen perfectamente entre sí para volver a adquirir la forma perfecta de la botella completa. Algo análogo ocurre en la muerte. Otro ejemplo: ningún proceso físico logrará resucitar un cadáver en estado de descomposición avanzada. Es claro que el segundo principio de la termodinámica no se aplica a sistemas cerrados que incluyen seres inteligentes. Si una casa se mantiene cerrada y deshabitada durante un año, al cabo de ese tiempo mostrará claros signos de su entropía (o desorden) creciente. Si en cambio, la misma casa se mantiene cerrada durante un año, pero habitada por un ser humano hábil, trabajador y con suficientes provisiones y recursos, es bastante probable que el ser humano, debido a su inteligencia, evite que la entropía (o desorden) crezca. Algo parecido podría decirse de la vida en general. Si bien la tendencia general del universo material es hacia una entropía creciente, la evolución biológica se ha movido en el sentido contrario, hacia un orden cada vez mayor y más complejo.

El evolucionismo teísta y la física cuántica

En síntesis, el principio de Heisenberg, uno de los pilares de la física cuántica, dice que no podemos conocer, con exactitud y a la vez, la posición y la velocidad de una partícula subatómica. En mi opinión, esto debe ser interpretado como un mero principio de incertidumbre gnoseológica, no como un principio de indeterminación física u ontológica, como hacen los evolucionistas teístas en cuestión. Tratar de resolver el problema del libre albedrío recurriendo a un principio de indeterminación cuántica es un poco como matar a un mosquito con una bomba atómica, porque son muchos más los problemas que se crean que los que se resuelven.

Si la posición y la velocidad de un electrón no están determinadas por leyes naturales, ¿por qué razón el electrón tiene tal posición y tal velocidad, y no otras? A mi entender, en esencia sólo hay otras tres respuestas posibles:

> a) No hay ninguna razón. Esta respuesta implica nada menos que la negación del principio de razón suficiente,

principio metafísico evidente y fundamental en toda recta filosofía. Sin el principio de razón suficiente, cae el principio metafísico de causalidad, y sin este último pierden validez todas las pruebas filosóficas de la existencia de Dios. La negación del principio de causalidad destruye también toda la ciencia, porque ésta es un conocimiento de las cosas por medio de sus causas.

b) El electrón se ubica y se mueve así porque quiere. Esto implica una absurda personificación de un ente irracional.

c) El electrón (mejor dicho, todos los electrones, siempre y en todo lugar) es movido por seres espirituales (Dios, los ángeles o los hombres). Esto da lugar a una filosofía insensata, que niega la legítima autonomía de las realidades terrenas.

Mi juicio sobre el evolucionismo teísta

Ante todo recuerdo una consideración terminológica hecha en el capítulo anterior. Corrientemente se agrupa bajo el rótulo de "evolucionismo teísta" a varias doctrinas diferentes que tienen en común dos puntos principales: su apoyo al creacionismo evolucionista y su oposición a la teoría del diseño inteligente. Para intentar aclarar esta situación bastante confusa, distinguí tres tipos de evolucionismo teísta.

Llamé "evolucionismo teísta tipo 1" al creacionismo evolucionista que niega el diseño inteligente de los seres vivos. Este tipo de evolucionismo no es en realidad teísta sino deísta, y es claramente incompatible con la doctrina cristiana.

Llamé "evolucionismo teísta tipo 2" al creacionismo evolucionista que acepta el diseño inteligente de los seres vivos pero niega que la razón humana sea capaz de conocer ese diseño. También este tipo de evolucionismo es incompatible con el cristianismo. La doctrina católica afirma que el ser humano, con la sola luz natural de la razón, yendo de los efectos materiales a sus causas, puede llegar a conocer que Dios existe y es el inteligentísimo creador y ordenador del mundo y de todas las criaturas.

Llamé "evolucionismo teísta tipo 3" al creacionismo evolucionista que acepta el diseño inteligente de los seres vivos y que la razón humana es capaz de conocerlo, pero (y sólo en esto se aparta de la tesis característica del MDI) afirma que ese conocimiento excede las posibilidades de la ciencia y es posible sólo a través de la filosofía.

El MDI no afirma que la ciencia puede llegar a conocer directamente que Dios existe y es el diseñador de los seres vivos, sino sólo que (a través de una inferencia basada en la mejor explicación) la ciencia puede llegar a asegurar, más allá de toda duda razonable, la realidad del diseño inteligente, quedando a cargo de la filosofía y la teología el estudio de la naturaleza y los atributos del diseñador.

En mi opinión tanto el evolucionismo teísta tipo 3 como la teoría del diseño inteligente son teológicamente ortodoxos, pero desde el punto de vista racional la balanza se inclina por la segunda tesis, por las razones expuestas en este libro. En la teología católica, la ortodoxia es un concepto más amplio que la verdad. Dos doctrinas contradictorias pueden ser ambas ortodoxas si en principio son compatibles con la doctrina católica; empero, por el principio lógico de no contradicción, no pueden ser ambas verdaderas. Cada corriente teológica ortodoxa opta por una doctrina y rechaza las doctrinas que se le oponen, dentro del ancho campo de la ortodoxia católica. Por supuesto, al hacer esta elección, el teólogo católico no debe presentarse como un Magisterio paralelo, alternativo o complementario, sino estar siempre pronto para corregir sus afirmaciones en caso de un ulterior juicio adverso de la Iglesia.

Un punto fundamental de controversia es que los partidarios del evolucionismo teísta suelen ver a la evolución como un proceso natural no teleológico (es decir no intencional y sin inteligencia), que produce un orden teleológico. Respondo que un proceso natural no teleológico no puede producir por sí mismo un orden teleológico. Una finalidad (es decir, un objetivo buscado intencionalmente por un agente inteligente) no puede brotar de un proceso no intencional y sin inteligencia. Por otra parte, según el principio lógico de no contradicción, no es posible que los procesos naturales sean teleológicos y no sean teleológicos, a la vez y en el mismo sentido. En este punto algunos exponentes del evolucionismo teísta parecen tender hacia una especie de neoaverroísmo o "teoría de la doble verdad", según la cual la misma afirmación ("la evolución biológica es un proceso teleológico") puede ser verdadera desde el punto de vista filosófico o teológico y falsa desde el punto de vista científico. Esa teoría es racionalmente inadmisible.

25. LA TEORÍA DEL DISEÑO INTELIGENTE

El Movimiento del Diseño Inteligente[117]

A partir de 1980 se produjo una creciente erosión del anterior consenso acerca del valor científico del neodarwinismo. Dentro de la comunidad científica el neodarwinismo enfrentó cuestionamientos muy serios, lo cual condujo a varios grandes científicos no creyentes (como Crick, Denton, Gould, Hoyle, Margulis y Orgel) a considerarlo como una teoría insostenible.

En paralelo con esa crisis del neodarwinismo, surgió y creció en los Estados Unidos el Movimiento del Diseño Inteligente (MDI), con pretensiones de desarrollar una nueva teoría científica sobre la evolución. Muchos desestiman al MDI presentándolo como "creacionismo" disfrazado de ciencia. Sin embargo, el MDI difiere del creacionismo típico en sus objetivos, métodos y alcance. Además, los científicos pueden interesarse en el diseño inteligente no sólo por motivos religiosos o políticos, sino también por motivos científicos. Las raíces del MDI se encuentran en algunas críticas científicas de los estudios de la evolución y del origen de la vida planteadas a mediados de los años ochenta. En ese período, que quizás podríamos llamar la prehistoria del MDI, se destacan dos libros: *El misterio del origen de la vida* de Bradley, Olsen y Thaxton (1984) y *La evolución: una teoría en crisis* de Michael Denton (1986).

La historia propiamente dicha del MDI comienza en 1991, con la publicación de *Proceso a Darwin*, de Phillip Johnson. La breve historia del MDI puede dividirse en dos períodos, antes y

---

[117] En esta sección presentaré brevemente la historia del MDI siguiendo fundamentalmente a Angus Menuge, *Who's Afraid of ID? A Survey of the Intelligent Design Movement*, en: William A. Dembski-Michael Ruse (eds.), *Debating Design. From Darwin to DNA*, Cambridge University Press, Cambridge 2004, págs. 32-51.

después de Johnson, "el padrino del MDI". El MDI comenzó a tomar forma gracias al liderazgo de Johnson y a su capacidad de organización. Menuge compara el rol de Johnson al de un director técnico que reúne a los jugadores; en este caso, científicos como Behe, Denton, Kenyon y Schaefer, con carreras científicas bien establecidas.

En este segundo período cabe destacar dos hechos principales: la realización en 1992 del primer gran evento académico del MDI, con la participación de Johnson, Behe, Meyer y Dembski, entre otros; y la fundación en 1996 del CRSC (*Center for the Renewal of Science and Culture*), dentro del *Discovery Institute*. Dado que la crítica por sí sola raramente amenaza a un paradigma dominante, el MDI no empezó a ganar más prominencia hasta la publicación de dos obras de capital importancia: *La caja negra de Darwin* de Michael Behe (1996) y *La inferencia de diseño* de William Dembski (1998). Estas obras introdujeron dos conceptos fundamentales en el actual debate sobre el diseño inteligente: la complejidad irreductible y la complejidad especificada, respectivamente. Según Behe, la complejidad irreductible es un obstáculo formidable para la evolución molecular darwinista. Según Dembski, la complejidad especificada es un criterio seguro para detectar el diseño inteligente.

En el último período cubierto por Menuge cabe destacar dos hechos: la publicación de *Íconos de la evolución* de Jonathan Wells (2000) y la realización en 1996-2001 de seis grandes conferencias en Universidades, dos de ellas con participación de los principales críticos del diseño inteligente.

Agrego que en los últimos años los integrantes del MDI han seguido publicando regularmente libros importantes. Aquí me limitaré a mencionar dos de los más influyentes: *El planeta privilegiado* de Guillermo Gonzalez y Jay Richards (2004) y *La duda de Darwin* de Stephen C. Meyer (2013).

Proceso a Darwin

Phillip E. Johnson (1940-2019) fue un abogado norteamericano graduado en las Universidades de Harvard y de Chicago, y fue Profesor de Derecho durante más de 30 años en la Universidad de California en Berkeley. La lectura de dos libros con posiciones antitéticas sobre el darwinismo, ambos publicados en 1986 (*El relojero ciego* de Richard Dawkins y *La evolución: una teoría en crisis* de Michael Denton), impulsó a Johnson a estudiar a fondo el tema del darwinismo.

El primer libro de Johnson sobre ese tema (*Proceso a Darwin*, de 1991) hizo historia. Aunque se limita a criticar el valor científico de la teoría darwinista de la evolución, podría decirse que fue el punto de partida del MDI. Desde entonces este movimiento se ha desarrollado mucho en los Estados Unidos, poniendo en jaque a la cosmovisión atea que prevalece en el ámbito científico. Michael Denton ha dicho que este libro de Johnson es la mejor crítica del darwinismo que conoce.

Por medio de sus numerosos libros y artículos sobre la evolución y la creación, pronto Johnson se ubicó al frente del debate público acerca de esta cuestión. Por su capacidad y su formación, Johnson estaba muy bien dotado para evaluar el peso de las evidencias aportadas y la corrección de los argumentos esgrimidos por las partes en un juicio. En *Proceso a Darwin* aplicó con brillantez ese talento suyo.

La caja negra de Darwin

En 1996, la publicación del libro de Michael Behe *La caja negra de Darwin* ayudó a consolidar el MDI, planteando los enormes desafíos de la bioquímica a la teoría darwinista de la evolución. Desató un gran debate científico que continúa intensificándose. El concepto de "complejidad irreductible" propuesto por Behe en esta obra es uno de los principales aportes científicos del MDI.

La edición del décimo aniversario de *La caja negra de Darwin* (de 2006) contiene un nuevo Epílogo, titulado "Diez años después".

Al comienzo de ese epílogo, el autor sostiene que, a pesar del gran progreso de la bioquímica en los diez años transcurridos, de cientos de comentarios críticos a su libro y de la oposición implacable de algunos científicos muy influyentes, hay muy pocas cosas del texto original que cambiaría si lo volviera a escribir. En cambio hay mucho que podría agregar. A medida que la ciencia avanza, el fundamento molecular de la vida se está revelando exponencialmente más complejo; y así el argumento del diseño inteligente de la vida se vuelve exponencialmente más fuerte. Behe afirma que, después de diez años, el darwinismo sigue siendo tan especulativo como siempre. "Todas las ciencias comienzan con la especulación; sólo el darwinismo termina rutinariamente en ella"[118].

Luego Behe analiza las principales críticas a su libro. Sostiene que las mayores fuentes de confusión son los malentendidos sobre el concepto de complejidad irreductible y sobre la naturaleza del argumento a favor del diseño. Con respecto al primero de estos dos puntos, Behe refuta detalladamente las críticas de tres autores: el filósofo de la ciencia Robert Pennock, el bioquímico Ken Miller y el biólogo Allen Orr. En esencia, Pennock y Miller tergiversan la definición de complejidad irreductible, volviendo la tesis de Behe lo más frágil posible para poder refutarla fácilmente. Por su parte, Orr pretende resolver el problema de la evolución darwinista de los sistemas irreductiblemente complejos de un modo abstracto, con una explicación vaga e hipotética, sin ninguna referencia concreta a los problemas bioquímicos reales.

Además, Behe revisa las críticas a sus ejemplos de sistemas bioquímicos complejos y muestra la invalidez de esas críticas. En 1996 el microbiólogo James Shapiro, hoy impulsor de la Tercera Vía en biología, declaró: "No hay explicaciones darwinistas detalladas de la evolución de ningún sistema bioquímico o

---

[118] Michael J. Behe, *Darwin's Black Box*, pág. 268.

celular fundamental, sólo una variedad de especulaciones ilusionadas"[119] Behe agrega: "Diez años después, nada ha cambiado. Llámenlas especulaciones ilusionadas o escenarios plausibles —ambos sólo significan una falta de respuestas reales"[120].

A través de la noción de complejidad irreductible, Behe hizo un aporte fundamental al debate entre el darwinismo y el diseño inteligente. *La caja negra de Darwin* demuestra sobradamente que los abundantes sistemas bioquímicos irreductiblemente complejos representan un obstáculo tan formidable para la teoría darwinista de la evolución que no hay razón para suponer que ésta pueda superarlo algún día.

El planeta privilegiado

En 2004, a través del libro *El planeta privilegiado*, la teoría del diseño inteligente se extendió de la biología a la cosmología. Los autores del libro son dos: Guillermo Gonzalez, Ph. D. en astronomía, y Jay W. Richards, Ph. D. en filosofía y teología. Gonzalez es un prestigioso astrónomo, que ha publicado más de 60 artículos científicos revisados por pares. Richards, Vicepresidente del *Discovery Institute*, ha publicado varios libros sobre temas científicos, filosóficos y teológicos.

En las dos primeras Secciones del libro, los autores, recurriendo a muchísimas evidencias científicas, muchas de ellas recientes, demuestran que nuestro ambiente local (centrado en la superficie terrestre y el tiempo presente) es excepcional y probablemente rarísimo, tanto con respecto a su habitabilidad como con respecto a su mensurabilidad. Más aún, esas evidencias sugieren la nueva tesis de los autores: en nuestro universo esas dos propiedades (habitabilidad y mensurabilidad) están unidas, de modo que los lugares altamente improbables que están mejor equipados para

---

[119] *Ibid.*, pág. 271.
[120] *Ibid.*

la existencia de observadores inteligentes también proveen las mejores condiciones globales para la investigación científica del universo. En la Sección 3 los autores exploran las implicaciones de los resultados alcanzados en las Secciones 1-2.

La duda de Darwin

En su libro *La duda de Darwin* (2013), Meyer analiza muy detalladamente el origen explosivo de la vida animal durante la "explosión cámbrica" y muestra cómo este fenómeno contradice la teoría darwinista y fortalece mucho la teoría del diseño inteligente. Este libro ha sido muy elogiado por científicos notables, como el paleontólogo Mark McMenamin, el geneticista George Church, el bioquímico Russell Carlson y los biólogos Wolf-Ekkehard Lönnig y Scott Turner. A modo de ejemplo citaré la evaluación del Dr. Mark McMenamin: "Es duro para nosotros los paleontólogos, dado que estamos tan empapados en una tradición de análisis darwinista, admitir que las explicaciones neodarwinistas de la explosión cámbrica han fracasado miserablemente. Los nuevos datos adquiridos en los años recientes, en lugar de resolver el dilema de Darwin, más bien lo han hecho peor. Meyer describe las dimensiones del problema con claridad y precisión. Su libro es una disrupción para el estudio de la evolución y nos señala hacia la dirección correcta en nuestra búsqueda de una nueva teoría para el origen de los animales"[121].

Aportes del Movimiento del Diseño Inteligente

La teoría del diseño inteligente no está basada en la Biblia ni en ninguna supuesta instancia revelada, sino en argumentos científicos. De hecho hay promotores de este movimiento procedentes de distintas religiones e incluso algunos no creyentes. Los representantes del MDI han generado aportes en tres niveles diferentes: científicos, filosóficos y teológicos. Esto de

---

[121] Mark McMenamin, en: Stephen C. Meyer, *Darwin's Doubt*, contratapa.

por sí no implica ninguna confusión de planos. En el nivel científico sus aportes principales son dos: a) su refutación del valor científico del darwinismo; b) su tesis sobre la detectabilidad científica del diseño inteligente.

En cuanto al aspecto crítico o negativo, cabe decir que el MDI afirma, con fuertes argumentos, que el darwinismo es una teoría científica falsa o fracasada, no sustentada sino contradicha por la evidencia científica.

En cuanto al aspecto afirmativo o positivo del MDI, cabe destacar el criterio de la información compleja y especificada, propuesto por William Dembski como un *test* que permite detectar con seguridad el diseño inteligente de un sistema. Este criterio formaliza los métodos usuales para detectar el diseño en otras ciencias (como la criptología). Dembski aplica el mismo criterio a la información contenida en los seres vivos e infiere que éstos han sido diseñados. Según la teoría del diseño inteligente, la inferencia de diseño no es una deducción ni una inducción, sino una inferencia basada en la mejor explicación. Se trata de un argumento probabilístico que permite concluir más allá de toda duda razonable que los seres vivos son el producto de un diseño inteligente. La teoría del diseño inteligente reconoce que la ciencia de por sí no puede identificar ni investigar al diseñador. Esto corresponde a la filosofía y la teología.

Hasta el momento los representantes del MDI no han propuesto un modelo único (compartido por todos ellos) sobre la forma concreta de implantación y despliegue del diseño inteligente en la historia natural, por medio de la evolución biológica. Quizás esta carencia se deba al actual carácter incipiente del MDI y sea subsanada en el futuro.

La teoría del diseño inteligente es de orden estrictamente científico, por lo que correspondería incluirla en los currículos de las asignaturas de ciencias. Para bien de los estudiantes, conviene poner todas las cartas sobre la mesa y "enseñar la controversia", es decir presentar tanto la posición darwinista como la posición del diseño inteligente. Esto evitaría muchos problemas y confusiones. Concretemos esto con algunos ejemplos. Supongo que a menudo libros como *El origen de las especies* de Charles Darwin, *El azar y la necesidad* de Jacques Monod o *El relojero ciego* de Richard Dawkins, a pesar de su tendencia antiteísta, forman parte de la bibliografía consultada o recomendada en la asignatura de biología. En ese caso, sería injusto y discriminatorio no permitir la inclusión en la misma bibliografía de libros como *Proceso a Darwin* de Phillip Johnson, *La caja negra de Darwin* de Michael Behe o *Íconos de la evolución* de Jonathan Wells. El rigor científico de Behe no es menor que el de Dawkins y el rigor lógico de Johnson no es menor que el de Darwin.

La complejidad irreductible

Como vimos antes, Behe planteó objeciones muy graves al darwinismo a partir de la noción de complejidad irreductible, aplicada al campo de la bioquímica. Hoy se sabe que dentro de las células existen sistemas bioquímicos de pasmosa complejidad, cosa que Darwin no llegó siquiera a sospechar, dado que en su época se sabía muy poco sobre la organización y el funcionamiento internos de las células. Muchos de esos sistemas bioquímicos tienen complejidad irreductible. Esto significa que, si a un sistema de este tipo se le quita un componente cualquiera, no podrá funcionar como sistema, aunque sus partes puedan tener funciones propias. Es altamente improbable que un sistema irreductiblemente complejo se haya formado por una afortunada combinación de circunstancias fortuitas. Los darwinistas no han podido dar una explicación científica detallada de la formación de ningún sistema bioquímico irreductiblemente complejo.

La inferencia de diseño según Behe[122]

---

122 Cf. *Ibid.*, cap. 9.

Después de haber descartado las principales teorías naturalistas de la evolución, Behe sostiene que para una persona que no se siente obligada a restringir su búsqueda a causas no inteligentes, la sencilla conclusión es que muchos sistemas bioquímicos fueron diseñados, es decir planificados. La conclusión del diseño inteligente fluye naturalmente de los datos mismos, no de libros sagrados ni de creencias religiosas, del mismo modo en que deducimos el diseño en la vida cotidiana.

Behe define "diseño" como ordenamiento de partes con un propósito. Con esta definición amplia, en principio todo podría haber sido diseñado. Behe sostiene que no podemos demostrar que algo no ha sido diseñado. Concuerdo con esta afirmación si se le da un alcance metafísico. Dentro del ámbito empírico, con frecuencia podemos demostrar que un hecho dado no fue causado intencionalmente por nadie. Pero la cuestión fundamental aquí es esta otra: ¿Cómo podemos detectar el diseño? ¿Cuándo es razonable concluir que algo ha sido diseñado? Behe responde lo siguiente: "Para sistemas físicos discretos —si no hay una ruta gradual para su producción— el diseño es evidente cuando una cantidad de componentes separados e interactivos están ordenados de modo tal de lograr una función más allá de los componentes individuales. Cuanto mayor es la especificidad de los componentes interactivos requeridos para producir la función, mayor es nuestra confianza en la conclusión de diseño"[123].

A continuación Behe presenta unos cuantos ejemplos (las efigies del Monte Rushmore, *posters* de Elvis Presley, ratoneras, mensajes en el juego de *Scrabble*, etc.) que muestran cómo en la vida cotidiana aplicamos un criterio de este tipo para inferir con certeza el diseño. Behe admite que este criterio de detección de diseño no es fácil de cuantificar, pero señala que los aportes del

---

[123] *Ibid.*, pág. 194.

matemático William Dembski en esta materia son muy importantes y merecen ser profundizados.

Generalmente el diseño es aprehendido antes de que podamos plantearnos la pregunta acerca de la identidad del diseñador. La inferencia de diseño puede ser sostenida con toda la firmeza posible incluso sin saber nada acerca del diseñador.

Luego Behe considera la siguiente cuestión: ¿Los sistemas bioquímicos vivientes pueden ser inteligentemente diseñados? Su respuesta es afirmativa. Los avances recientes de la bioquímica permiten a los científicos diseñar cambios en organismos vivos. El diseño inteligente de sistemas bioquímicos a través de la ingeniería genética es bastante común hoy en día. Todos los científicos admiten el hecho de que los sistemas bioquímicos pueden ser diseñados por agentes inteligentes para sus propios propósitos y que este diseño puede ser detectado por otras personas. Por lo tanto, la cuestión de si un sistema bioquímico dado fue diseñado se reduce simplemente a aducir la evidencia que apoya el diseño. Aplicando el criterio antes expuesto, podemos inferir con certeza el diseño de algunos sistemas bioquímicos complejos.

Ninguna de las teorías basadas en causas no inteligentes (darwinismo, simbiosis, complejidad) puede explicar los sistemas bioquímicos fundamentales de los seres vivos. ¿Podría haber un proceso natural aún no descubierto que explicara la complejidad bioquímica? Si existe ese proceso, nadie tiene la menor idea sobre cómo funciona. Además, esto iría contra toda la experiencia humana, como postular que un proceso natural podría explicar la existencia de computadoras. No es lógico ignorar la masiva evidencia del diseño de los sistemas bioquímicos complejos en nombre de un proceso fantasmagórico. El diseño humano de los productos de la ingeniería genética es análogo al trabajo hecho para causar el primer cilio.

Behe no sostiene que podamos demostrar con certeza que todos los sistemas bioquímicos fueron diseñados. En cambio afirma lo siguiente: "Dado que todo podría haber sido diseñado y que necesitamos aducir evidencia para mostrar el diseño, no es sorprendente que podamos tener más éxito en demostrar el diseño con un sistema bioquímico que con otro. Algunas características de la célula parecen ser el resultado de simples procesos naturales, otras probablemente lo sean. Sin embargo, otras características fueron casi seguramente diseñadas. Y con otras características, podemos estar tan seguros de que han sido diseñadas como que algunas cosas lo fueron"[124].

El argumento a favor del diseño ha sido caricaturizado por muchos críticos como un "argumento basado en la ignorancia". Behe responde que los sistemas bioquímicos irreductiblemente complejos permiten desarrollar dos argumentos, uno negativo y otro positivo. El argumento negativo muestra que tales sistemas resisten una explicación darwinista, que requeriría una evolución mediante pasos pequeños. El argumento positivo es que las partes de esos sistemas aparecen ordenadas para cumplir un propósito, lo cual es exactamente la forma en que detectamos un diseño.

Según Dawkins, esta apariencia de diseño forma parte de la mismísima definición de la biología: "La biología es el estudio de cosas complicadas que dan la apariencia de haber sido diseñadas para un propósito"[125]. Más aún, Dawkins admite que esa apariencia de diseño es abrumadora: "Los resultados vivientes de la selección natural nos impresionan abrumadoramente con la apariencia de diseño como por un maestro relojero, nos impresionan con la ilusión de diseño y planificación"[126].

---

[124] *Ibid.*, pág. 208.
[125] *Ibid.*, pág. 264.
[126] *Ibid.*

En mi opinión, la inferencia de diseño de Behe es esencialmente correcta, pero necesita ser reforzada por medio de una formulación matemática. En este sentido, los aportes de los dos principales exponentes del movimiento del diseño inteligente (Behe y Dembski) se complementan entre sí: la teoría matemática de Dembski sobre la información compleja y especificada da una forma más rigurosa a la inferencia de diseño.

Conclusiones de Behe[127]

Behe plantea algunos de los temas que debería abordar un programa de investigación científica basado en la teoría del diseño inteligente. Por ejemplo, se debería investigar si es posible que la primera célula contuviera ya la información genética de todas las especies que han existido, de tal modo que activando o desactivando determinadas porciones de esa información se hayan generado las diferentes especies.

"La teoría del diseño inteligente promete revigorizar un campo de la ciencia que se ha estancado por falta de soluciones viables a callejones sin salida. La competencia intelectual creada por el descubrimiento del diseño traerá un análisis más agudo a la literatura científica profesional y requerirá que las afirmaciones estén respaldadas por datos duros. La teoría provocará enfoques experimentales y nuevas hipótesis que de otro modo no habrían sido considerados. Una teoría rigurosa del diseño inteligente será una herramienta útil para el avance de la ciencia en un área que ha estado moribunda durante décadas"[128].

Behe afirma que las perspectivas futuras para la teoría del diseño inteligente son excelentes y que estudiantes avanzados y destacados de disciplinas científicas demuestran mucho interés en ella.

---

[127] Cf. *Ibid.*, cap. 10.
[128] *Ibid.*, pág. 231.

La inferencia de diseño según Dembski

El matemático norteamericano William Dembski ha propuesto un criterio de detección del diseño inteligente basado en la información compleja y especificada (o complejidad especificada). Según la experiencia humana universal, todos los sistemas con información compleja y especificada tienen causas inteligentes: no hay "falsos positivos". En cambio el mismo criterio puede dar "falsos negativos": algunos sistemas diseñados por agentes inteligentes no exhiben complejidad especificada; por ejemplo, porque un agente inteligente puede simular la acción de una causa no inteligente.

El criterio de la complejidad especificada fue planteado por Dembski en 1998 en su monografía titulada *The Design Inference* (La inferencia de diseño). Dembski constata que diversas ramas de la ciencia (por ejemplo, la medicina forense, la arqueología, la criptografía, la inteligencia artificial, la búsqueda de inteligencia extraterrestre, etc.) son capaces de detectar un diseño inteligente. La teoría de Dembski sobre la complejidad especificada justifica esos esfuerzos científicos sobre una base más general.

La información compleja y especificada está presente en un sistema si la información del sistema cumple las siguientes dos condiciones: a) es compleja, es decir: tiene una probabilidad de ocurrencia suficientemente baja; b) es especificada, es decir: puede ser descrita por medio de un patrón especificado de forma independiente del sistema. Los siguientes ejemplos de Dembski ilustran este concepto: "Una sola letra del alfabeto es especificada sin ser compleja. Una frase larga de letras aleatorias [como GFNUPÑÑKRTOWQBBZLVI] es compleja sin ser especificada. Un soneto de Shakespeare es a la vez complejo y especificado".

Dembski define un umbral probabilístico llamado "límite de probabilidad universal" como un grado de probabilidad por debajo del cual un evento especificado no puede ser atribuido razonablemente al azar. El valor que Dembski dio originalmente a ese límite es de 1 en 10^{150}. Ese número es el inverso del producto de las siguientes cantidades aproximadas: a) 10^{80}, el número de partículas elementales en el universo observable; b) 10^{45}, la máxima tasa por segundo a la cual pueden ocurrir las transiciones en los estados físicos (es decir, el inverso del tiempo de Planck); c) 10^{25}, mil millones de veces más que la edad estimada típica del universo en segundos. $10^{150} = 10^{80} \times 10^{45} \times 10^{25}$. Este valor representa un límite superior del número total de eventos físicos posibles en la historia cósmica, es decir de los eventos que podrían haber ocurrido en todo el universo desde el *Big Bang*.

La información compleja y especificada es la información presente en un evento especificado cuya probabilidad no excede el límite de probabilidad universal. En este contexto, el término "especificado" significa especificado independientemente del resultado del evento.

Los mecanismos de las leyes naturales físicas (la necesidad) sólo pueden conservar o perder información, pero no producirla. Por su parte, el azar puede producir información compleja y no especificada o información simple y especificada, pero no información compleja y especificada. Por último, la necesidad y el azar, trabajando juntos, tampoco pueden generar información compleja y especificada. A través de este proceso de eliminación, Dembski concluye que la complejidad especificada sólo puede ser debida a la inteligencia y es por lo tanto un indicador confiable de diseño.

Dembski sostiene que el método que los seres humanos usamos todo el tiempo para detectar las causas inteligentes (es decir el diseño) de un ente o fenómeno cualquiera es el que él llama "el filtro explicativo". Este método consta de tres etapas: a) en la primera etapa nos preguntamos si una ley natural explica el ente como un resultado necesario de determinadas condiciones antecedentes; si el ente es explicado por una ley, lo atribuimos a la ley; si no, pasamos a la siguiente etapa del filtro; b) en la segunda etapa nos preguntamos si el azar explica el ente como un resultado probable dadas las condiciones del caso; si el ente no es suficientemente improbable, lo atribuimos al azar; en cambio, si es suficientemente improbable (o sea complejo), pasamos a la última etapa del filtro; c) en la tercera etapa nos preguntamos si el ente, además de ser complejo, es especificado; si el ente es complejo pero no especificado, lo atribuimos al azar; si es complejo y especificado, lo atribuimos al diseño inteligente.

Dembski da dos razones a favor de su tesis de que el filtro explicativo es un criterio confiable para detectar el diseño inteligente. La primera razón es un argumento inductivo. En cada instancia en que el filtro explicativo atribuye un ente o fenómeno al diseño y en el que la historia causal subyacente es conocida, resulta que el diseño está realmente presente. Por lo tanto, el diseño está realmente presente siempre que el filtro explicativo atribuye algo al diseño. La segunda razón es que el filtro explicativo coincide con la forma en que generalmente reconocemos las causas inteligentes.

El filtro explicativo es relevante para la biología. El descubrimiento más comprometedor para las teorías materialistas o naturalistas de la evolución (como el darwinismo) es que los sistemas biológicos contienen información. La información biológica está contenida principalmente en las moléculas de ADN. El ADN almacena las instrucciones para ensamblar proteínas, los principales componentes de las células. Esta información está representada por medio de un código de cuatro sustancias llamadas "bases": A, G, C y T. El genoma de cualquier especie está compuesto por enormes cantidades de bases: desde decenas de miles hasta miles de millones. La cantidad total de permutaciones posibles de las bases del genoma de cualquier especie es un número inconcebiblemente inmenso. Comparando esos números con el límite de probabilidad universal podemos afirmar que la información genética de cualquier especie es compleja. Además, esa información es especificada, porque sigue el patrón correspondiente a cada especie. Dado que la complejidad especificada es una propiedad observable del ADN, se infiere que los seres vivos no pueden haber surgido por medio de una evolución no guiada, sino que son el resultado de un diseño inteligente.

La complejidad especificada es el concepto fundamental en varios libros que Dembski ha dedicado a la cuestión del diseño inteligente.

26. EL DEBATE SOBRE EL DISEÑO INTELIGENTE

El reloj de Paley[129]

Hasta el tiempo de Darwin, el argumento de que el mundo era diseñado era un lugar común tanto en filosofía como en ciencia. En el ámbito anglosajón, el argumento del diseño alcanzó su punto más alto de influencia a través del libro *Teología Natural* del clérigo anglicano William Paley, publicado en 1802. En el párrafo introductorio de ese libro Paley ofrece su ejemplo más famoso de inferencia de diseño: si un caminante encontrara un reloj en el suelo y lo examinara, llegaría fácilmente y con certeza a la conclusión de que fue diseñado y fabricado por un agente inteligente, un relojero.

Behe sostiene que el argumento de Paley habría sido más fuerte si él hubiera escrito menos, porque en su libro, junto a algunos buenos ejemplos de diseño, incluye también muchos ejemplos mediocres o malos. Paley cayó en descrédito por sus malos ejemplos y sus discusiones teológicas fuera de tema. "Pero exactamente dónde ha sido refutado Paley? ¿Quién ha respondido su argumento? ¿Cómo fue producido el reloj sin un diseñador inteligente? Es sorprendente pero verdadero que el argumento principal del desacreditado Paley no ha sido nunca refutado realmente. Ni Darwin ni Dawkins, ni la ciencia ni la filosofía, han explicado cómo un sistema irreductiblemente complejo como un reloj podría ser producido sin un diseñador"[130]. "Pobre Paley. Sus oponentes modernos se sienten justificados al asumir puntos de partida enormemente complejos (tales como un reloj o una retina) si piensan que entonces pueden

---

[129] Cf. Michael J. Behe, *Darwin's Black Box*, págs. 209-216.
[130] *Ibid.*, pág. 213.

explicar una simple mejora (tales como una cobertura de reloj o la curvatura del ojo). No se argumenta nada más; no se da ninguna explicación de la complejidad real, la complejidad irreductible. Incluso los que deberían saber más afirman que la refutación de las extralimitaciones de Paley son una refutación de su punto principal"[131].

El argumento principal de Paley, lejos de haber perdido validez, se agiganta con el paso del tiempo, a medida que la ciencia contemporánea descubre cada vez más y comprende cada vez mejor la intricada complejidad y la exquisita armonía de cada especie viviente, de cada órgano y de cada célula. No nos engañamos cuando, al ver un reloj, llegamos de un modo inmediato e intuitivo a la completa certeza de que es el producto de un diseño inteligente y debe existir un relojero. Tampoco nos engañamos cuando, al ver un libro, no tenemos ninguna duda de que ha sido escrito por un agente inteligente. Con mayor razón aún deberíamos admitir el diseño inteligente de la información genética de los seres vivos y de los maravillosos sistemas bioquímicos que conforman cada célula. Esas realidades proclaman a gritos que han sido diseñadas. Sólo quien se ha hecho sordo a esos gritos a fuerza de prejuicios materialistas puede dejar de escucharlos.

Dos argumentos de Hume[132]

A continuación Behe analiza dos argumentos del filósofo David Hume contra el diseño inteligente.

En su primer argumento, Hume sostiene que los relojes y los organismos son muy diferentes entre sí, por lo que es absurdo inferir que los organismos tienen una propiedad determinada porque los relojes la tienen. Sin embargo, el argumento de diseño basado en la analogía es válido. Este argumento no dice que los

---

[131] *Ibid.*, pág. 216.
[132] Cf. *Ibid.*, págs. 216-219.

organismos son diseñados porque los relojes son diseñados, sino que ambos (relojes y organismos) son diseñados porque comparten una propiedad determinada (la complejidad irreductible) que exige un diseño inteligente.

En su segundo argumento, Hume sostiene que para tener una buena razón para pensar que los organismos de nuestro mundo son productos de un diseño inteligente, tendríamos que haber visitado muchos otros mundos y haber observado allí a diseñadores inteligentes produciendo organismos. Hume critica aquí el diseño como un argumento inductivo; pero en realidad el argumento de diseño no es una inducción, sino una inferencia basada en la mejor explicación. Si se consideran el diseño inteligente y la evolución sin inteligencia como explicaciones que compiten entre sí, el diseño inteligente es por lejos la explicación más probable. Además, hoy tenemos experiencia directa de miles de diseños inteligentes de sistemas bioquímicos, a través de la ingeniería genética.

Ciencia, filosofía y religión[133]

Después de muchas décadas de grandes esfuerzos acumulados para investigar la vida en el nivel molecular, el resultado es una evidencia fuerte y clara de diseño. Este resultado debería ser considerado como uno de los mayores logros de la historia de la ciencia. Sin embargo, en lugar de la gran celebración colectiva que cabría esperar, un silencio embarazoso rodea la espantosa complejidad de la célula. ¿Por qué la mayoría de la comunidad científica se resiste a admitir una teoría bien fundada (el diseño inteligente) con probables consecuencias teológicas? Behe analiza cuatro razones.

La primera razón es de orden sociológico: una especie de patrioterismo científico que se manifiesta en una lealtad

---

133 Cf. *Ibid.*, cap. 11.

exagerada o desordenada hacia las ideas predominantes en el ámbito científico.

La segunda razón es de orden histórico. Algunos científicos y algunos teólogos se han enfrentado acerca de la teoría de la evolución de Darwin, y de allí muchos han sacado la errónea conclusión de que existe o debe existir una guerra entre la ciencia y la religión.

Los sentimientos o emociones relacionados con estos dos primeros factores no tienen en sí mismos un valor intelectual y no deberían interferir con el debate científico sobre el diseño inteligente. En cambio los dos factores filosóficos que examinaremos a continuación afectan directamente a la cuestión en el nivel intelectual.

La tercera razón es la concepción naturalista de la ciencia. La siguiente cita del prominente bioquímico Richard Dickerson es representativa de esa concepción: "La ciencia, fundamentalmente, es un juego. Es un juego con una regla primordial y definitoria. Regla N° 1: veamos cuán lejos y hasta dónde podemos explicar el comportamiento del universo físico y material en términos de causas puramente físicas y materiales, sin invocar lo sobrenatural"[134]. Esta regla no es científica sino filosófica. La ciencia no es un juego, sino un vigoroso intento de hacer afirmaciones verdaderas acerca del mundo físico, por lo que la ciencia debería seguir la evidencia física a dondequiera que ella conduzca, sin restricciones artificiales. El temor a una proliferación de lo sobrenatural en la ciencia es una gran exageración. Por otra parte, aunque el diseñador inteligente de la vida no puede ser objeto de observación o experimentación directa, podemos estudiar sus efectos, de forma análoga al caso del meteorito que destruyó a los dinosaurios hace millones de años.

---

[134] *Ibid.*, pág. 238.

La cuarta razón es la más poderosa: muchas personas, incluyendo a muchos científicos importantes, simplemente no quieren que haya nada más allá de la naturaleza. Esto se puso de manifiesto claramente en la discusión en torno al *Big Bang*, una teoría científica muy bien fundada con posibles implicaciones teológicas. La siguiente cita del célebre astrofísico británico Arthur Eddington (1882-1944) es muy ilustrativa: "Filosóficamente, la noción de un comienzo abrupto del presente orden de la Naturaleza es repugnante para mí, como creo que debe ser para la mayoría"[135]. Sentimientos de este tipo movieron a Albert Einstein a insertar la "constante cosmológica" en sus ecuaciones para evitar un universo inestable (el mayor error de su carrera científica, según el propio Einstein) y a Fred Hoyle a proponer la absurda teoría del universo en estado estacionario, que postulaba la continua creación de materia de la nada, sin causa y a un ritmo constante. A pesar de que varias teorías alternativas al *Big Bang* han sido descartadas, los científicos comprometidos con el ateísmo continúan ideando nuevas teorías alternativas. De allí se puede inferir que los científicos ateos no tienen por qué temer que una admisión del valor científico del diseño inteligente los obligue a adherirse a una cosmovisión religiosa. Ellos siempre tendrán a mano vías de escape (si razonables o no es otra cuestión), como por ejemplo la panspermia dirigida, postulada por Francis Crick (codescubridor de la estructura de doble hélice del ADN) y el químico Leslie Orgel.

Behe sostiene que hay que vivir y dejar vivir. "La negativa a dar a otros una amplia latitud para sus creencias definitorias ha conducido una y otra vez al desastre. La intolerancia no surge cuando yo creo que he encontrado la verdad. Más bien surge sólo cuando yo pienso que, porque la he encontrado, todos los demás deberían estar de acuerdo conmigo. Richard Dawkins ha escrito

---

[135] *Ibid.*, pág. 244.

que cualquiera que niegue la evolución es 'ignorante, estúpido o demente (o malvado —pero prefiero no considerar eso)'. No hay mucha distancia entre llamar a alguien malvado y tomar medidas de fuerza para poner fin a su maldad. John Maddox, el editor de *Nature*, ha escrito en su revista que 'puede que no falte mucho para que la práctica de la religión deba ser vista como anticiencia'. En su reciente libro *La peligrosa idea de Darwin*, el filósofo Daniel Dennett compara a los creyentes en la religión — 90 % de la población— con animales salvajes que podrían tener que ser enjaulados, y dice que se debería impedir (presumiblemente por coerción) que los padres desinformen a sus hijos sobre la verdad de la evolución, que es tan evidente para él"[136].

La conclusión del diseño inteligente puede parecer muy curiosa, pero en cierto modo el progreso de la ciencia en los últimos siglos ha sido una marcha continua hacia lo extraño. Behe concluye su libro así: "La resultante comprensión de que la vida fue diseñada por una inteligencia es una conmoción para aquellos de nosotros del siglo XX que nos hemos acostumbrado a pensar que la vida es el resultado de simples leyes naturales. Pero otros siglos tuvieron sus conmociones, y no hay razón para suponer que nosotros deberíamos escapar a ello. La humanidad ha soportado mientras el centro de los cielos se movió de la Tierra a más allá del Sol, mientras la historia de la vida se expandió para abarcar a reptiles muertos hace mucho tiempo, mientras el universo eterno probó ser mortal. Nosotros soportaremos la apertura de la caja negra de Darwin"[137].

Objeciones a la teoría científica del diseño inteligente

En esta sección rebatiré doce de las críticas principales a la teoría científica del diseño inteligente (TCDI).

---

[136] *Ibid.*, pág. 250.
[137] *Ibid.*, págs. 252-253.

A) Muchos consideran pseudocientífica a la TCDI porque la solución positiva que ofrece a los problemas de la evolución biológica escaparía al método científico.

Respondo dos cosas.

Primero. La calificación de la TCDI como pseudociencia agravia sin razón a notables científicos y filósofos de la ciencia, como Michael Behe, William Dembski, Stephen Meyer, Michael Denton y muchos otros. Los representantes del MDI han llevado a cabo estudios científicos serios y han publicado muchos libros interesantísimos y muchos artículos revisados por pares en revistas científicas.

Segundo. La TCDI escapa al método científico sólo si éste es restringido arbitrariamente por los postulados de la (falsa y anticristiana) filosofía naturalista. Si, como corresponde, se libera a la ciencia de esa restricción artificial, nada impide reconocer el carácter científico de la inferencia de diseño propuesta por el MDI. La acusación de pseudocientificidad a la TCDI se basa en el supuesto naturalismo metodológico de la ciencia. Éste consiste en definir la ciencia como una actividad humana con una regla fundamental, a la que todo científico debería adherirse estrictamente: "procede siempre como si el naturalismo filosófico fuera verdadero". Y el naturalismo filosófico es la doctrina que sostiene que lo sobrenatural no existe o no interviene en nuestro mundo. El naturalismo está tan ligado al ateísmo que algunos autores hablan del ateísmo metodológico de la ciencia. Más adelante criticaré con algún detalle el naturalismo metodológico de la ciencia. Aquí me limito a decir, apelando a un refrán del mundo del fútbol, que el naturalismo metodológico de la ciencia es como intentar "ganar en la Liga" un partido que no se pudo "ganar en la cancha": un recurso a argumentos legales extradeportivos. En esencia, se trata de un intento de ganar una discusión evitándola preventivamente, por medio de una definición de ciencia que excluye de entrada la consideración de otras alternativas racionales.

B) Se suele acusar a la TCDI de ser una nueva versión de la vieja e inútil teología del "Dios de los huecos".

Respondo dos cosas.

Primero. La TCDI no defiende a un "Dios de los huecos", porque no se basa en lo que no sabemos, sino en lo que sabemos: que sólo los agentes inteligentes pueden producir información compleja y especificada.

Segundo. El neodarwinismo se vuelve cada vez más un "ateísmo de los huecos", porque en esa teoría los cambios sustanciales (entre una especie y otra) suceden de tal forma que siempre escapan a toda posible detección. En el fondo los darwinistas se conforman con un conjunto de conjeturas sobre cómo podría haber ocurrido la evolución, sin poder demostrar de un modo científicamente riguroso y detallado toda la cadena de transformaciones necesarias para generar ni siquiera una nueva especie. A veces parecen conformarse con que su teoría sea metafísicamente posible, aunque sea improbabilísima; pero exigen una certeza metafísica a las teorías alternativas.

C) Otra crítica frecuente consiste en afirmar que no se puede descartar la teoría darwinista sin proponer una teoría científica alternativa con igual o mayor poder explicativo.

Respondo tres cosas.

Primero. Para refutar una teoría científica falsa no es imprescindible proponer otra mejor. El criterio de falsabilidad de Popper concuerda con esta afirmación sobre el método científico. Una parte legítima del trabajo científico consiste en buscar las fallas de las teorías científicas actualmente aceptadas. Estas fallas pueden determinar la refutación de una teoría, independientemente de que se formule o no una teoría alternativa. Por lo tanto, la crítica científica al darwinismo no necesita aportar ninguna teoría alternativa para ser válida.

Segundo. Los puntos débiles de la teoría darwinista (por ejemplo, la falta de pruebas científicas de la capacidad creativa de las mutaciones aleatorias y la selección natural para explicar acabadamente la existencia, la complejidad y la diversidad de los seres vivos) son tan grandes y graves que ameritan que cese de ser el paradigma científico reinante acerca de la evolución biológica.

Tercero. La propia TCDI es precisamente una teoría científica alternativa al darwinismo, aunque se trate de una teoría aún incipiente, en parte debido a que el número de científicos que siguen esa línea de investigación todavía es relativamente pequeño.

D) Se suele acusar a los partidarios de la TCDI de procurar ocultar su solución alternativa al darwinismo, que consistiría en un regreso al fijismo.

Respondo que, por el contrario, la gran mayoría de los partidarios de la TCDI no son fijistas.

E) Otra crítica frecuente consiste en atribuir a la TCDI una confusión de planos en su enfoque de las relaciones entre ciencia, filosofía y teología.

Respondo dos cosas.

Primero. A menudo la crítica referida es una crítica genérica, no fundamentada y ambigua, que no aclara exactamente a qué se refiere.

Segundo. Considerando al MDI en su conjunto, es verdad que sus aportes abarcan tanto aspectos científicos como aspectos filosóficos o teológicos. Por ejemplo, William Dembski es matemático, filósofo y teólogo y ha publicado unos cuantos libros y artículos referidos a esas tres áreas del conocimiento. Pero el hecho de que Dembski (u otros autores del MDI) plantee tanto argumentos científicos como argumentos filosóficos o teológicos no basta para imputarle una "confusión de planos". En la medida en que cada argumento se sostenga en su propio plano, esa acusación no es correcta. Por ejemplo, no se puede acusar de confusión de planos a Santo Tomás de Aquino porque emplee tanto argumentos teológicos como filosóficos en la *Suma Teológica*. En general, cuando él filosofa, filosofa bien; y cuando hace teología, también lo hace bien; y eso es lo que importa. Análogamente, los proponentes del diseño inteligente (en líneas generales, más allá de detalles cuestionables de sus respectivas obras) hacen bien al criticar las fallas del darwinismo en el terreno científico y al proponer otras soluciones al problema de la evolución desde los puntos de vista científico, filosófico y teológico.

F) A menudo se dice que la TCDI sostiene que las evidencias científicas demuestran con certeza la existencia de Dios y que esto es un error de método, porque la prueba de la existencia de Dios no se consigue directamente desde la ciencia, sino que es necesario recurrir a la filosofía[138].

Respondo dos cosas.

Primero. La TCDI no sostiene que la ciencia puede demostrar directamente (de por sí) con certeza la existencia de Dios, sino que la ciencia permite concluir, más allá de toda duda razonable, que los seres vivos son productos de un diseño inteligente. Opino que esta tesis, aunque novedosa, no se opone a ninguna proposición esencial de la filosofía o la teología cristianas.

---

[138] En este punto me parece oportuno recordar que es un dogma de fe católica (proclamado por el Concilio Vaticano I) que la filosofía permite alcanzar el conocimiento de la existencia de Dios con un grado de certeza plena.

Segundo. Según la TCDI, la indagación sobre la identidad y la naturaleza del diseñador no corresponde a la ciencia, sino a la filosofía y la teología.

G) También se critica a la TCDI porque su inferencia de diseño no ofrece una certeza absoluta.

Respondo dos cosas.

Primero. Muy a menudo el grado de certeza del conocimiento científico es menor que el del conocimiento filosófico. De ahí que la expresión "certeza metafísica" designe una certeza absoluta. En cambio las certezas científicas suelen ser relativas. Por ejemplo, la teoría del *Big Bang* reina en la cosmología contemporánea porque goza de muchas comprobaciones empíricas relevantes, pero a pesar de eso difícilmente los científicos afirmarán que esa teoría representa sin duda alguna la verdad absoluta e incuestionable sobre el origen del universo.

Segundo. En el debate entre el darwinismo y el diseño inteligente, los darwinistas suelen aplicar un curioso e injusto "doble estándar". Parecen pensar que para demostrar la validez de la teoría darwinista basta proponer escenarios especulativos y establecer su posibilidad metafísica, aunque tengan una probabilidad infinitesimal. En cambio exigen al diseño inteligente que alcance un grado de certeza metafísica que de por sí ninguna teoría científica podría alcanzar. En realidad, dado que en principio ambas explicaciones son posibles, lo que correspondería según el método científico es elegir la explicación más probable. Cuando la competencia se dirime según esta regla justa, la superioridad del diseño inteligente sobre el darwinismo se revela abrumadora.

H) También se critica a la TCDI por su frecuente recurso a ejemplos basados en el diseño de artefactos. Se dice a veces que esta equiparación del mundo artificial con el mundo natural suscita la sospecha de que los presupuestos intelectuales en los que se mueve el diseño inteligente son próximos al mecanicismo.

Respondo dos cosas.

Primero. Esta crítica confunde analogía con equiparación. Entre el diseño divino de los entes naturales y el diseño humano de los entes artificiales hay una relación de analogía, no de univocidad ni de equivocidad.

Segundo. Parece claro que la cosmovisión de los principales proponentes del diseño inteligente está a años luz del mecanicismo.

I) A veces se reduce la crítica del diseño inteligente contra el darwinismo a la noción de complejidad irreductible.

Respondo que esto es simplemente falso. En realidad dicha crítica es mucho más amplia y ciertamente tiene entidad suficiente como para poner al darwinismo en crisis.

J) A veces se dice que la teoría del diseño inteligente no es consistente consigo misma.

Respondo que la propuesta científica positiva del diseño inteligente está bien fundada, sobre todo por medio de la inferencia de diseño basada en el criterio de la complejidad especificada.

K) Hay cristianos que dicen que una cosa es postular una inteligencia fundacional de la naturaleza, que imprime a la misma un orden racional y tendente a unos fines —lo que implica que la naturaleza posee un diseño global—, y otra muy distinta es postular un Dios relojero que diseña y crea las especies una a una, "a mano", por así decir. Lo primero es necesario para el cristianismo, mientras que lo segundo no. En cuanto a la teología, según estos críticos, el marco darwinista es perfectamente asumible, y hasta preferible al diseño inteligente, que presentaría a Dios como una especie de demiurgo que tiene que intervenir continuamente para realizar su designio creador, dando una imagen pobre de la inteligencia de Dios. El "Diseño Inteligente" tendría un nombre inadecuado, porque el mundo que proponen los defensores del diseño inteligente sería la obra de un mal relojero.

Respondo tres cosas.

Primero. Esta crítica a la TCDI proviene de una simple confusión entre el diseño inteligente y el fijismo. Confunde el debate entre el darwinismo y el diseño inteligente con el debate, casi enteramente distinto, entre el evolucionismo y el fijismo. Con frecuencia la confusión entre diseño inteligente y fijismo es deliberada. Muchas veces los darwinistas prefieren discutir contra un "hombre de paja" fijista que contra la verdadera TCDI, mucho más sólida y plausible.

Segundo. La TCDI no propone una evolución que requiere continuos milagros o intervenciones especiales de Dios. Afirmar lo contrario es una completa tergiversación. La TCDI tampoco propone un modelo único (común a todos sus partidarios) del mecanismo detallado mediante el cual se ha desplegado en el tiempo la evolución inteligentemente diseñada por Dios. Se limita a inferir el diseño inteligente de los seres vivos a partir de los datos de la ciencia.

Tercero. Según la fe cristiana, Dios es el Diseñador y el Creador de todo lo que existe, incluso de cada especie viviente. Esto no implica que Dios haya creado cada especie "directamente" mediante un milagro o una intervención especial. La fe cristiana no implica el fijismo, pero sí el diseño inteligente del mundo, de la vida y del hombre. Toda teoría de la evolución que (como el darwinismo) niegue el diseño inteligente es simplemente anticristiana. El diseño inteligente, como la creación, no es un componente opcional de la fe cristiana, sino algo exigido por ella.

L) Finalmente presentaré un argumento concreto que critica a la TCDI confundiéndola con el fijismo. Una empresa fabrica dos modelos de paracaídas, uno para listos y otro para tontos. El modelo para listos requiere que el paracaidista, durante su caída, realice con precisión una serie de complicados ajustes. El modelo para tontos se ajusta solo durante la caída. El argumento consiste en que el diseño del paracaídas para tontos (la selección natural, que opera sola) requiere más inteligencia que el diseño del paracaídas para listos (el diseño inteligente, que requeriría continuas intervenciones de Dios).

Respondo que esta comparación tal vez podría servir en el debate entre fijismo y evolucionismo, pero es sumamente inadecuada en el debate entre darwinismo y diseño inteligente. La comparación asume que la misma empresa diseña y fabrica los dos modelos de paracaídas. Empero, el símil de la evolución darwinista no es un paracaídas para tontos fabricado por la misma empresa que puede fabricar un paracaídas para listos, sino un paracaídas para tontos que no necesita fabricante, puesto que surge del espontáneo y azaroso movimiento de las fuerzas y los elementos naturales. Parafraseando a Hoyle, podríamos decir que se trata de un modelo de paracaídas que es ensamblado aleatoriamente por un tornado que pasa sobre un depósito de materiales y es perfeccionado luego por sucesivos tornados. Sólo el respeto por el interlocutor evita la espontánea reacción de hilaridad que naturalmente suscitan hipótesis como ésta, cuando son expuestas claramente y sin tapujos.

27. DISEÑO INTELIGENTE Y FE CRISTIANA

La teoría científica del diseño inteligente

La teoría científica del diseño inteligente (en adelante TCDI) da los siguientes nueve pasos básicos:

a) Define a los sistemas con información compleja y especificada (en adelante ICE) como aquellos sistemas cuya información es a la vez compleja (es decir, con probabilidad menor que el umbral de probabilidad universal) y especificada (es decir, conforme con un patrón independiente).

b) Comprueba que, según la experiencia humana universal, todos los sistemas con ICE con causa conocida son resultados de un diseño inteligente, es decir de la acción de un agente inteligente con un plan inteligente.

c) Infiere, mediante una abducción (o inferencia basada en la mejor explicación) que la ICE es causada siempre por un diseño inteligente. Llamo ley del diseño inteligente de la ICE (en adelante LDI-ICE) a esta ley. En otras palabras, la LDI-ICE sostiene que tanto el azar, como la necesidad (o leyes naturales), como cualquier combinación de azar y necesidad (sin diseño inteligente), son incapaces de producir ICE.

d) Propone un *test* para detectar diseño inteligente: el filtro explicativo de Dembski. Este *test* no da falsos positivos, pero puede dar falsos negativos. Hay sistemas con diseño inteligente y sin ICE; pero no hay sistemas sin diseño inteligente y con ICE.

e) Demuestra que tanto los organismos vivientes completos como muchos de sus componentes (tanto a nivel molecular como a nivel macroscópico) son sistemas con ICE.

f) Infiere, mediante la LDI-ICE, que esos organismos y componentes han sido diseñados por un agente inteligente. La tesis fundamental de la TCDI en biología es que se necesitan causas inteligentes para explicar las estructuras ricas en información de los seres vivos y que esta necesidad es empíricamente detectable. La TCDI puede aplicarse también a sistemas no biológicos, pero dejo eso de lado hasta la Parte 2 de este libro.

g) Define a los sistemas con complejidad irreductible (SCI) como aquellos sistemas complejos con una función determinada, compuestos por cierto número de partes que interaccionan entre sí, tales que, si se quita una cualquiera de esas partes, el sistema cesa de funcionar.

h) Formula la siguiente hipótesis razonable (o regla heurística), que debe verificarse caso a caso: todos los SCI tienen ICE.

i) Demuestra que hay muchos SCI en los organismos vivientes, tanto a nivel molecular como a nivel macroscópico.

Veamos un ejemplo de inferencia de diseño[139]. Alguien que camina por la playa se encuentra junto al mar con una roca que reproduce de forma minuciosa y magnífica la forma de un caballo rampante. El caminante infiere inmediatamente y con certeza plena que la roca ha sido esculpida por un agente inteligente. Ésta no es la única explicación posible, pero es (con enorme diferencia) la mejor explicación. La hipótesis de una formación natural (por medio del movimiento aleatorio de las olas, la erosión del agua sobre la roca, etc.) es metafísicamente posible, pero su probabilidad es infinitesimal, por lo cual todo observador humano la descartaría. Pues bien, el darwinismo requiere que prefiramos la segunda hipótesis, no sólo una vez (para un caballo), sino innumerables veces, para todo tipo de animales o plantas con diseños exquisitos. Es más de lo que podemos soportar racionalmente…

---

[139] Debo este excelente ejemplo a mi amigo filósofo Néstor Martínez Valls.

La doctrina cristiana del diseño inteligente

La doctrina cristiana del diseño inteligente (en adelante DCDI) afirma que Dios no sólo es el Creador de todas las cosas visibles e invisibles (incluso todos los organismos vivos, con cada una de sus partes), sino también su inteligentísimo diseñador, porque Dios crea y gobierna todas las cosas mediante su sabiduría, bondad y poder infinitos.

Relaciones entre diseño inteligente, cristianismo y evolucionismo

Consideremos ahora las relaciones entre estas dos teorías o doctrinas (TCDI y DCDI) con el cristianismo, con el evolucionismo y entre sí.

Por un lado, la TCDI, por sí misma, no identifica al diseñador inteligente de los seres vivos, si bien una reflexión filosófica correcta que parta de la TCDI puede llegar a esa identificación. De hecho, entre los partidarios de la TCDI hay personas de casi todas las posturas religiosas posibles: católicos (como Michael Behe), protestantes (como William Dembski), miembros de religiones no cristianas (como Jonathan Wells), judíos seculares (como David Berlinski) o agnósticos (como Michael Denton).

Por otra parte, la TCDI, en cuanto tal, no defiende ningún mecanismo concreto por el cual el diseñador no identificado habría llevado a cabo su plan inteligente. Por lo tanto, al menos en teoría o en principio, la TCDI es compatible tanto con el fijismo como con el evolucionismo, y tanto con el evolucionismo saltacionista como con el evolucionismo gradualista. Es incompatible, en cambio, con las formas de evolucionismo que niegan el diseño inteligente y afirman que el azar y la necesidad (sin diseño inteligente) permiten explicar toda la complejidad y la diversidad de la vida. "Desde el punto de vista lógico, el Diseño Inteligente es compatible con todo desde el creacionismo más crudo (por ejemplo, Dios interviniendo en cada punto para crear nuevas especies) hasta la evolución más sutil y de mayor alcance (por ejemplo, Dios fusionando sin costuras todos los organismos en un gran árbol de la vida). Para el Diseño Inteligente la primera cuestión no es cómo los organismos llegaron a ser (aunque ésta es una cuestión de investigación que es necesario abordar), sino si ellos muestran señales claras y empíricamente detectables de ser causados inteligentemente"[140].

Por último, desde el punto de vista de la fe cristiana, la TCDI es una cuestión opinable. La doctrina cristiana no se pronuncia ni a favor ni en contra de la TCDI; y de hecho hay cristianos a favor y cristianos en contra de esa teoría.

En cuanto a la DCDI, es una parte integral e irrenunciable de la doctrina cristiana. En otras palabras, la fe cristiana exige creer en la DCDI. De hecho, algunos cristianos aceptan la DCDI y otros la niegan, pero los segundos cometen un grave error doctrinal. En general estos últimos limitan en mayor o menor medida el diseño inteligente divino y la providencia divina, postulando que Dios interviene sólo dando algunas directrices generales y deja librado todo lo demás al mero juego del azar y la necesidad, de tal modo que no se puede decir que Dios es el diseñador inteligente de todas las cosas. Esta postura del diseño inteligente parcial o la providencia divina parcial es contraria a la fe cristiana.

En cuanto a la relación entre TCDI y DCDI, se deduce de lo dicho hasta aquí. De por sí, la TCDI no implica la DCDI; y a la inversa, la DCDI no implica la TCDI. Un cristiano que defiende la DCDI no está obligado a abrazar la TCDI; pero un cristiano que defiende la TCDI debe afirmar también la DCDI.

Ahora bien, consideremos dos cristianos, A y B; A rechaza la TCDI y B la defiende. A deduce la DCDI por medios filosóficos y teológicos. B, por medio de la TCDI, concluye que los seres vivos han sido diseñados por un agente inteligente. Luego, por los

---

[140] William A. Dembski, *The Intelligent Design Movement.*

mismos medios filosóficos y teológicos que A, deduce la misma DCDI que A. En otras palabras, el diseño inteligente divino de los seres vivos (según la fe cristiana) es exactamente la misma cosa para A y B; y en principio también las formas en que Dios pone en práctica su plan inteligente. No hay un "diseño inteligente divino verdadero" (el de la DCDI) y un "diseño inteligente divino falso" (el de la TCDI interpretada según la fe cristiana). En ambos casos se trata exactamente del mismo concepto, que, vuelvo a subrayar, es exigido formalmente por el dogma cristiano. Por supuesto, B se puede equivocar al hacer filosofía o teología; pero también A se puede equivocar. Además, si B es un científico del movimiento del diseño inteligente y su filosofía o teología es defectuosa, no cabe achacarle sus errores filosóficos o teológicos a la TCDI. De un modo análogo, no cabe achacar a la metafísica aristotélica los errores de Aristóteles en física; como tampoco cabe achacar a la teología o la filosofía tomistas las deficiencias de Tomás de Aquino en su conocimiento de la embriología o la cosmología.

28. CONCLUSIONES DE LA PARTE 1

Dentro del ámbito científico continúa predominando la visión darwinista de la evolución biológica. Esa visión excluye todo diseño inteligente y toda finalidad y concibe la evolución como un proceso natural impulsado sólo por fuerzas no inteligentes como el azar y la necesidad. Sin embargo, el debate científico sobre la evolución no sólo no ha concluido, sino que va revelando cada vez más claramente las grandes debilidades del darwinismo.

Stephen Meyer ha descrito la actual situación de un modo muy lúcido: "Como un número creciente de biólogos evolutivos ha notado, la selección natural explica 'sólo la supervivencia de los más aptos, no la aparición de los más aptos.' La literatura técnica de la biología está ahora repleta de biólogos de clase mundial que expresan rutinariamente dudas acerca de varios aspectos de la teoría neodarwinista, y especialmente acerca de su principio central, es decir, el supuesto poder creativo del mecanismo de selección natural y mutación. No obstante, las defensas populares de la teoría continúan a toda máquina, reconociendo raramente o nunca el creciente cuerpo de la opinión científica crítica acerca de la reputación de la teoría. Rara vez ha habido tanta disparidad entre la percepción popular de una teoría y su reputación real en la literatura científica relevante revisada por pares"[141].

En la Parte 1 de este libro he procurado mostrar sobre todo dos cosas.

En primer lugar, que la teoría darwinista está agotada y que las evidencias científicas acumuladas nos llevan a concluir que la evolución biológica se ha desarrollado de acuerdo con un plan.

---

[141] Stephen C. Meyer, *Darwin's Doubt*, Prólogo, pág. X.

En segundo lugar, que en el núcleo del debate entre el Movimiento del Diseño Inteligente (MDI) y el darwinismo se encuentra el choque entre la cosmovisión cristiana y una cosmovisión atea basada en un evolucionismo ciego, que considera a la evolución como un proceso puramente aleatorio, no planificado ni guiado por inteligencia alguna.

Consideremos ahora esa confrontación en un contexto más general. Hace unos cien años muchos esperaban que la razón humana llegara a conocerlo todo, resolviendo todos los misterios; y que, rompiendo con todas las tradiciones irracionales del pasado (sobre todo religiosas), produjera por sí misma una nueva era de progreso indefinido, un "mundo feliz". Pues bien, todo el siglo XX, con sus dos guerras mundiales, sus sistemas totalitarios, sus genocidios y sus bombas atómicas, fue un tremendo desmentido de este proyecto de la Ilustración racionalista y una prueba de su fracaso catastrófico. Debido a esto, recientemente el péndulo de nuestra cultura se ha movido del racionalismo de la modernidad al irracionalismo de la postmodernidad. Hoy generalmente se piensa que la razón humana es incapaz de conocer la verdad de lo real y que ninguna cosmovisión tiene el valor de la verdad. Todo sería relativo y la razón pasaría de un paradigma a otro por motivos básicamente subjetivos y utilitarios. Sin embargo, ante la pregunta de qué puede conocer la razón humana, entre el arrogante "todo" de la modernidad y el pesimista "nada" de la postmodernidad, se mantiene firme y válido el católico "algo". El ser humano puede conocer con certeza algo de la realidad y, a partir de las cosas de este mundo, puede llegar a conocer al Ser Absoluto y Necesario, el providentísimo Creador de todo lo visible y lo invisible, el inteligentísimo Diseñador del mundo, la vida y el hombre.

Hasta ahora el darwinismo ha sobrevivido a la crisis generalizada de las ideologías. Sin embargo, un número creciente de científicos y pensadores está comenzando a comprender que el darwinismo tiene más de ideología que de ciencia, y que en esencia es un "dogma" (en el sentido peyorativo de la palabra) basado en la filosofía materialista o naturalista. Cada vez más, en nuestro Occidente secularizado, este "dogma" falso y tambaleante nos es impuesto por las buenas o por las malas. Como comentó el paleontólogo chino Jun-Yuan Chen: "En China podemos criticar a Darwin, pero no al gobierno; en América, ustedes pueden criticar al gobierno, pero no a Darwin". Hay dictaduras más sutiles que el totalitarismo comunista.

El "dogma" darwinista y los dogmas cristianos no están en el mismo nivel. Como hemos podido comprobar a lo largo de este libro, el darwinismo es un "dogma" sin fundamentos válidos. En cambio, los dogmas cristianos se basan nada menos que en la Divina Revelación. Como prueba la ciencia apologética, las razones que sostienen la credibilidad de la fe cristiana son convincentes. El dogma cristiano no proviene del hombre, sino de Dios. Aceptar la verdad de la Divina Revelación equivale a aceptar que Dios es Dios, que Su Palabra es la Verdad y la Luz.

Hemos pasado revista a las graves debilidades del neodarwinismo, el paradigma científico reinante acerca de la evolución biológica. No he escondido lo esencial de mi visión alternativa. Defiendo un evolucionismo teleológico. Incluso me arriesgo a opinar que el próximo paradigma de la evolución (que yo veo ya en génesis en la TCDI) se caracterizará por proponer un teleológico "cuasifijista" (saltacionista) y por reducir drásticamente el rol de las mutaciones genéticas aleatorias en la macroevolución, considerando a éstas a lo sumo como meras ocasiones (no causas) de la manifestación de transformaciones preprogramadas.

A mi juicio la aportación del MDI a la historia de las ideas es muy importante, pues representa el comienzo de una "revolución científica" contra el materialismo y el naturalismo predominantes en el ámbito de la ciencia contemporánea. Por eso opino que es nuestro deber de cristianos apoyar en líneas generales al MDI en su lucha contra el naturalismo científico y su principal expresión, el darwinismo.

San Pablo exhorta a los cristianos a examinarlo todo y quedarse con lo bueno. Aceptar las ideas válidas de un autor y rechazar las inválidas es una señal de discernimiento. En ese mismo espíritu invito a los lectores de este libro a estudiar en profundidad la muy interesante y valiosa obra de los principales representantes del MDI. Por lo demás invito a los cristianos a estar alertas en esta importante cuestión, para no someterse a la "corrección política" secularista y no sucumbir a una especie de "Síndrome de Estocolmo", llegando incluso a admirar o alabar una teoría cuya principal consecuencia ha sido (según un famoso dicho de Richard Dawkins) la siguiente: "Darwin hizo posible ser un ateo intelectualmente satisfecho".

Terminaré con una breve reflexión teológica. Según un principio tomista, el ser y el bien se identifican, son intercambiables entre sí. "Ser" y "ser bueno" son en realidad la misma cosa considerada bajo dos aspectos diferentes. Todo ser es deseable y por lo tanto bueno, porque es deseado y querido por Dios. Dentro de nuestro mundo, este principio se aplica a todos los entes y en particular a todos los seres vivos; también se aplica, y de un modo eminente, al ser humano, único ser del universo material al cual Dios ama por sí mismo. Según una frase atribuida al teólogo católico suizo Hans Urs von Balthasar (1905-1988): *Amor ergo sum* (soy amado, luego existo). La existencia, la naturaleza y la dignidad ontológica del ser humano son grandísimos dones de Dios. No existimos por casualidad ni por una fatalidad absurda, sino por un designio sabio y amoroso de nuestro Creador. Nuestras vidas no carecen de un sentido último, porque Dios nos ha creado por amor y para el amor, para la comunión de amor infinito con Él en la vida eterna.

Quiera Dios que, liberados prontamente de la oscuridad del error darwinista, todos los hombres y mujeres del siglo XXI abracen con convicción y decisión esta esperanza cristiana, fuente de verdadera alegría y paz.

ANEXO. LA DOCTRINA CATÓLICA SOBRE LA CREACIÓN Y LA EVOLUCIÓN

La doctrina católica sobre la creación

El primer artículo del *Credo de Nicea y Constantinopla* es: "Creo en un solo Dios". Este dogma de fe implica el rechazo del ateísmo, el agnosticismo, el dualismo y el politeísmo. El mismo artículo del Credo afirma que Dios es el "Creador del cielo y de la tierra, de todo lo visible y lo invisible". Este dogma de fe implica el rechazo del panteísmo y la gnosis. Además, aquí se ve que la fe cristiana implica el "creacionismo", en el sentido de fe en el dogma de la Creación. También es un dogma de la fe católica que podemos conocer a Dios por sus obras[142].

La doctrina católica sobre el misterio de la creación se puede resumir en los siguientes puntos[143]: a) Dios crea por sabiduría y por amor; b) Dios crea "de la nada"; c) Dios crea un mundo ordenado y bueno; d) Dios transciende la creación y está presente en ella; e) Dios mantiene y conduce la creación.

Los puntos c) y e) se relacionan con la doctrina católica sobre la Divina Providencia. Ésta implica el rechazo del deísmo y la afirmación del diseño inteligente de todo lo creado. Como enseña la Sagrada Escritura: "¡Qué variadas son tus obras, Señor! ¡Todo lo hiciste con sabiduría, la tierra está llena de tus criaturas!"[144]. "Tú lo has dispuesto todo con medida, número y peso"[145].

Según la doctrina católica, Dios, Causa Primera del ser y el devenir de todos los entes, actúa normalmente en el mundo a

---

[142] Cf. *Romanos* 1,19-20; Concilio Vaticano I, DS 3026.
[143] Cf. *Catecismo de la Iglesia Católica*, núms. 295-301.
[144] *Salmos* 103,24.
[145] *Sabiduría* 11,20.

través de las "causas segundas". Dios no sólo ha dado el ser a los entes sino que les concedido la dignidad de ser causas.

Para terminar esta breve presentación de la doctrina católica sobre la creación, citaré cuatro textos relevantes del *Catecismo de la Iglesia Católica.*

"La Escritura presenta la obra del Creador simbólicamente como una secuencia de seis días de 'trabajo' divino que terminan en el 'reposo' del día séptimo"[146].

"El hombre es la cumbre de la obra de la creación. El relato inspirado lo expresa distinguiendo netamente la creación del hombre y la de las otras criaturas"[147].

"Debido a la comunidad de origen, el género humano forma una unidad. Porque Dios 'creó [...] de un solo principio, todo el linaje humano' (Hch 17,26; cf. Tb 8,6)"[148].

"La Iglesia enseña que cada alma espiritual es directamente creada por Dios (cf. Pío XII, Enc. *Humani generis*, 1950: DS 3896; Pablo VI, *Credo del Pueblo de Dios*, 8) —no es 'producida' por los padres—, y que es inmortal (cf. Concilio de Letrán V, año 1513: DS 1440): no perece cuando se separa del cuerpo en la muerte, y se unirá de nuevo al cuerpo en la resurrección final"[149].

La doctrina de Pío XII sobre la evolución

El Magisterio de la Iglesia Católica ha sido muy cuidadoso y parco para referirse a la cuestión de la evolución biológica. A continuación citaré sus dos principales pronunciamientos sobre este tema, uno del Papa Pío XII y otro del Papa San Juan Pablo II. El documento citado de Pío XII tiene mayor rango doctrinal, pues se trata de una encíclica (del año 1950).

---

[146] *Catecismo de la Iglesia Católica*, núm. 337.
[147] *Ibid.*, núm. 343.
[148] *Ibid.*, núm. 360.
[149] *Ibid.*, núm. 366.

"No pocos ruegan con insistencia que la fe católica tenga muy en cuenta tales ciencias [positivas]; y ello ciertamente es digno de alabanza, siempre que se trate de hechos realmente demostrados; pero es necesario andar con mucha cautela cuando más bien se trate sólo de *hipótesis*, que, aun apoyadas en la ciencia humana, rozan con la doctrina contenida en la Sagrada Escritura o en la *tradición*. Si tales hipótesis se oponen directa o indirectamente a la doctrina revelada por Dios, entonces sus postulados no pueden admitirse en modo alguno.

Por todas estas razones, el Magisterio de la Iglesia no prohíbe el que —según el estado actual de las ciencias y la teología— en las investigaciones y disputas, entre los hombres más competentes de entrambos campos, sea objeto de estudio la doctrina del *evolucionismo*, en cuanto busca el *origen del cuerpo humano* en una materia viva preexistente —pero la fe católica manda defender que las almas son creadas inmediatamente por Dios—. Mas todo ello ha de hacerse de manera que las razones de una y otra opinión —es decir la defensora y la contraria al evolucionismo— sean examinadas y juzgadas seria, moderada y templadamente; y con tal que todos se muestren dispuestos a someterse al juicio de la Iglesia, a quien Cristo confirió el encargo de interpretar auténticamente las Sagradas Escrituras y defender los dogmas de la fe. Pero algunos traspasan esta libertad de discusión, obrando como si el origen del cuerpo humano de una materia viva preexistente fuese ya absolutamente cierto y demostrado por los datos e indicios hasta el presente hallados y por los raciocinios en ellos fundados; y ello, como si nada hubiese en las fuentes de la revelación que exija la máxima moderación y cautela en esta materia"[150].

La doctrina de Juan Pablo II sobre la evolución

---

[150] Papa Pío XII, encíclica *Humani Generis*, núms. 28-29.

"Me alegra el primer tema que habéis elegido, el del origen de la
vida y de la evolución, tema esencial que interesa mucho a la
Iglesia, puesto que la Revelación, por su parte, contiene
enseñanzas relativas a la naturaleza y a los orígenes del hombre.
¿Coinciden las conclusiones a las que llegan las diversas
disciplinas científicas con las que contiene el mensaje de la
Revelación? Si, a primera vista, puede parecer que se encuentran
oposiciones, ¿en qué dirección hay que buscar su solución?
Sabemos que la verdad no puede contradecir a la verdad (cf. León
XIII, encíclica *Providentissimus Deus*). (...)

Antes de proponeros algunas reflexiones más específicas sobre el
tema del origen de la vida y de la evolución, quisiera recordaros
que el Magisterio de la Iglesia ya ha sido llamado a pronunciarse
sobre estas materias, en el ámbito de su propia competencia.
Deseo citar aquí dos intervenciones.

En su encíclica *Humani generis* (1950), mi predecesor Pío XII ya
había afirmado que no había oposición entre la evolución y la
doctrina de la fe sobre el hombre y su vocación, con tal de no
perder de vista algunos puntos firmes (cf. AAS 42 [1950], págs.
575-576).

Por mi parte, cuando recibí el 31 de octubre de 1992 a los
participantes en la asamblea plenaria de vuestra Academia, tuve
la ocasión, a propósito de Galileo, de atraer la atención hacia la
necesidad de una hermenéutica rigurosa para la interpretación
correcta de la Palabra inspirada. Conviene delimitar bien el
sentido propio de la Escritura, descartando interpretaciones
indebidas que le hacen decir lo que no tiene intención de decir.
Para delimitar bien el campo de su objeto propio, el exegeta y el
teólogo deben mantenerse informados acerca de los resultados a
los que llegan las ciencias de la naturaleza (cf. AAS 85 [1993],
págs. 764-772, *Discurso a la Pontificia Comisión Bíblica*, 23 de abril
de 1993, anunciando el documento sobre *La interpretación de la
Biblia en la Iglesia*: AAS 86 [1994], págs. 232-243).

Teniendo en cuenta el estado de las investigaciones científicas de esa época y también las exigencias propias de la teología, la encíclica *Humani generis* consideraba la doctrina del 'evolucionismo' como una hipótesis seria, digna de una investigación y de una reflexión profundas, al igual que la hipótesis opuesta. Pío XII añadía dos condiciones de orden metodológico: que no se adoptara esta opinión como si se tratara de una doctrina cierta y demostrada, y como si se pudiera hacer totalmente abstracción de la Revelación a propósito de las cuestiones que esa doctrina plantea. Enunciaba igualmente la condición necesaria para que esa opinión fuera compatible con la fe cristiana; sobre este aspecto volveré más adelante.

Hoy, casi medio siglo después de la publicación de la encíclica, nuevos conocimientos llevan a pensar que la teoría de la evolución es más que una hipótesis. En efecto, es notable que esta teoría se haya impuesto paulatinamente al espíritu de los investigadores, a causa de una serie de descubrimientos hechos en diversas disciplinas del saber. La convergencia, de ningún modo buscada o provocada, de los resultados de trabajos realizados independientemente unos de otros, constituye de suyo un argumento significativo en favor de esta teoría.

¿Cuál es el alcance de dicha teoría? Abordar esta cuestión significa entrar en el campo de la epistemología. Una teoría es una elaboración metacientífica, diferente de los resultados de la observación, pero que es homogénea con ellos. Gracias a ella, una serie de datos y de hechos independientes entre sí pueden relacionarse e interpretarse en una explicación unitaria. La teoría prueba su validez en la medida en que puede verificarse, se mide constantemente por el nivel de los hechos; cuando carece de ellos, manifiesta sus límites y su inadaptación. Entonces, es necesario reformularla. Además, la elaboración de una teoría como la de la evolución, que obedece a la exigencia de homogeneidad con los datos de la observación, toma ciertas nociones de la filosofía de la naturaleza.

Y, a decir verdad, más que de la teoría de la evolución, conviene hablar de las teorías de la evolución. Esta pluralidad afecta, por una parte, a la diversidad de las explicaciones que se han propuesto con respecto al mecanismo de la evolución, y, por otra, a las diversas filosofías a las que se refiere. Existen también lecturas materialistas y reduccionistas, al igual que lecturas espiritualistas. Aquí el juicio compete propiamente a la filosofía y, luego, a la teología. El Magisterio de la Iglesia está interesado directamente en la cuestión de la evolución, porque influye en la concepción del hombre, acerca del cual la Revelación nos enseña que fue creado a imagen y semejanza de Dios (cf. Gn 1,28-29). La constitución conciliar *Gaudium et spes* ha expuesto magníficamente esta doctrina, que es uno de los ejes del pensamiento cristiano. Ha recordado que el hombre es 'la única criatura en la tierra a la que Dios ha amado por sí misma' (n. 24). En otras palabras, el hombre no debería subordinarse, como simple medio o mero instrumento, ni a la especie ni a la sociedad; tiene valor por sí mismo. Es una persona. Por su inteligencia y su voluntad, es capaz de entrar en relación de comunión, de solidaridad y de entrega de sí con sus semejantes. Santo Tomás observa que la semejanza del hombre con Dios reside especialmente en su inteligencia especulativa, porque su relación con el objeto de su conocimiento se asemeja a la relación que Dios tiene con su obra (cf. *Summa Theol.*, I-II, q. 3, a. 5, ad 1). Pero, más aún, el hombre está llamado a entrar en una relación de conocimiento y de amor con Dios mismo, relación que encontrará su plena realización más allá del tiempo, en la eternidad. En el misterio de Cristo resucitado se nos ha revelado toda la profundidad y toda la grandeza de esta vocación (cf. *Gaudium et spes*, 22).

En virtud de su alma espiritual, toda la persona, incluyendo su cuerpo, posee esa dignidad. Pío XII había destacado este punto esencial: si el cuerpo humano tiene su origen en la materia viva que existe antes que él, el alma espiritual es creada inmediatamente por Dios (*'animas enim a Deo immediate creari catholica fides nos retinere iubet'*: encíclica *Humani generis*: AAS 42 [1950], pág. 575). En consecuencia, las teorías de la evolución que, en función de las filosofías en las que se inspiran, consideran que el espíritu surge de las fuerzas de la materia viva o que se trata de un simple epifenómeno de esta materia, son incompatibles con la verdad sobre el hombre. Por otra parte, esas teorías son incapaces de fundar la dignidad de la persona.

Así pues, refiriéndonos al hombre, podríamos decir que nos encontramos ante una diferencia de orden ontológico, ante un salto ontológico. Pero, plantear esta discontinuidad ontológica, ¿no significa afrontar la continuidad física, que parece ser el hilo conductor de las investigaciones sobre la evolución, y esto en el plano de la física y la química? La consideración del método utilizado en los diversos campos del saber permite poner de acuerdo dos puntos de vista, que parecerían irreconciliables. Las ciencias de la observación describen y miden cada vez con mayor precisión las múltiples manifestaciones de la vida y las inscriben en la línea del tiempo. El momento del paso a lo espiritual no es objeto de una observación de este tipo que, sin embargo, a nivel experimental, puede descubrir una serie de signos muy valiosos del carácter específico del ser humano. Pero la experiencia del saber metafísico, la de la conciencia de sí y de su índole reflexiva, la de la conciencia moral, la de la libertad o, incluso, la experiencia estética y religiosa competen al análisis y la reflexión filosóficas, mientras que la teología deduce el sentido último según los designios del Creador"[151].

---

[151] Juan Pablo II, *Mensaje a los miembros de la Academia Pontificia de Ciencias*, 22/10/1996, núms. 2-6.

Acerca del teilhardismo

Dado que comúnmente se atribuye al sacerdote francés Pierre Teilhard de Chardin SJ (1881-1955), paleontólogo y teólogo, el mérito de haber integrado la teoría de la evolución en la teología católica, no está de más reproducir aquí el siguiente texto completo de un documento del Magisterio de la Iglesia que, según un comunicado de 1981 de la Santa Sede, continúa vigente.

"Varias obras del P. Pierre Teilhard de Chardin, algunas de las cuales fueron publicadas en forma póstuma, están siendo editadas y están obteniendo mucha difusión. Prescindiendo de un juicio sobre aquellos puntos que conciernen a las ciencias positivas, es suficientemente claro que las obras arriba mencionadas abundan en tales ambigüedades e incluso errores serios, que ofenden a la doctrina católica. Por esta razón, los eminentísimos y reverendísimos Padres del Santo Oficio exhortan a todos los Ordinarios, así como a los superiores de institutos religiosos, rectores de seminarios y presidentes de universidades, a proteger efectivamente las mentes, particularmente de los jóvenes, contra los peligros presentados por las obras del P. Teilhard de Chardin y de sus seguidores"[152].

Nota del Autor

Confieso que fui un seguidor entusiasta del teilhardismo. En los años ochenta y noventa leí alrededor de una decena de libros de Teilhard de Chardin. Me gustaban mucho, pero hoy apenas los soporto. Me parecen una mezcla indigesta de ciencia, poesía, mala filosofía y mala teología. Teilhard escribió lo siguiente: "Si como consecuencia de cualquier trastorno interior, yo perdiera sucesivamente la fe en Cristo, la fe en un Dios personal, la fe en el Espíritu, me parece que yo seguiría creyendo en el mundo. El mundo (el valor, la infalibilidad y la bondad del mundo), tal es,

---

[152] Sagrada Congregación del Santo Oficio, *Advertencia* [Monitum] *acerca de los escritos del Padre Teilhard de Chardin*, 30/06/1962; la traducción es mía.

en último análisis, la primera y la sola cosa que yo creo. Es por esta fe por lo que vivo, y es a esta fe, lo siento así, a la que, en el momento de morir, por encima de todas las dudas, yo me abandonaría... A la fe confusa en un mundo Uno e Infalible, yo me abandono, donde quiera que esa fe me conduzca"[153]. En otro momento Teilhard escribió que tuvo miedo de haber dejado de ser cristiano. Se preguntó si su Cristo cósmico seguía siendo el mismo Cristo de la fe cristiana. Luego de algún modo se tranquilizó a sí mismo; pero mi punto es que si él mismo dudó de la ortodoxia de su doctrina, no se puede tomar a mal que otros hagamos lo mismo. En realidad hay muchas cosas muy cuestionables dentro de la obra de Teilhard, entre las que se cuentan su muy especulativa "ley de complejidad-conciencia" y su postulado del Punto Omega, de sabor naturalista e incluso panteísta. Teilhard no creía en muchas cosas esenciales para la fe católica: la creación de la nada, el pecado original, los milagros, etc.

A continuación citaré una pequeña parte de una muy buena crítica teológica de la obra de Teilhard[154]: "Este error de Teilhard [la no gratuidad de la creación] es denunciado por el artículo que acompañó la publicación del *Monitum* del Santo Oficio; y es reconocido incluso por los teilhardianos más convencidos: 'Dios se completa al crear el Mundo, Dios se compromete en una lucha con lo Múltiple (el Caos antiguo) para encontrarse a sí mismo, en el término de esta obra, más rico y pacificado: vieja idea gnóstica que se encuentra en Böhm, en Hegel, en Schelling...'[155]. El error es tanto más grave si se tiene en cuenta que no es algo marginal, sino que está en mutua necesidad con todo el resto de la obra de Teilhard: 'Esta concepción de la creación ¿no nos revela acaso la

---

[153] Pierre Teilhard de Chardin, *Comment je crois*, 1934.
[154] Cf.
https://www.opuslibros.org/Index_libros/Recensiones_1/teilhard_obr.htm
[155] Claude Tresmontant, *Introduction à la pensée de Teilhard de Chardin*, Editions du Seuil, París, 1956, pág. 116.

clave de la cosmoteología de Teilhard? Sí, pensamos nosotros, y vemos allí como en germen su concepción de la Encarnación, de la Redención y del Cuerpo Místico. Todo está orgánica y físicamente ligado: cosmogénesis y universo sobrenatural, naturaleza y sobrenaturaleza. ¿Estamos aún dentro del catolicismo?'"[156].

Stephen Jay Gould escribió que Teilhard estuvo muy involucrado en el mayor fraude científico del siglo XX: el hombre de Piltdown. Al parecer fue él mismo quien desenterró la pieza principal, sin darse cuenta del fraude. Esto me lleva a terminar con un toque de humor. Se cuenta que los científicos dicen sobre Teilhard: "al fin y al cabo no fue un gran científico, pero debe de haber sido un gran teólogo". Y los teólogos dicen: "al fin y al cabo no fue un gran teólogo, pero debe de haber sido un gran científico".

---

[156] Philippe de la Trinité, *Teilhard et teilhardisme*, en: *Divinitas*, fasc. 2 (1963), pág. 230.

PARTE 2: DE LA EVOLUCIÓN CÓSMICA

29. AUGE Y CRISIS DEL ATEÍSMO CIENTIFICISTA

Auge del ateísmo cientificista

En noviembre de 1793, durante el Régimen del Terror, la Comuna de París clausuró todas las iglesias de la ciudad y convirtió a *Notre Dame*, la Catedral de París, en un templo de la diosa Razón. Se pretendió entonces que la razón humana ocupara el lugar de Dios.

A mi juicio es esa soberbia del racionalismo ilustrado —no una sana concepción de la autonomía de la ciencia— lo que se trasluce en el famoso diálogo entre el gran matemático, físico y astrónomo francés Pierre-Simon Laplace (1749-1827) y el Emperador Napoleón Bonaparte. En la presentación del *Tratado de Mecánica Celeste* de Laplace, Napoleón le comentó: "Habéis escrito un libro sobre el sistema del universo sin haber mencionado ni una sola vez a su Creador". A lo que el autor contestó: "No he necesitado esa hipótesis, Sire".

El siglo XIX fue difícil para los cristianos desde el punto de vista intelectual. A lo largo de ese siglo se produjo un auge cada vez mayor de las corrientes de pensamiento naturalistas, materialistas y mecanicistas. Se difundió la idea de que la fe cristiana era intrínsecamente incompatible con la razón y, por ende, estaba destinada a sucumbir ante el progreso inexorable de la ciencia. Recuérdese por ejemplo el positivismo del filósofo y sociólogo francés Auguste Comte (1798-1857) y su "ley de los tres estados", según la cual la evolución social y la historia de la ciencia pasan por tres estados teóricos sucesivos, cada vez más avanzados: primero el estado teológico o ficticio, luego el estado metafísico o abstracto y finalmente el estado científico o positivo. Los positivistas pensaban que la ciencia dejaría atrás y sustituiría a la religión (con su teología) y a la metafísica.

Los partidarios del mecanicismo pensaban que, si se pudiera conocer exactamente la posición y la velocidad de todas las partículas del universo en un instante dado, en teoría se podría determinar el comportamiento futuro de todas las partículas y así del universo mismo, aplicando las leyes de la mecánica de Newton. Aunque la inimaginablemente enorme dimensión del sistema de ecuaciones diferenciales resultante haría imposible en la práctica el cálculo de la solución, los mecanicistas concluían que el futuro del universo estaba completamente determinado por su presente, como éste, a su vez, estaba determinado por su pasado. En esta visión mecanicista Dios desaparece, o a lo sumo se limita a establecer las condiciones iniciales del universo y sus leyes naturales, a partir de lo cual el universo subsiste y se mueve por sí mismo, sin dejar ningún espacio al libre albedrío, ni divino ni humano.

Crisis del ateísmo cientificista

A comienzos del siglo XX la ciencia moderna se vio sacudida por la revolución científica causada por la teoría de la relatividad y la física cuántica. De un modo casi totalmente inesperado, el edificio conceptual del ateísmo cientificista comenzó a desmoronarse.

En 1900 el físico alemán Max Planck (1858-1947) dio inicio a la teoría cuántica, al proponer que la energía se presenta en pequeñas unidades discretas, denominadas "cuantos". Durante las tres primeras décadas del siglo XX, gracias a los aportes de Einstein, Bohr, de Broglie, Pauli, Schrödinger y otros, la física cuántica hizo grandes progresos. En este contexto, en 1927 el físico alemán Werner Heisenberg (1901-1976) enunció el "principio de incertidumbre", según el cual no se puede determinar, en forma simultánea y exacta, la posición y la velocidad de una partícula dada. Cuanto más se conoce su posición, menos se conoce su velocidad, y recíprocamente. Así se desvaneció una parte sustancial del sueño del mecanicismo. No nos es dado conocer exactamente las condiciones iniciales ni siquiera de una sola partícula, mucho menos de todas las partículas existentes. No obstante, desde una perspectiva realista, opino que no es correcto, como se hace a menudo, interpretar el principio de incertidumbre (gnoseológica) como un principio de indeterminación (ontológica). O sea: la indeterminación se refiere a las mediciones, no a las partículas en sí mismas, como si éstas no estuvieran realmente en lugares determinados o no estuvieran determinadas a moverse de cierta manera por las leyes naturales, conocidas o no.

En paralelo con la revolución científica provocada por la física cuántica, se produjo otra conmoción debido a la teoría de la relatividad, formulada entre 1905 y 1916 por el físico alemán Albert Einstein (1879-1955) y comprobada experimentalmente poco después. Al aplicar las fórmulas de la relatividad general al universo en su conjunto, Einstein se encontró con un universo que cambiaba con el tiempo. Pero hacia 1920 los científicos seguían creyendo que el universo era un sistema estático. Einstein, que era panteísta, prefería un universo estático, por lo que agregó en una de sus ecuaciones una constante de integración llamada "constante cosmológica", cuya única finalidad era evitar un universo inestable.

30. EL BIG BANG Y SUS PROBABLES CONSECUENCIAS TEOLÓGICAS

El *Big Bang*

Poco después de que Einstein desarrollara la teoría de la relatividad general (1916) se realizó un descubrimiento asombroso: contrariamente a lo que siempre se había creído, el universo no es un sistema estático, sino que está en expansión. Todavía en 1920 grandes astrónomos pensaban que la Vía Láctea era la única galaxia del universo. Sin embargo en 1929, a partir de las observaciones del astrónomo estadounidense Edwin Hubble (1889-1953) sobre el corrimiento hacia el rojo de la luz de las nebulosas espirales, se descubrió que esas nebulosas eran otras galaxias, que la Vía Láctea es sólo una de los millones de galaxias existentes y que la gran mayoría de las galaxias se están alejando de la nuestra y entre sí. ¡El universo se expande! Poco antes Alexander Friedman y Georges Lemaître habían demostrado que la expansión del universo era compatible con la teoría de la relatividad. El mismo Lemaître, astrofísico belga y sacerdote católico, propuso en 1931 que el universo se originó en la explosión de un «átomo primigenio» o «huevo cósmico», en lo que hoy es conocido como *Big Bang* o Gran Explosión. Lemaître estimó que el universo tiene una edad comprendida entre diez y veinte mil millones de años, lo cual se corresponde con las estimaciones actuales.

La teoría del *Big Bang* goza hoy de al menos cuatro comprobaciones empíricas independientes: a) el ya citado corrimiento hacia el rojo de los espectros electromagnéticos de las galaxias; b) la radiación cósmica de fondo del universo (descubierta por casualidad en 1964); c) la existencia de elementos químicos muy livianos (hidrógeno, helio y litio, con sus respectivos isótopos), que no podrían haber sido sintetizados en el interior de las estrellas, al menos en la proporción requerida para explicar su abundancia; d) la detección de ondas gravitatorias (lograda en 2015-2017). Todo esto hace del *Big Bang* una teoría cosmológica muy sólida, que hoy es aceptada, al menos provisionalmente, por casi todos los físicos y astrónomos.

Siempre ha habido científicos no creyentes disgustados por el *Big Bang* debido a la semejanza de éste con la doctrina cristiana de la Creación. Un ejemplo es el propio Einstein. Cuando él y Lemaître se encontraron por primera vez, Einstein dijo a Lemaître que sus cálculos eran correctos, pero su física era abominable. Más adelante Einstein se vio obligado a admitir la expansión del universo y reconoció que la constante cosmológica había sido el peor error de su carrera científica. Otro ejemplo es el gran astrofísico Arthur Eddington, quien escribió: "Filosóficamente, la noción de un comienzo abrupto del presente orden de la Naturaleza es repugnante para mí, como creo que debe de ser para la mayoría". El rechazo a las posibles implicaciones teológicas del *Big Bang* es el motivo principal que ha movido a no pocos científicos a buscar teorías alternativas; pero hasta el momento todas esas teorías (el universo en estado estacionario, el modelo cíclico del universo, etc.) han fracasado.

Las probables consecuencias teológicas del *Big Bang*

Los filósofos paganos de la Antigüedad creían en la eternidad del cosmos. La Revelación bíblica, sin embargo, incluye un dato fundamental: "En el principio creó Dios el cielo y la tierra" (*Génesis* 1,1). Por lo tanto, el mundo creado tuvo un principio temporal.

Durante la Edad Media, los escolásticos discutieron mucho sobre la eternidad del mundo. Esa discusión no versaba sobre si el mundo era eterno o no, ya que todos los teólogos cristianos aceptaban como un dato revelado que el universo no era eterno. La discusión versaba sobre si era posible conocer la no eternidad del mundo mediante la sola razón natural, sin el auxilio de la fe sobrenatural. Por ejemplo, Santo Tomás de Aquino dio a esta cuestión una respuesta negativa, mientras que San Buenaventura le dio una respuesta afirmativa. Es decir que Santo Tomás de Aquino sostuvo que la no eternidad del mundo no puede ser conocida por la sola razón natural, sino sólo por la fe en la Divina Revelación.

Según la filosofía tomista, la creación no es sólo una acción pasada de Dios, ocurrida en el principio del tiempo, sino que es también una acción permanente de Dios que sostiene al universo en el ser. La relación entre Dios y el mundo es una relación ontológica de dependencia absoluta, unilateral, actual y permanente del ser del mundo con respecto a la acción creadora de Dios. El ser de Dios no depende del mundo en absoluto. La filosofía tomista permite demostrar que, aunque el universo no hubiera tenido un comienzo en el tiempo, de todos modos tendría que haber sido creado por Dios. Dios, si hubiera querido, podría haber creado un universo "eterno" (sin comienzo temporal), si es que este concepto no es contradictorio en sí mismo, cosa que corresponde determinar a la filosofía, pues no forma parte del objeto de la Revelación. Pero es dogma de fe que Dios creó un universo con comienzo temporal. Este dogma concuerda con la actual visión científica de un cosmos en evolución. Es importante destacar que, incluso en el marco conceptual de un universo estático, aparentemente autosuficiente, Santo Tomás, a través de las famosas "cinco vías", demostró la existencia de Dios, la Causa Primera del ser y del devenir de todos los entes reales.

La concepción actual de un universo que ha comenzado a existir en el tiempo simplifica mucho la demostración de la existencia de Dios. Hacia el año 1100, el teólogo musulmán al-Ghazali, retomando ideas del teólogo cristiano heterodoxo Juan Filopón, quien vivió en Alejandría en el siglo VI, propuso la siguiente demostración silogística: "Todo lo que ha comenzado a existir tiene una causa. Es así que el universo ha comenzado a existir.

Por lo tanto, el universo tiene una causa". Recientemente esa demostración ha sido divulgada de nuevo por el filósofo norteamericano William Lane Craig (partidario del Diseño Inteligente), bajo el nombre de "argumento *kalam*".

En la Edad Media la demostración puramente racional de la premisa menor de ese silogismo ("el universo ha comenzado a existir") no podía apelar a las ciencias naturales, sino que se basaba en complejos y discutibles argumentos matemáticos y filosóficos, que consideraré brevemente a continuación. Se puede sostener que la "eternidad" del mundo es imposible porque supone la existencia de un infinito actual, a saber: un tiempo infinito "ya transcurrido", por así decir. El infinito actual, o sea la existencia actual de un conjunto con un número infinito de elementos, es un concepto inimaginable; pero además ha sido considerado absurdo por varios pensadores importantes (por ejemplo el matemático francés Henri Poincaré). Si aceptáramos que el tiempo pasado es infinito, podríamos postular, por ejemplo, la posibilidad de la existencia de libros que se transmiten de generación en generación sin que nadie los haya escrito. Este concepto y otros similares resultan chocantes para la mente humana. No en vano, al ver cualquier libro, inmediata y espontáneamente intuimos sin duda alguna la existencia de su autor inteligente. Por razones como ésta, muchos pensadores sostienen que en el universo material sólo puede darse el infinito potencial (es decir, un crecimiento indefinido, que "tiende a infinito"), pero no el infinito actual. En esto concuerdan con la matemática clásica, según la cual, simplemente, el "infinito" no es un número, sino una forma abreviada de referirse a la capacidad de una variable para crecer indefinidamente, superando cualquier cota arbitraria.

Más allá de la discusión sobre el infinito actual, la moderna cosmología parece servirnos en bandeja la prueba del argumento *kalam*. En efecto, la ciencia contemporánea no sólo no prueba que el universo es eterno, sino que, por medio de la teoría del *Big Bang* incluso sugiere con mucha fuerza la idea de que la existencia del universo tuvo un comienzo absoluto en el tiempo, en un instante dado, hace unos catorce mil millones de años. La teoría del *Big Bang* parece implicar dicho comienzo absoluto. En rigor, aun suponiendo demostrada la hipótesis del *Big Bang*, la física no puede demostrar por sí sola la creación del universo. Si, como parece, es verdad que el *Big Bang* fue el "tiempo cero" de nuestro universo, entonces lo que pasó "antes" de ese instante está más allá de los límites del conocimiento científico y sólo puede ser escudriñado por medio de la filosofía y la teología. La indagación de estas últimas dos ciencias está basada en sus propios métodos, diferentes del método de la ciencia experimental, y no se limita a las realidades intramundanas, sino que alcanza explicaciones últimas, trascendentes. En suma, la teoría del *Big Bang* no explica la creación del universo sino su evolución a partir de una Gran Explosión en el comienzo del tiempo. La creación en cuanto tal es inaccesible para las ciencias particulares (matemática, física, química, biología, etc.), pudiendo ser conocida sólo por medio de las ciencias universales (filosofía y teología). No obstante, aunque, desde el punto de vista tomista, se insista en que la ciencia no puede proporcionar una demostración estricta de la no eternidad del mundo, es innegable que la teoría del *Big Bang* ha puesto en crisis al postulado ateo de la eternidad del mundo, volviéndolo casi inconciliable con la actual imagen de un universo evolutivo. Hoy en día resulta difícil concebir un universo eterno. La noción de evolución ha penetrado tanto en el pensamiento contemporáneo que fácilmente uno se ve impulsado a pensar que el universo, así como tiene un desarrollo comprobable, también tuvo un comienzo y tendrá quizás un final. Por esto el *Big Bang* sugiere fuertemente que el universo ha sido causado por un ser distinto de él.

31. EL GRAN DILEMA COSMOLÓGICO DE LOS ATEOS

Planteo del dilema

Con respecto al origen del universo, los ateos enfrentan un gran dilema: si Dios no existe, entonces o bien el universo ha surgido espontáneamente de la nada, o bien el universo es eterno.

La primera alternativa es absurda, porque la nada —el no ser— no puede ser la causa de ningún ser. La nada (por sí misma) no puede producir nada. Si, razonando por el absurdo, la nada pudiera generar algo, obviamente lo haría sin ninguna razón. Por lo tanto, esto destruiría los principios de razón de ser y de causalidad, y por lo tanto toda racionalidad y toda ciencia.

El dogma cristiano que sostiene que Dios ha creado el mundo *ex nihilo* (de la nada) no contradice en absoluto lo que acabo de decir. Que Dios creó al mundo de la nada no significa que el mundo surgió de la nada. Al contrario, significa que surgió de la voluntad omnipotente de Dios, quien libérrimamente eligió crear el mundo. En la creación *ex nihilo* la causa eficiente del mundo es Dios, no la nada. La nada no es, por lo que no puede ser la causa material de nada. Además, *ex nihilo* significa que Dios no creó el mundo a partir de su propia sustancia divina ni de otra sustancia preexistente, sino que lo creó en sentido estricto: hizo que fuera lo que no era. En este sentido, sólo Dios puede crear. Nosotros (y el universo mismo) no somos creadores en sentido estricto. Sólo podemos transformar lo preexistente, no crear algo "de la nada".

La segunda alternativa se enfrenta al formidable obstáculo de la cosmología actual, basada en el *Big Bang*. Ésta no sólo no apoya la idea de la eternidad del universo, sino que sugiere con mucha fuerza (aunque no demuestre estrictamente) que el universo tuvo un comienzo absoluto en el tiempo, lo que es consistente con la doctrina cristiana de la creación.

A continuación mostraré cómo algunos científicos no creyentes han pretendido justificar una de las dos alternativas de este temible dilema.

La generación espontánea del universo

Mostraré con dos ejemplos cómo, en su afán de rechazar a toda costa la existencia de Dios, algunos partidarios del ateísmo son capaces de sostener las afirmaciones más inverosímiles.

Primer ejemplo. En uno de sus muchos libros de divulgación científica, el famoso escritor ateo rusoestadounidense Isaac Asimov (1920-1992) propuso una teoría acerca del origen espontáneo del universo a partir de la nada, basada en una analogía con la fórmula: $0 = 1 + (-1)$. Asimov dice que, así como el 0 "produce" el 1 y el -1, la nada pudo producir, en el origen del tiempo, un universo material y un "antiuniverso" (o universo de antimateria). Este razonamiento contiene al menos dos gruesos errores: a) El ente ideal "cero" no es la causa del ser de los entes ideales "uno" y "menos uno". Una identidad matemática no es una relación causal entre números. b) No hay una verdadera correspondencia entre esos tres números y los otros tres "entes" considerados: un ente real (el universo), un ente hipotético (el antiuniverso) y un no ente (la nada). De esa identidad matemática no se puede deducir lógicamente esa relación causal entre "entes".

Segundo ejemplo. Algunos científicos ateos piensan que el universo ha surgido a partir de una "fluctuación del vacío cuántico" y que esta posible explicación volvería innecesaria la existencia de un Dios Creador. Esos científicos confunden el "vacío cuántico" con la nada metafísica. Si el "vacío cuántico" es capaz de "fluctuar", entonces es evidente que es algo, no nada. Aquí se llega a palpar la diferencia entre el pensamiento científico y el pensamiento filosófico. Si la teoría científica del vacío cuántico es verdadera, asunto sobre el que no me pronunciaré aquí, al pretender explicar el universo material a partir de una fluctuación primigenia del vacío cuántico llega un momento en que el método de la ciencia experimental no permite seguir avanzando en la búsqueda de respuestas a las cuestiones fundamentales. A partir de allí, para la razón natural sólo queda abierto el camino de la filosofía. La ciencia experimental sólo puede encontrar las "causas segundas". La filosofía, en cambio, plantea y aspira a resolver las cuestiones más radicales. Por ejemplo: ¿Cuál es la causa primera de todo lo que existe? ¿Y cuál es su fin último? Una hipotética "fluctuación del vacío cuántico" será siempre una "causa segunda", no una explicación última del universo material. También esa "fluctuación", por ser un ente contingente, necesita una causa para existir. El filósofo, a partir de ese (o de cualquier otro) ente contingente, puede demostrar la existencia de una Causa Primera incausada, el Ser absoluto e incondicionado que llamamos "Dios".

El universo eterno y filosofía positivista

La nada, de por sí, nada explica y nada origina. Por lo tanto, el ateísmo debería desembocar lógicamente en esta conclusión: el universo es eterno. Esta idea está relacionada con tres contradicciones gruesas.

> A) La corriente de pensamiento ateo más difundida en la actualidad es el cientificismo o positivismo. La premisa básica del cientificismo es que el único conocimiento verdadero que el hombre puede alcanzar es el que proviene de las ciencias particulares. Éstas incluyen por lo menos a la matemática y a las ciencias naturales: física, química, astronomía, geología, biología, etc. Algunos cientificistas también consideran como fuente de verdadero conocimiento a las ciencias humanas: psicología, sociología, economía, historia, etc. Ahora bien,

ninguna ciencia particular prueba ni puede probar que el universo es eterno; sólo puede suponerlo. Por consiguiente esta falsa suposición contradice el principio fundamental del positivismo.

B) De por sí el positivismo implica el agnosticismo, porque las ciencias particulares, por sí mismas, no pueden probar ni la existencia ni la inexistencia de Dios. No obstante, muchos positivistas son ateos y muchos ateos son positivistas, incurriendo así en otra gruesa contradicción.

C) Esas dos contradicciones proceden de otra contradicción mayor. Ninguna ciencia particular prueba ni puede probar que sólo el conocimiento de las ciencias particulares es verdadero. El positivismo es pues un sistema esencialmente autocontradictorio, y por ende falso. En realidad, el positivismo está basado en falsos postulados de orden filosófico, no científico, cuya verdad se presupone sin ninguna justificación racional. El positivismo, que se presenta a sí mismo como la verdad científica, resulta ser solamente una filosofía falsa, y a menudo inconsciente.

El universo eterno y cíclico

Lo dicho hasta aquí explica el hecho de que desde hace décadas algunos científicos no creyentes procuren denodadamente derribar la teoría del *Big Bang*, sosteniendo teorías alternativas, muchas veces más allá de lo razonable, contra un conjunto abrumador de evidencias y argumentos.

La teoría alternativa más popular es el modelo oscilatorio del universo, divulgado ampliamente por la serie de televisión *Cosmos*. Esa serie, dirigida por el astrónomo estadounidense Carl Sagan (1934-1996), fue una obra maestra de propaganda del ateísmo. El primer programa de la serie comenzaba con esta declaración de Sagan: "El universo es todo lo que ha habido, hay o habrá".

Para seguir sosteniendo la eternidad del mundo, contra las cuasievidencias de la ciencia actual, los ateos cientificistas recurren con frecuencia a esta suposición gratuita: el universo es oscilatorio (o sea, cíclico). El modelo oscilatorio postula que la expansión del universo, comenzada en la Gran Explosión (*Big Bang*), llegará en cierto momento a un máximo y luego se revertirá, produciéndose una contracción que terminará en una Gran Implosión (*Big Crunch*), que será seguida inmediatamente por otra Gran Explosión, otro ciclo de expansión y contracción y otra Gran Implosión, y así sucesivamente, *ad infinitum*, en ambos sentidos temporales, tanto hacia el futuro como hacia el pasado.

El modelo oscilatorio del universo enfrenta problemas gravísimos:

> a) Sufre las dificultades lógicas intrínsecas al concepto de "tiempo pasado infinito".

> b) Lo que podría haber ocurrido antes de la Gran Explosión y lo que podría ocurrir después de una hipotética Gran Implosión escapan a nuestra ciencia experimental y se presta sólo a especulaciones sin mayores fundamentos. No se puede demostrar científicamente que la Gran Explosión ha sido precedida por una Gran Implosión, ni que la hipotética Gran Implosión futura sería seguida por otra Gran Explosión.

> c) Contradice las leyes conocidas de la física, porque la oscilación del universo, si existiera, debería ser amortiguada, cesando en un tiempo finito.

> d) Las estimaciones más recientes de la masa total del universo implican que la probabilidad de que la expansión del universo continúe indefinidamente es del 95 %. Es casi seguro que el universo no se contraerá ni

habrá ninguna Gran Implosión en el futuro. Esto lleva a pensar que tampoco ha habido "Grandes Implosiones" en el pasado, porque no tiene ningún asidero creer que la "gran oscilación cósmica" es infinita en el tiempo sólo hacia atrás, y que estamos ubicados justo en el último punto de esa semirrecta punteada.

e) Los últimos estudios muestran que la expansión del universo se está acelerando, lo cual entierra definitivamente al modelo oscilatorio.

Otros modelos alternativos al *Big Bang*

Otra teoría científica que buscó sostener un modelo de universo eterno fue la teoría del "universo en estado estacionario" (*steady state universe*), propuesta por científicos no creyentes en 1948 y hoy totalmente desacreditada. Esta teoría postulaba la aparición continua y espontánea de nueva materia. El astrofísico inglés Fred Hoyle (1915-2001), uno de sus proponentes, reconoció abiertamente que esa teoría, que carecía de todo apoyo experimental, estaba motivada por el deseo de evitar las implicaciones teológicas del *Big Bang*. Esta teoría fue descartada en 1964, cuando se descubrió la radiación cósmica de fondo de microondas, una fuerte confirmación empírica del *Big Bang*.

Otro ejemplo lo ofrece el caso del famoso físico inglés Stephen Hawking (1942-2018). Él y Roger Penrose demostraron matemáticamente que, en un universo gobernado por la relatividad general, la existencia de una singularidad inicial (es decir, de un comienzo absoluto) era inevitable y que es imposible pasar a través de una singularidad hacia un estado subsiguiente. Este resultado molestaba al propio Hawking, quien era ateo, por lo cual más adelante propuso un nuevo modelo matemático en el que, gracias a la utilización de números complejos, la singularidad inicial desaparece. El mismo Hawking reconoció que ese modelo es un artificio matemático para ocultar la singularidad inicial. Ésta, sin embargo, sigue estando presente, lo cual queda de manifiesto al reconvertir las ecuaciones de Hawking, volviendo al conjunto de los números reales: al hacer esto, la singularidad reaparece.

Conclusión

Las tesis ateas sobre la eternidad del mundo o sobre el origen incausado del universo son extremadamente frágiles desde el punto de vista racional. A pesar de los embates casi desesperados de algunos científicos ateos, hoy la teoría del *Big Bang* parece más fuerte que nunca. Hay un consenso casi unánime acerca de que la historia del mundo comenzó en un momento determinado del tiempo pasado, en un abrupto relámpago de luz y energía. Este consenso ofrece un panorama muy favorable para la demostración filosófica de la existencia de Dios, el primer paso de la apologética católica clásica

32. LA REVOLUCIÓN COPERNICANA

Este capítulo está basado en: Guillermo Gonzalez y Jay W. Richards, *The Privileged Planet,* cap. 11. Allí se presenta una "historia revisionista" de la revolución copernicana.

La siguiente cita de Nathan Myrhvold es un ejemplo típico de la "historia oficial" de la revolución copernicana: "Tolomeo (siglo II) fue el primero y el más audaz en una larga sucesión de doctores que sostuvieron la primacía de los seres humanos. El universo entero —postuló— rota alrededor de nosotros, con la Tierra situada en el centro del mismo Cielo. Cualquier consultor de *marketing* les dirá que el posicionamiento lo es todo, y que el centro del universo es difícil de superar. Un astrónomo polaco llamado Copérnico (1473-1543) groseramente señaló: Lo siento, terrícolas, nosotros giramos alrededor del Sol, no viceversa... Giordano Bruno, una especie de Carl Sagan del siglo XVI, popularizó esos conceptos... diciendo, entre otras cosas, que 'existen innumerables soles. Innumerables tierras giran alrededor de esos soles. Seres vivos habitan estos mundos'... El crimen de Bruno, como el de Galileo, fue el de socavar el carácter único de nuestro planeta, y así amenazar a las dictaduras religiosas de su época... Con el tiempo, los avances de la astronomía han reforzado implacablemente la completa insignificancia de la Tierra en una escala celestial"[157].

Myrhvold se ha tragado el estereotipo entero de una "historia oficial" falsa, difundida por pensadores naturalistas. Gonzalez y Richards subrayan que: a) Copérnico no fue perseguido por la Iglesia Católica; b) Bruno no fue un científico y su lamentable ejecución se debió a sus doctrinas teológicas heréticas, no a su defensa del heliocentrismo; c) la interpretación del caso Galileo

---

[157] Guillermo Gonzalez y Jay W. Richards, *The Privileged Planet*, pág. 222.

como un enfrentamiento entre la ciencia y la superstición religiosa es muy simplista y falsa.

Además, en la cosmovisión del cristianismo antiguo y medieval la Tierra no era en modo alguno el lugar principal del universo sino, al contrario, su lugar menos noble, una especie de sumidero del cosmos. En *La Divina Comedia*, que ejemplifica la cosmología precopernicana, Dante Alighieri coloca en el centro de la Tierra, que a su vez es el centro geométrico del universo, nada menos que el punto más bajo del Infierno, donde está Satanás. En esa cosmología, el lugar más importante del universo era el más alejado del centro: el cielo empíreo, la morada de Dios y de todos los elegidos[158]. Contrariamente a lo que sostiene el estereotipo citado, la revolución copernicana (iniciada por Copérnico y completada por Kepler y Newton) "ennobleció" a la Tierra en vez de denigrarla, al demostrar que la Tierra es regida por las mismas leyes que la porción más valorada del universo: la de los planetas y estrellas, dado que las leyes de Newton rigen tanto la mecánica terrestre como la mecánica celeste.

Por otra parte, Copérnico "ennobleció" el lugar central del cosmos, expresando cierta reverencia por el Sol: "En el medio de todo se sienta el Sol en su trono. En éste, el más bello de los templos, ¿podríamos ubicar esta luminaria en una mejor posición que aquella desde la cual puede iluminar de inmediato la totalidad? Él es justamente llamado la Lámpara, la Mente y el Gobernador del Universo: Hermes Trismegisto lo llama el dios visible. La Electra de Sófocles lo llama todovidente. Así que el Sol se sienta como en un trono real gobernando a sus hijos los planetas, que giran alrededor de él"[159]. Copérnico inauguró la tendencia moderna a dar una gran importancia metafísica al centro geométrico del universo. En esta línea de pensamiento, alejar a la Tierra de ese lugar central equivale a restarle

---

[158] Cf. *Ibid.*, Figuras 11.2 y 11.3.
[159] *Ibid.*, págs. 233-234.

importancia. Empero, esta asociación entre "centro geométrico" y "centro metafísico" del universo no tiene ningún asidero en la teología cristiana.

Gonzalez y Richards omiten mencionar varios hechos que reforzarían su crítica de la visión estereotipada de la revolución copernicana. Por ejemplo: A) Copérnico era un sacerdote católico. B) Los jueces eclesiásticos que sancionaron a Galileo no le exigieron que aceptara el geocentrismo, sino que enseñara el heliocentrismo como una hipótesis, no como una verdad demostrada. C) La única prueba científica del heliocentrismo que adujo Galileo en su juicio era falsa, e incluso ridícula. La prueba teórica (matemática) del heliocentrismo fue proporcionada por Newton, medio siglo más tarde; y la primera prueba empírica del heliocentrismo se produjo un siglo después del caso Galileo. D) La interpretación naturalista de la revolución copernicana como una derrota del antropocentrismo se da de bruces contra el hecho evidentísimo de que, en la historia de las ideas, los siglos XVII y XVIII (desde Descartes hasta Kant) representan un "giro antropocéntrico", con respecto al teocentrismo antiguo y medieval.

33. EL PRINCIPIO COPERNICANO

El principio cosmológico y el principio copernicano

La mayoría de los científicos contemporáneos asume como un postulado básico el llamado "principio copernicano". En esencia, este principio establece que los seres humanos no ocupamos un lugar privilegiado en el cosmos. El libro de Gonzalez y Richards *The Privileged Planet*, de gran erudición científica, es una minuciosa refutación del principio copernicano. Los autores distinguen dos principios diferentes: el principio cosmológico y el principio copernicano. Se debe tener mucho cuidado con la terminología, porque algunos autores llaman principio copernicano a lo que Gonzalez y Richards llaman principio cosmológico.

El principio cosmológico es un principio de uniformidad del universo. Establece que a escalas muy grandes el universo es homogéneo e isótropo, es decir que la materia está distribuida de un modo parejo y que el universo luce igual en todas las direcciones. Esta hipótesis permitió a Einstein aplicar la teoría de la relatividad general al universo en su conjunto.

El principio copernicano es un principio de mediocridad, referido a nuestra ubicación o importancia dentro del universo. Circula en dos variantes relacionadas entre sí.

La variante modesta del principio copernicano dice que deberíamos asumir que no hay nada especial o excepcional en el lugar o el tiempo que ocupamos en el cosmos. Esta forma del principio copernicano, aunque hasta hace poco podía parecer bastante plausible desde el punto de vista científico, se encuentra gravemente amenazada por múltiples evidencias científicas recientes.

La variante audaz del principio copernicano dice que los seres humanos no estamos aquí por un propósito, que el cosmos no fue diseñado con nosotros en mente y que nuestro estatus metafísico es tan insignificante como nuestra ubicación astronómica.

El principio copernicano, en sus dos variantes, está fuertemente influido por la interpretación naturalista de la "revolución copernicana". Como vimos, dicha interpretación asume que el desarrollo de la ciencia completó lo que Copérnico había iniciado, quitando sucesivamente a la Tierra, el Sol, el Sistema Solar y la Vía Láctea, no sólo del centro geométrico del universo, sino también de su "centro metafísico", por así decir. *The Privileged Planet* es una concienzuda crítica del principio copernicano en sus dos variantes y también de la pertinencia histórica de la interpretación naturalista de la revolución copernicana.

El principio copernicano en astronomía[160]

El principio copernicano en astronomía puede ser refutado en cinco pasos sucesivos[161].

Primer paso. No es cierto que la Tierra sea un planeta ordinario. Las propiedades excepcionales de la Tierra que contribuyen a su habitabilidad son, entre otras muchas, las siguientes:

> a) La Tierra tiene una órbita de poca excentricidad, o sea casi circular.

> b) Está dentro de la Zona Circunestelar Habitable (ZCH) del Sistema Solar.

> c) Está suficientemente cerca del borde interno de la ZCH para permitir una alta concentración de oxígeno y una baja concentración de dióxido de carbono en su atmósfera.

---

[160] Cf. Guillermo Gonzalez y Jay W. Richards, *The Privileged Planet*, cap. 12.
[161] Gonzalez y Richards lo hacen en seis pasos. He combinado sus pasos tercero y cuarto en un solo paso.

d) Tiene una Luna grande y un período de rotación planetaria correcto, que contribuyen a evitar variaciones caóticas en su oblicuidad.

e) Está dentro del rango correcto de masa planetaria.

f) Tiene una concentración adecuada de azufre en su núcleo.

g) Tiene una cantidad correcta de agua en su corteza.

h) Tiene una tectónica de placas que evita que toda la superficie terrestre sea un solo gran océano y ayuda a mantener temperaturas adecuadas en esa superficie.

La Tierra tiene también muchas características que contribuyen a hacer de ella una magnífica plataforma para la investigación científica del universo. Entre otras características de esta clase, se destacan las siguientes:

A) La Tierra permite gozar de eclipses solares totales e incluso eclipses solares perfectos[162].

B) Incluye docenas de fenómenos naturales que actúan como registros de datos de gran precisión, que permiten estudiar el pasado de nuestro planeta: anillos concéntricos en los troncos de los árboles, depósitos de hielo en las regiones polares, sedimentos marinos orgánicos o inorgánicos, etc.[163]

C) Tiene un magnetismo planetario que permite medir la deriva de los continentes[164].

D) Tiene una atmósfera transparente[165].

---

[162] Cf. *Ibid.*, cap. 1.
[163] Cf. *Ibid.*, cap. 2.
[164] Cf. *Ibid.*, cap. 3.
[165] Cf. *Ibid.*, cap. 4.

Segundo paso. No es cierto que el Sol sea una estrella ordinaria. El Sol cumple de un modo excelente las dos funciones principales de una estrella con respecto a la habitabilidad: como fuente de la mayoría de los elementos químicos y como fuente estable de energía. Las propiedades excepcionales del Sol que contribuyen a la habitabilidad de la Tierra son, entre otras, las siguientes:

> a) El Sol está dentro del rango de masa más favorable a la habitabilidad, porque es una estrella enana de tipo espectral G relativamente muy luminosa. Las estrellas con más de 1,5 veces la masa del Sol probablemente no son adecuadas para soportar vida compleja, porque su luminosidad cambia de modo relativamente rápido y pasan relativamente poco tiempo en la secuencia principal, antes de convertirse en gigantes. Cerca del extremo opuesto de la escala, la mayoría de las estrellas son enanas rojas. Éstas, por muchas razones, tienen poca probabilidad de soportar vida compleja.
>
> b) El Sol ha sido una estrella de la secuencia principal durante unos 4.500 millones de años.

Tercer paso. No es cierto que el Sistema Solar sea ordinario y que debamos esperar que muchos otros sistemas solares sean muy similares al nuestro. Las propiedades del Sistema Solar que contribuyen a la habitabilidad de la Tierra son, entre otras, las siguientes:

> a) El Sistema Solar tiene ocho planetas en órbitas casi circulares y muy estables. Plutón no es un planeta propiamente dicho.
>
> b) Tiene cuatro planetas terrestres (Mercurio, Venus, la Tierra y Marte) en su parte interna y cuatro planetas gaseosos gigantes (Júpiter, Saturno, Urano y Neptuno) en su parte externa.

c) Ambos grupos están separados por un cinturón de asteroides.

d) Los demás planetas (especialmente Júpiter y Venus) y la Luna protegen a la Tierra reduciendo significativamente el número de asteroides y cometas que la golpean. Esto ha evitado la "esterilización" de la Tierra, es decir la desaparición de todos los seres vivos que la habitan.

Las distintas configuraciones de los sistemas planetarios y las variables como el número y el tipo de planetas y de lunas tienen mucha influencia en la habitabilidad de dichos sistemas. Si las órbitas de los planetas de nuestro Sistema Solar fueran más excéntricas o menos estables, podrían ocurrir muchas cosas desfavorables para la habitabilidad de la Tierra (por ejemplo, resonancias entre los planetas gigantes). Si la configuración de un sistema planetario fuera muy diferente a la del Sistema Solar, probablemente un planeta habitado estaría sometido a muchos impactos grandes de asteroides y cometas.

Cuarto paso. No es cierto que el lugar que nuestro Sistema Solar ocupa dentro de la Vía Láctea tenga poca importancia con respecto a la habitabilidad y la mensurabilidad. Las propiedades de ese lugar que contribuyen a la habitabilidad de la Tierra son, entre otras, las siguientes:

a) El Sistema Solar está dentro de la Zona Galáctica Habitable (ZGH).

b) Está cerca del círculo de corrotación de la Vía Láctea.

c) Tiene una órbita galáctica de baja excentricidad.

d) Está fuera de los brazos espirales de la Vía Láctea.

e) Está expuesto a un número relativamente bajo de eventos de radiación transitoria.

Quinto paso. No es cierto que la Vía Láctea sea una galaxia ordinaria.

a) Alrededor del 98 % de las galaxias del universo local son menos luminosas —y así, en general, más pobres en metal— que la Vía Láctea. La metalicidad es una propiedad fundamental de las estrellas y galaxias. Los astrónomos llaman "metales" a todos los elementos químicos más pesados que el helio. En líneas muy generales, se puede decir que el hidrógeno y el helio surgieron en el *Big Bang*, mientras que los demás elementos (los "metales") son sintetizados dentro de las estrellas. Los "metales" representan una fracción pequeña de la masa total del universo pero constituyen casi toda la masa de los planetas terrestres y gran parte de la masa de los seres vivos. Por ejemplo, la bacteria *E. coli* necesita 17 elementos (hidrógeno y 16 "metales"); mientras que el cuerpo humano necesita 27 elementos (los mismos que esa bacteria más 10 "metales" adicionales). En definitiva, la menor metalicidad de la gran mayoría de las galaxias podría implicar que galaxias enteras estén desprovistas de planetas terrestres.

b) Por otra parte, el hecho de que el Sistema Solar esté ubicado en la Vía Láctea (una galaxia espiral), y no en una galaxia vieja, pequeña, elíptica o irregular, favorece la detección y medición de la radiación cósmica de fondo de microondas y, por ende, el estudio del *Big Bang*, origen del universo.

En resumen, el principio copernicano (que afirma la mediocridad de nuestra ubicación o importancia dentro del universo), aplicado a la astronomía, enfrenta graves y crecientes dificultades científicas. Batiéndose en retirada, al "principio copernicano" le queda un solo lugar donde refugiarse: el universo en su conjunto.

Pero, como veremos, también allí está gravemente amenazado por las recientes evidencias científicas.

El principio copernicano en cosmología y en física[166]

En el ámbito de la cosmología y de la física el principio copernicano está amenazado por dos de los principales avances científicos del siglo XX: los descubrimientos de que el universo tiene una edad finita y está finamente sintonizado para la vida. Más adelante mostraré la fragilidad de los intentos de salvar el principio copernicano recurriendo al principio antrópico y el multiverso.

El principio copernicano en cosmología implica que el universo es infinito tanto en el espacio como en el tiempo. Esta hipótesis se mantuvo vigente hasta que en 1929 Edwin Hubble descubrió el corrimiento hacia el rojo en el espectro de las galaxias y dedujo la expansión del universo. Este descubrimiento condujo al desarrollo de la cosmología del *Big Bang*. Dado que esta cosmología sugiere con fuerza que el universo debe el comienzo de su existencia a una causa externa a él, los partidarios del principio copernicano han tratado de encontrar modelos cosmológicos alternativos, que preserven la hipótesis del universo "eterno" y sin comienzo. En ese sentido, los dos modelos principales fueron el del "universo en estado estacionario" y el del "universo oscilante". Ambos fueron descartados debido a ulteriores descubrimientos científicos. El abandono del modelo de estado estacionario fue causado por el descubrimiento de la radiación cósmica de fondo de microondas y del poder explicatorio del *Big Bang* en relación con la núcleosíntesis de los elementos livianos. En cuanto al modelo del universo oscilante, se ha vuelto insostenible debido a las siguientes tres objeciones graves (por lo menos): 1) la energía disponible para hacer el trabajo de expansión y contracción del

---

[166] Cf. *Ibid.*, págs. 259-265.

universo decrecería con cada ciclo sucesivo; así, si el universo hubiera existido por un tiempo infinito, ya debería haber alcanzado un estado de equilibrio. 2) Las mediciones más recientes sugieren que la masa total del universo es mucho menor que la requerida para producir una contracción gravitatoria. 3) La expansión del universo no sólo no se está enlenteciendo (lo que podría sugerir una futura contracción), sino que, según las evidencias más recientes, se está acelerando.

El principio copernicano en física implica que las leyes de la física no están arregladas especialmente para la existencia de vida compleja o inteligente. Este principio ha sido desmentido por un descubrimiento reciente[167]: hoy se sabe que unas veinte o más constantes físicas fundamentales (por ejemplo la constante gravitatoria de Newton) exhiben una sintonía finísima, a tal punto que parecen haber sido ajustadas con un nivel de exactitud casi inconcebible para hacer posible la vida y la vida inteligente en el universo. Si cualquiera de esas constantes físicas fundamentales fuera significativamente mayor o menor, el resultado sería: o bien un universo ordenado pero incompatible con la vida inteligente, o bien (con mucha mayor frecuencia) un universo caótico, en el que sería imposible la vida.

La sintonía fina del universo sugiere fuertemente la idea de un universo diseñado para la vida. Gonzalez y Richards ilustran esto con una "parábola": un sabio y poderoso extraterrestre (Q) ha encontrado una "máquina creadora de universos" con una gran cantidad de perillas, cada una de las cuales controla una constante física fundamental. Q ha manipulado los controles durante largos años, sin encontrar ninguna combinación útil, salvo la de nuestro propio universo. La impresión de diseño inteligente es abrumadora.

---

[167] Cf. *Ibid.*, cap. 10.

Hay dos formas principales de eludir esa impresión de diseño: una de ellas apela a la necesidad y la otra al azar. Considerémoslas una a una.

Necesidad. Algunos científicos piensan que, aunque en apariencia muchas constantes físicas fundamentales son independientes entre sí y tienen valores contingentes, en realidad, por razones que desconocemos, todas esas constantes están relacionadas entre sí y sus valores son necesarios. Esos científicos esperan que una futura y posible teoría unificada de la física relacione todas las fuerzas físicas y las constantes físicas fundamentales. Empero, aparte de que esa teoría unificada no es más que un deseo o proyecto subjetivo, esa unificación equivaldría a sustituir las veinte o más constantes fundamentales conocidas por una sola; pero también esa única constante exhibiría un ajuste fino que requeriría una explicación. Sería como encontrar una "máquina creadora de universos" con una sola perilla con un ajuste finísimo.

Azar. Para intentar eludir las probables consecuencias teológicas del *Big Bang* y de la sintonía fina del universo, cada vez más pensadores ateos se aferran a la única opción restante: la hipótesis del "multiverso", combinada con el llamado "principio antrópico". Lo veremos en el cap. 35.

34. LA BÚSQUEDA DE INTELIGENCIA EXTRATERRESTRE

Hacia 1966, cuando empezó a emitirse la serie de televisión *Star Trek*, muchos creían que había cientos de miles de planetas habitados en la Vía Láctea y que las civilizaciones extraterrestres pululaban en nuestra galaxia. Esas conjeturas tan "optimistas" sobre la vida extraterrestre han sido en gran parte reemplazadas por un mayor escepticismo, por las razones que expondré a continuación, siguiendo a: Guillermo Gonzalez y Jay W. Richards, *The Privileged Planet*, cap. 14.

La búsqueda de inteligencia extraterrestre (SETI = *Search for Extra-Terrestrial Intelligence*) está muy relacionada con el principio copernicano. Las características que hacen habitable a la Tierra son altamente improbables, pero no necesariamente únicas. El debate actual acerca de este punto se refiere a cuántos factores se necesitan para obtener un planeta habitable y, por ende, a cuán comunes o poco comunes son los planetas habitables. Es posible representar gráficamente las distintas posturas en este debate[168]. En el extremo izquierdo está la postura de que ninguna propiedad de la Tierra o del universo es necesaria para la habitabilidad. En el extremo derecho está la postura de que todas las propiedades de la Tierra y del universo son necesarias para la habitabilidad. Hoy nadie sostiene seriamente ninguna de esas dos posiciones extremas. En el centro de la escala se ubica la postura de Kepler, H. G. Wells y Percival Lowell. Algo hacia la derecha se ubica el programa SETI. Más a la derecha se ubica el libro *Rare Earth* de Don Brownlee y Peter Ward. Más cerca del extremo derecho se encuentra *The Privileged Planet*. Se trata pues de una cuestión de grado; pero no debemos subestimar la

---

[168] Cf. Guillermo Gonzalez y Jay W. Richards, *The Privileged Planet*, Figura 14.2.

importancia de las diferencias entre las distintas visiones en disputa.

La famosa Ecuación de Drake, propuesta por el radioastrónomo Francis Drake en 1961, permite comprender mejor las distintas posiciones en este debate. Dicha ecuación establece lo siguiente: N, la cantidad total de civilizaciones tecnológicas capaces de radiocomunicaciones en la Vía Láctea en un momento dado, es igual al producto de los siguientes siete factores:

N_g = cantidad total de estrellas en la Vía Láctea.

f_p = fracción de estrellas con sistemas planetarios.

n_e = cantidad promedio de planetas habitables por sistema planetario.

f_l = fracción de planetas habitables en los que la vida emerge de materia orgánica o de precursores orgánicos.

f_i = fracción de estos planetas en los cuales la vida evoluciona hasta producir seres inteligentes.

f_c = fracción de estos últimos planetas en los cuales se desarrolla una tecnología de comunicaciones suficiente.

f_L = fracción de la vida promedio de un planeta durante la cual subsiste una civilización avanzada.

Gonzalez y Richards citan dos críticas jocosas a la Ecuación de Drake. Bernard Oliver (un partidario del programa SETI) dijo que esa ecuación es "una forma de comprimir una gran cantidad de ignorancia en un espacio pequeño"[169]. Y Bruce Jakosky dijo que "la Ecuación de Drake es sólo una forma matemática de decir: ¿quién sabe?"[170].

En los años sesenta del siglo pasado Carl Sagan, en sintonía con el "espíritu de la época", estimó que podría haber un millón de

---

[169] Ibid., pág. 281.
[170] *Ibid.*, pág. 409.

planetas con civilizaciones en la Vía Láctea. Hoy esa clase de estimaciones parecen irrealmente optimistas. En el Apéndice A de *The Privileged Planet* los autores presentan su propia versión revisada de la Ecuación de Drake. Ellos subrayan que ese Apéndice no forma parte del núcleo de su argumento, sino que es un desarrollo ulterior. De todos modos me parece muy interesante. En la versión de Gonzalez y Richards, los siete factores de Drake son sustituidos por 21 factores (N_g y veinte factores limitantes). Los autores proponen una estimación de los primeros trece factores limitantes. Aun dejando de lado los últimos siete factores (que incluyen f_l y f_i, sumamente discutibles desde un punto de vista filosófico), Gonzalez y Richards obtienen una cantidad estimada de 0,01 planetas habitables en la Vía Láctea.

Mi interpretación de este resultado es la siguiente. Los autores no se pronuncian sobre si es posible o no que la vida surja espontáneamente de la materia inerte, ni sobre si es posible o no que la evolución biológica produzca por sí misma vida inteligente. Más bien parecen seguir el juego de los naturalistas y derrotarlos en su propio terreno. Aun suponiendo que esas dos hipótesis naturalistas tan discutibles sean ciertas, si dejamos todo librado al azar, la probabilidad de que haya un planeta habitable en la Vía Láctea es muy baja. Más aún, Gonzalez y Richards dicen que, aunque se incluyera en este cálculo a las otras galaxias del universo observable, no está claro si eso mejoraría significativamente las chances. El peso de los otros siete factores limitantes (incluyendo los factores críticos f_l y f_i) podría sobrepasar el aporte de las galaxias adicionales[171].

Gonzalez y Richards confiesan que antes, como la mayoría, creían en la existencia de vida extraterrestre, pero ahora, aunque no la descartan, son mucho más escépticos al respecto. Incluso sostienen, contra la opinión más extendida, que si encontráramos

---

[171] Cf. *Ibíd.*, págs. 289-290 y 342.

una civilización extraterrestre ello favorecería el argumento del diseño inteligente en lugar de perjudicarlo. La vida inteligente parece requerir una combinación de tantos factores altamente improbables que la existencia de dos planetas con civilizaciones, en lugar de uno, sería un indicio más fuerte aún del diseño inteligente del cosmos.

En todo el libro *The Privileged Planet*, Gonzalez y Richards eluden las cuestiones teológicas y se mantienen dentro del ámbito científico y filosófico. Además, dentro del ámbito científico ellos evitan sumergirse en las cuestiones biológicas, tratando sobre todo cuestiones referidas a la física, la química, la astronomía y la cosmología.

35. EL PRINCIPIO ANTRÓPICO Y EL MULTIVERSO

El principio antrópico[172]

Hay dos versiones principales del principio antrópico: el Principio Antrópico Débil y el Principio Antrópico Fuerte.

El *Principio Antrópico Débil* (PAD) afirma que podemos esperar observar condiciones necesarias para nuestra existencia como observadores. Esto es una verdad evidente, pero no explica las propiedades altamente improbables de la Tierra, el Sol, el Sistema Solar y la Vía Láctea. Se suele decir que esas propiedades se deben a un "efecto de selección". El principio copernicano explicaría los aspectos en los que nuestro entorno es ordinario, mientras que el PAD explicaría los aspectos en los que es extraordinario. Usar los dos principios juntos es un poco como el cuento del jefe de estación de ferrocarril que dijo que todos los trenes estaban en hora. Cuando los pasajeros se quejaron de que sus trenes estaban atrasados, el jefe respondió: "En realidad, lo que quise decir es que todos los trenes están en hora, excepto cuando no lo están"[173]. En verdad, el PAD no puede aportar mucho para salvar al principio copernicano.

El *Principio Antrópico Fuerte* (PAF) aplica el mismo razonamiento al universo en su conjunto. Afirma que podemos esperar encontrarnos en un universo compatible con nuestra propia existencia. También el PAF es una verdad evidente; pero tampoco el PAF, por sí mismo, explica por qué el universo existe y tiene una sintonía fina. No es sorprendente que observemos un universo habitable. Lo sorprendente es que un universo habitable

---

172 Cf. Guillermo Gonzalez y Jay W. Richards, *The Privileged Planet*, págs. 265-267.
173 Cf. *Ibid.*, págs. 267-271.

y habitado exista y que, hasta donde sabemos, sea el único que existe.

El multiverso, último refugio del ateísmo

Aunque todavía hoy la mayoría de los científicos piensa que los seres humanos no ocupamos una posición física o metafísica privilegiada en el cosmos, esa opinión tiende a debilitarse, porque existe un cúmulo creciente de evidencias científicas que indican que nuestro planeta es excepcional y probablemente rarísimo con respecto a su habitabilidad. Resumiendo lo dicho hasta aquí, se puede afirmar que la Tierra no es un planeta ordinario, que el Sol no es una estrella ordinaria, que el Sistema Solar no es ordinario, que la posición del Sistema Solar en la Vía Láctea no es ordinaria y que la Vía Láctea no es una galaxia ordinaria. Muchas características *a priori* altamente improbables de la Tierra, el Sol, el Sistema Solar y (en menor grado) la Vía Láctea hacen que la Tierra sea un lugar habitable. Además, también el universo en su conjunto presenta características *a priori* altamente improbables que hacen posible la existencia de la vida en la Tierra. Esto se puede afirmar gracias al descubrimiento (en la segunda mitad del siglo XX) de la sintonía fina del universo.

En este punto, a los defensores del naturalismo no les queda otra opción que recurrir a la hipótesis de los universos múltiples o infinitos: el multiverso. Los astrónomos Fred Adams y Greg Laughlin lo expresan claramente: "La aparente coincidencia de que el universo tiene las propiedades especiales requeridas para permitir la vida parece súbitamente mucho menos milagrosa si adoptamos el punto de vista de que nuestro universo, la región del espacio-tiempo a la que estamos conectados, no es sino uno de incontables otros universos. En otras palabras, nuestro universo no es sino una pequeña parte de un multiverso, un gran conjunto de universos, cada uno con sus propias variantes de las leyes físicas. En este caso, la colección entera de universos sería una muestra completa de las muchas variantes diferentes posibles de las leyes de la física… Con el concepto de multiverso en su lugar, la próxima batalla de la revolución copernicana es empujada sobre nosotros. Así como nuestro planeta no tiene un status especial dentro de nuestro Sistema Solar, y como nuestro Sistema Solar no tiene una ubicación especial dentro del universo, nuestro universo no tiene un status especial dentro del vasto *mélange* cósmico de universos que comprende nuestro multiverso"[174].

En resumen, existirían numerosísimos o infinitos universos, cada uno con sus propias variantes de las leyes de la física. A través de una especie de "selección natural cosmológica" se originaría necesariamente un universo (el nuestro) con la sintonía fina necesaria para permitirle albergar vida inteligente. Gracias al concepto de multiverso, se lograría volver a sustentar la vapuleada idea de nuestra propia mediocridad: nuestro universo no tendría un estatus especial dentro del multiverso. El "efecto de selección" explicaría por qué estamos en este universo finamente ajustado para la vida, y no en otro.

Contra la fuga atea hacia el multiverso se puede esgrimir muchas razones fuertes, entre ellas las siguientes seis:

> a) No hay ninguna evidencia científica de los otros universos. Yo diría que la hipótesis del multiverso es tan arbitraria y tan poco científica como la hipótesis de que hay un universo dentro de cada *quark* de nuestro propio universo.
>
> b) Más aún, la hipótesis del multiverso no es científica, porque es totalmente inverificable. Siempre será imposible ponerla a prueba u observar los otros supuestos universos.

---

[174] *Ibid.*, págs. 269-270.

c) La hipótesis del multiverso viola espectacularmente el fecundo principio epistemológico conocido como "la navaja de Ockham": no se debe multiplicar los entes sin necesidad.

d) Ni siquiera la hipótesis del multiverso salva al principio copernicano. Si los múltiples universos no tienen relaciones de causalidad entre sí, entonces ellos no explican por qué nuestro universo existe y tiene las sorprendentes propiedades que tiene. Y si los múltiples universos tienen relaciones de causalidad entre sí, no se logra más que hacer retroceder el problema un nivel. En ese caso habría que explicar por qué la "máquina creadora de universos" exhibe un ajuste fino.

e) No es para nada claro que un conjunto infinito actual de universos (o de cualquier otro objeto) pueda existir. Con la matemática y la metafísica clásicas, y contra la aritmética transfinita de Cantor, es muy razonable pensar que es imposible que existan infinitos universos (o infinitas estrellas, infinitos átomos, etc.), dado que el infinito no es un número.

f) Por último, también el multiverso entero necesitaría una causa. No basta postularlo.

Conclusión[175]

Recientemente se ha descubierto que tanto la ubicación de la Tierra dentro de la Vía Láctea y del Sistema Solar como los intrincados procesos geológicos y químicos de nuestro planeta revelan una serie asombrosa de coincidencias que hacen posible la existencia de la vida en la Tierra, a tal punto que sugieren con mucha fuerza la idea de un diseño deliberado. Por eso hoy se comienza a revalorar la posibilidad de que la Tierra sea el único planeta habitado por seres vivos, en todo el universo. La

---

[175] Cf. *Ibid.*, págs. 271-274.

conclusión de Gonzalez y Richards es clara: el principio copernicano ha fracasado. Cuando podemos ponerlo a prueba contra la evidencia, tiende a fallar; y tenderá a fallar cada vez más cuando conozcamos más a fondo las propiedades de nuestro universo que condicionan su habitabilidad y mensurabilidad. Y cuando ese principio no falla, es porque se retira a una posición en la que es virtualmente inverificable.

La actual evidencia científica apunta en una dirección muy problemática para el principio copernicano: hacia un universo único, en expansión, finamente sintonizado, con un pasado finito, y que ha cambiado profundamente a lo largo del tiempo. No sólo ocupamos un lugar excepcional dentro de ese universo, sino también un momento especial en la historia cósmica. Aunque nosotros y nuestro ambiente no seamos literalmente el centro físico del universo, somos especiales en otros sentidos, mucho más significativos. En cierto sentido, estamos colocados en el "centro" del universo, no en un sentido espacial trivial, sino con respecto a la habitabilidad y la mensurabilidad.

A partir de estas consideraciones, y aplicando la teoría de la complejidad especificada de Dembski, Gonzalez y Richards concluyen que nuestro universo exhibe claros indicios de diseño inteligente[176]. Finalmente responden catorce objeciones a su tesis[177].

---

[176] Cf. *Ibid.*, cap. 15.
[177] Cf. *Ibid.*, cap. 16.

PARTE 3: DEL NATURALISMO METODOLÓGICO DE LA CIENCIA

36. EL NATURALISMO METODOLÓGICO DE LA CIENCIA

Actualmente la gran mayoría de los científicos, académicos e intelectuales piensa que una de las características esenciales (o la más esencial) de la ciencia es el naturalismo metodológico. El naturalismo metodológico de la ciencia consiste en que el científico debe proceder como si el naturalismo filosófico fuera verdadero, buscando sólo explicaciones naturalistas de los fenómenos estudiados.

El naturalismo filosófico

A su vez, el naturalismo filosófico consiste en sostener que en nuestro universo material no ocurre ni puede ocurrir nada sobrenatural; por lo tanto, todo lo que ocurre en él es en principio susceptible de ser estudiado y explicado por la ciencia. Generalmente el naturalismo filosófico está asociado al cientificismo, la doctrina que sostiene que sólo el conocimiento científico es verdadero conocimiento. El cientificismo rechaza tanto a la teología como a la filosofía, pero incurre en contradicción, porque es una doctrina filosófica, no científica.

El naturalismo filosófico existe en dos variantes, que llamaré "fuerte" y "débil".

El *naturalismo filosófico fuerte* consiste en afirmar que el mundo es todo lo que existe. Dado que el mundo no es Dios, normalmente este naturalismo conduce al ateísmo, la doctrina que niega la existencia de Dios. Empero, existe también una "variante

251

mística" de este naturalismo que conduce al panteísmo, la doctrina que identifica a Dios con el mundo. Dadas las afinidades y debilidades del ateísmo y el panteísmo, no es raro que algunas mentes oscilen entre ambas doctrinas. Cuando el ateo reconoce la necesidad de que exista un Ser Absoluto, a menudo pasa a ser panteísta; y cuando el panteísta reconoce que es absurdo que el Ser Absoluto sea contingente como el mundo, a menudo pasa a ser ateo. Además, generalmente el Dios del panteísmo no es un Ser personal, sino una fuerza impersonal, por lo que, según la doctrina cristiana, simplemente no es Dios. El panteísmo es la idolatría del mundo. En resumen, tanto el ateísmo como el panteísmo niegan la realidad de un Dios trascendente, por lo que suelen coincidir en la práctica.

Por su parte, el *naturalismo filosófico débil* no niega en principio la existencia de Dios, pero niega que Dios actúe en nuestro mundo. Normalmente este naturalismo conduce al agnosticismo, la doctrina que niega que el ser humano pueda conocer si Dios existe o no. Empero, existe también una "variante mística" de este naturalismo que conduce al deísmo, la doctrina que afirma que Dios creó el mundo en el principio, pero no se interesa por el mundo ni interviene en él. También la frontera entre el agnosticismo y el deísmo es porosa: si el Dios del deísmo no actúa en nuestro mundo, entonces su existencia está más allá de la capacidad de conocimiento de la razón humana, como sostiene el agnosticismo. Y si el posible Dios del agnosticismo existiera (recordemos que el agnóstico contempla esa posibilidad), sería similar al Dios del deísmo, un Dios indetectable e incognoscible para la razón humana, e irrelevante para la vida humana. En resumen, tanto el agnosticismo como el deísmo niegan la realidad de la divina providencia y la divina revelación, por lo que (al igual que el panteísmo) también suelen coincidir en la práctica con el ateísmo.

La definición de naturalismo filosófico que indiqué al comienzo abarca lo que sus dos variantes (fuerte y débil) tienen en común: quizás Dios exista pero, como no actúa en nuestro mundo (según la variante débil), en éste no ocurre nada sobrenatural y por ende la ciencia puede prescindir de Él tanto como si no existiera (según la variante fuerte).

La doctrina contraria al naturalismo filosófico consiste en sostener que en nuestro mundo ocurren o pueden ocurrir hechos sobrenaturales. Normalmente quienes sostienen esto se adhieren al monoteísmo, la doctrina que afirma la existencia de un único Dios personal, perfectísimo, inmanente y trascendente, creador, inteligentísimo ordenador y providentísimo gobernador del mundo. El cristianismo es la principal religión monoteísta. Empero, también se oponen al naturalismo filosófico algunos no creyentes que buscan la verdad en materia religiosa y están abiertos a la posibilidad de la existencia del Dios del monoteísmo. La filosofía tomista prueba la existencia de Dios y demuestra que Dios tiene los atributos que mencioné recién, al caracterizar al monoteísmo. Así se refuta el naturalismo filosófico; pero esta breve obra no tratará ese tema.

El naturalismo metodológico

Recapitulemos. La doctrina del naturalismo metodológico de la ciencia consiste en afirmar que el científico debe proceder como si el naturalismo filosófico fuera verdadero; o sea, como si fuera verdad que en nuestro universo material no ocurre ni puede ocurrir nada sobrenatural y, por lo tanto, todo lo que ocurre en él fuera susceptible de ser estudiado y explicado por la ciencia, prescindiendo totalmente de Dios. Por eso algunos hablan del "ateísmo metodológico" de la ciencia. Según todo lo dicho hasta aquí, también deberíamos distinguir dos variantes (fuerte y débil) del naturalismo metodológico. Aunque ambas suelen aliarse en la lucha contra lo que consideran injerencias indebidas de la religión en la ciencia, no deben ser confundidas.

El *naturalismo metodológico fuerte* supone que el naturalismo filosófico (fuerte o débil) es verdadero. Prescinde totalmente de la acción de Dios en el mundo porque cree que esa acción no existe. Considera que la ciencia debe proceder como si el naturalismo fuera verdadero porque en realidad es verdadero. Este naturalismo metodológico es falso porque el naturalismo filosófico es falso. Como dije antes, demostrar la falsedad del naturalismo filosófico excede el propósito de este libro. En cambio me interesa destacar aquí que esta variante del naturalismo metodológico combate contra todas las formas posibles de influencia de la fe religiosa en la actividad científica (incluso las formas legítimas de influencia que describiré más adelante) porque equipara a la religión con la superstición. Por eso esta corriente tiende en última instancia hacia una suerte de censura y de persecución incruenta contra los científicos creyentes (especialmente los cristianos), aceptando a éstos en la comunidad científica sólo si, al entrar al laboratorio, cuelgan su fe religiosa en el perchero junto con su sombrero y su abrigo. Se trata pues de una forma de secularismo radical, hostil a la religión.

El *naturalismo metodológico débil* no supone que el naturalismo filosófico (fuerte o débil) es verdadero. Prescinde metodológicamente de la acción de Dios en el mundo porque (según su definición de ciencia) la ciencia no puede tener en cuenta en absoluto esa acción, aunque exista. Considera a la ciencia como una especie de juego definido por una regla convencional: "veamos hasta dónde podemos llegar en nuestro conocimiento del universo material procediendo como si el naturalismo fuera verdadero". La aplicación estricta de esta regla conduce al científico creyente a un comportamiento práctico indistinguible del de un científico naturalista. Del naturalismo metodológico débil, en rigor, no se puede decir que sea verdadero o falso, ya que no afirma ni niega nada sobre la realidad. Pero sí cabe sostener que es inconveniente e infructuoso. A quien ve a la ciencia como un juego determinado ante todo por la regla "procede como si el naturalismo fuera verdadero" podemos contestarle sencillamente que no nos interesa jugar a ese juego, porque su regla determinante es una limitación arbitraria de la ciencia. Debemos seguir la evidencia científica hacia donde nos lleve, incluso si nos lleva hacia la negación del naturalismo. "El naturalismo metodológico, la visión de que por el bien de la ciencia la explicación científica nunca debería exceder las causas naturales no dirigidas, debe ser rechazado porque ahoga la investigación. No se gana nada pretendiendo que la ciencia pueda salir adelante sin causas inteligentes. Más bien, dado que las causas inteligentes son empíricamente detectables, la ciencia debe permanecer siempre abierta a la evidencia de su actividad"[178].

El naturalismo metodológico de la ciencia es admitido incluso por la mayoría de los científicos cristianos, porque a primera vista parece una doctrina muy plausible: la tarea de la ciencia es buscar explicaciones naturales[179] a los fenómenos de nuestro mundo. No podemos medir ni pesar a Dios; por lo tanto parece lógico que la ciencia prescinda de Él. Sin embargo, como veremos, esa doctrina presenta serias dificultades con respecto a su compatibilidad con la fe cristiana. En los capítulos siguientes analizaré este asunto desde tres puntos de vista: filosófico, teológico e histórico.

---

[178] William A. Dembski, *The Intelligent Design Movement*.
[179] Nótese bien: explicaciones naturales, no explicaciones naturalistas.

37. ANÁLISIS FILOSÓFICO DEL NATURALISMO METODOLÓGICO DE LA CIENCIA

En este análisis dividiré el trabajo científico en tres etapas: la etapa previa o preparatoria, la labor estrictamente científica y la etapa posterior o de aplicación. La etapa previa incluye, entre otros, los siguientes cuatro aspectos: la confianza en la ciencia, la vocación científica, la elección de un tema de estudio y las convicciones o intuiciones previas al estudio científico del tema. La labor estrictamente científica incluye sobre todo los siguientes cuatro aspectos: la formulación de una hipótesis refutable, la recolección de datos por medio de observaciones o experimentos replicables y medibles, la conclusión, es decir la justificación o refutación de la hipótesis con base en los datos obtenidos, y la ética con que esos tres aspectos se desarrollan. La etapa posterior incluye, entre otros, los siguientes dos aspectos: la reflexión sobre las consecuencias filosóficas de los resultados de la ciencia y la aplicación práctica de los conocimientos científicos por medio de la técnica. Analizaré brevemente cada uno de esos diez aspectos desde el punto de vista de la utilidad de la fe cristiana para la labor científica.

La *confianza en la ciencia* incluye todas las condiciones metafísicas de posibilidad de la ciencia misma. La ciencia es posible porque: A) El mundo es racional; y es racional porque es la obra racional de un Ser que es racional por excelencia: Dios. Sin fe en Dios, la racionalidad del mundo queda sin explicación y la confianza en la ciencia se debilita o desvanece. B) El ser humano es racional; y es racional porque es imagen de Dios, su Creador, quien le obsequió el don de la razón para que pueda conocer la verdad de lo real. Sin fe en Dios, la racionalidad del hombre queda sin explicación y la confianza en la capacidad de la ciencia humana para conocer la realidad se debilita o desvanece.

La *vocación científica* incluye todas las motivaciones por las cuales un ser humano decide dedicarse al trabajo científico. Estas motivaciones pueden ser extrínsecas (por ejemplo, procurar fama o fortuna), intrínsecas (por ejemplo, procurar el placer de la labor científica en sí misma) o trascendentes (por ejemplo, procurar servir a los demás mediante la labor científica). En el cristiano auténtico y coherente estas distintas motivaciones, que hasta cierto punto son compatibles entre sí, guardan una relación jerárquica: las motivaciones extrínsecas e intrínsecas están subordinadas a las motivaciones trascendentes, y entre estas últimas ocupa el primer lugar la voluntad de contribuir a la mayor gloria de Dios y al bien integral de los hombres. Así, la fe cristiana puede perfectamente ser el núcleo esencial de una vocación científica.

La *elección de un tema de estudio* puede tener una motivación exclusiva, principal o parcialmente religiosa sin que el valor científico de la labor estrictamente científica sufra desmedro alguno. Basta que las convicciones religiosas del científico no lo lleven a violar las reglas de esa labor.

Las *convicciones o intuiciones previas al estudio científico de un tema* son inevitables y en algún grado condicionan la labor científica, en un sentido u otro. El científico inevitablemente enmarca su labor científica dentro de su propia cosmovisión; y ésta, en tanto sea verdadera o falsa, puede ser una ayuda o un estorbo para esa labor. Como tiende a probar la apologética cristiana (imposible de resumir aquí), el cristianismo es la religión verdadera, por lo que la cosmovisión cristiana es un gran auxilio para la labor científica. No hay ni puede haber ninguna verdadera contradicción entre la religión cristiana y la ciencia, ni entre la fe y la razón, porque ambas son medios dados por Dios al hombre para el conocimiento de la verdad. El progreso de la ciencia es bienvenido por la Iglesia Católica y ésta no ha tenido que renunciar ni a uno solo de sus dogmas para acomodarse a ese progreso. En cambio los prejuicios materialistas o naturalistas pueden impulsar a los científicos hacia callejones sin salida (como la teoría darwinista de la evolución o el multiverso).

Incluso en la *formulación de una hipótesis científica* el científico cristiano puede beneficiarse de intuiciones basadas en su fe religiosa. Tampoco esto desacredita su labor científica, en tanto su posterior prueba de esa hipótesis sea sostenible en el nivel estrictamente científico. En este punto conviene reflexionar sobre el valor heurístico de la fe cristiana. La "heurística" se puede definir como el arte de resolver problemas. Pues bien, hay ciertos tipos de problemas científicos que conviene mucho enfrentar desde una perspectiva cristiana, en vez de una perspectiva atea. El cristiano cree que "En el principio era el *Logos*" (*Juan* 1,1), no el vacío, ni el absurdo, ni el caos. Por lo tanto, él sabe de antemano que el caos no tiene la primera y la última palabra en la ciencia. Aunque exista el caos, hay un orden racional que subyace al caos y lo incluye. La razón, no el azar, es lo más originario y fundamental. Teniendo esto en mente, y considerando por ejemplo el fenómeno del mal llamado "ADN basura", vemos que en principio un científico cristiano estaba mucho mejor preparado que un científico ateo para formular la hipótesis de que las secciones del ADN que no codifican proteínas tenían funciones aún no descubiertas, pues tanto esas secciones como las que codifican proteínas son productos de un diseño inteligente. Pues bien, los resultados recientes del Proyecto ENCODE apoyan claramente esta hipótesis, descartando la hipótesis del "ADN basura".

Los únicos dos momentos en los que a primera vista el principio del naturalismo metodológico de la ciencia parece justificado son la *recolección de datos* y la *validación o invalidación de la hipótesis en función de los datos*. Es claro que no es posible someter a observación ni a experimentación a Dios ni a su acción en sí misma (aunque podamos observar sus efectos). También es claro que la tarea de la ciencia es buscar explicaciones naturales a los fenómenos por medio de sus "causas segundas" (según la terminología de la filosofía tomista). Pero hay una forma correcta y una forma incorrecta de interpretar estas características de la ciencia. La forma correcta consiste en reconocer la legítima autonomía de la ciencia respecto de la religión y la teología. La forma incorrecta consiste en afirmar la independencia de la ciencia respecto de Dios. Quizás se pueda decir (aunque es una expresión ambigua y peligrosa) que el científico creyente "pone entre paréntesis" su fe en Dios durante su labor estrictamente científica; pero, y aquí está la distinción crucial, esta "puesta entre paréntesis" es una abstracción, no una negación ni una duda. Al buscar las "causas segundas" de los fenómenos, el científico creyente no niega ni cuestiona la Causa Primera, que sigue siendo absolutamente real y necesaria; simplemente la da por supuesta y se limita a analizar los fenómenos en otro nivel, el nivel científico. Las causas segundas, sin dejar de ser causas, implican la existencia de la Causa Primera, pero esto se pone de relieve en el nivel filosófico, distinto del científico. En resumen, es imposible hacer ciencia "como si Dios no existiera", porque Dios no puede no existir; y porque, razonando por el absurdo, si Dios no existiera, no existirían ni el mundo, ni el científico, ni la ciencia.

Por otra parte, también la *ética del trabajo científico* se ve beneficiada por la fe cristiana. El científico debe buscar la verdad, pero puede verse tentado a manipular los datos o a torcer o forzar sus razonamientos para favorecer su propia tesis. Por supuesto no sólo los científicos no creyentes pueden sucumbir a esas tentaciones (y a otras relacionadas, como los plagios), sino también los creyentes. Pero el científico cristiano tiene mejores defensas contra esas tentaciones, porque cree en una obligación moral absoluta y en una sanción moral eterna. Como escribió Dostoievski, "si Dios no existe, todo está permitido". Es decir, sin referencia a un Ser Absoluto, no pueden existir el bien y el mal en un sentido absoluto y objetivo. Por lo tanto, en la hipótesis atea no existe una ley moral natural ni un orden moral objetivo; deberíamos contentarnos con las leyes positivas, las convenciones sociales, los cálculos utilitaristas, etc. Empero el utilitarismo puede fácilmente desfigurar la vida moral, también la del científico, por medio del subjetivismo individualista y el egoísmo.

La *reflexión sobre las consecuencias filosóficas de los resultados científicos* será más o menos fructuosa en función de las premisas y las aptitudes filosóficas del científico. En el caso de los científicos materialistas o naturalistas, esa reflexión estará más o menos viciada por sus errores filosóficos previos. En cambio, en el caso de los científicos cristianos, esa reflexión estará guiada e iluminada por la verdad de la filosofía y la teología cristianas. La reflexión filosófica y apologética de los cristianos a partir de la ciencia no invalida en modo alguno su labor científica, sino que es un complemento legítimo y conveniente de esa labor.

También en la *aplicación práctica o tecnológica de la ciencia* son aplicables las consideraciones que hice más arriba sobre el fundamento teológico de la moral. Dios es el Sumo Bien, el fin último del hombre. Son moralmente buenos los actos humanos que acercan al hombre hacia su fin último (la comunión con Dios y con los demás en Dios); son moralmente malos los actos humanos que alejan al hombre de ese fin. Fuera de este sólido marco teleológico, la ética de la ciencia (teórica o aplicada) se convierte en un peligroso pantano y el científico puede caer fácilmente en la tentación de justificar de un modo utilitarista actos intrínsecamente malos (como la experimentación destructiva con embriones humanos).

38. ANÁLISIS TEOLÓGICO DEL NATURALISMO METODOLÓGICO DE LA CIENCIA

En este capítulo me limitaré a citar y comentar brevemente tres textos del último Concilio ecuménico.

La justa autonomía de la realidad terrena

"Muchos de nuestros contemporáneos parecen temer que, por una excesivamente estrecha vinculación entre la actividad humana y la religión, sufra trabas la autonomía del hombre, de la sociedad o de la ciencia.

Si por autonomía de la realidad se quiere decir que las cosas creadas y la sociedad misma gozan de propias leyes y valores, que el hombre ha de descubrir, emplear y ordenar poco a poco, es absolutamente legítima esta exigencia de autonomía. No es sólo que la reclamen imperiosamente los hombres de nuestro tiempo. Es que además responde a la voluntad del Creador. Pues, por la propia naturaleza de la creación, todas las cosas están dotadas de consistencia, verdad y bondad propias y de un propio orden regulado, que el hombre debe respetar con el reconocimiento de la metodología particular de cada ciencia o arte. Por ello, la investigación metódica en todos los campos del saber, si está realizada de una forma auténticamente científica y conforme a las normas morales, nunca será en realidad contraria a la fe, porque las realidades profanas y las de la fe tienen su origen en un mismo Dios. Más aún, quien con perseverancia y humildad se esfuerza por penetrar en los secretos de la realidad, está llevado, aun sin saberlo, como por la mano de Dios, quien, sosteniendo todas las cosas, da a todas ellas el ser. Son, a este respecto, de deplorar ciertas actitudes que, por no comprender bien el sentido de la legítima autonomía de la ciencia, se han dado algunas veces entre los propios cristianos; actitudes que, seguidas de agrias polémicas, indujeron a muchos a establecer una oposición entre la ciencia y la fe.

Pero si autonomía de lo temporal quiere decir que la realidad creada es independiente de Dios y que los hombres pueden usarla sin referencia al Creador, no hay creyente alguno a quien se le oculte la falsedad envuelta en tales palabras. La criatura sin el Creador desaparece. Por lo demás, cuantos creen en Dios, sea cual fuere su religión, escucharon siempre la manifestación de la voz de Dios en el lenguaje de la creación. Más aún, por el olvido de Dios la propia criatura queda oscurecida"[180].

Existe, pues, una legítima autonomía de la ciencia con respecto a la Iglesia, la religión y la teología, pero la ciencia no es independiente de Dios. El secularismo es un error grave tanto en política como en ciencia. La organización de la sociedad "como si Dios no existiera" ha traído consigo consecuencias muy negativas para los individuos y para la propia sociedad. Del mismo modo, hacer ciencia "como si Dios no existiera" perjudica gravemente al ser humano y a la misma ciencia.

La fe y la cultura

"Los cristianos, en marcha hacia la ciudad celeste, deben buscar y gustar las cosas de arriba, lo cual en nada disminuye, antes por el contrario, aumenta, la importancia de la misión que les incumbe de trabajar con todos los hombres en la edificación de un mundo más humano. En realidad, el misterio de la fe cristiana ofrece a los cristianos valiosos estímulos y ayudas para cumplir con más intensidad su misión y, sobre todo, para descubrir el sentido pleno de esa actividad que sitúa a la cultura en el puesto eminente que le corresponde en la entera vocación del hombre.

---

[180] Concilio Vaticano II, constitución *Gaudium et Spes*, núm. 36.

El hombre, en efecto, cuando con el trabajo de sus manos o con ayuda de los recursos técnicos cultiva la tierra para que produzca frutos y llegue a ser morada digna de toda la familia humana y cuando conscientemente asume su parte en la vida de los grupos sociales, cumple personalmente el plan mismo de Dios, manifestado a la humanidad al comienzo de los tiempos, de someter la tierra y perfeccionar la creación, y al mismo tiempo se perfecciona a sí mismo; más aún, obedece al gran mandamiento de Cristo de entregarse al servicio de los hermanos.

Además, el hombre, cuando se entrega a las diferentes disciplinas de la filosofía, la historia, las matemáticas y las ciencias naturales y se dedica a las artes, puede contribuir sobremanera a que la familia humana se eleve a los conceptos más altos de la verdad, el bien y la belleza y al juicio del valor universal, y así sea iluminada mejor por la maravillosa Sabiduría, que desde siempre estaba con Dios disponiendo todas las cosas con Él, jugando en el orbe de la tierra y encontrando sus delicias en estar entre los hijos de los hombres.

Con todo lo cual el espíritu humano, más libre de la esclavitud de las cosas, puede ser elevado con mayor facilidad al culto mismo y a la contemplación del Creador. Más todavía, con el impulso de la gracia se dispone a reconocer al Verbo de Dios, que antes de hacerse carne para salvarlo todo y recapitular todo en Él, estaba en el mundo como luz verdadera que ilumina a todo hombre (*Juan* 1,9).

Es cierto que el progreso actual de las ciencias y de la técnica, las cuales, debido a su método, no pueden penetrar hasta las íntimas esencias de las cosas, puede favorecer cierto fenomenismo y agnosticismo cuando el método de investigación usado por estas disciplinas se considera sin razón como la regla suprema para hallar toda la verdad. Es más, hay el peligro de que el hombre, confiado con exceso en los inventos actuales, crea que se basta a sí mismo y deje de buscar ya cosas más altas.

Sin embargo, estas lamentables consecuencias no son efectos necesarios de la cultura contemporánea ni deben hacernos caer en la tentación de no reconocer los valores positivos de ésta. Entre tales valores se cuentan: el estudio de las ciencias y la exacta fidelidad a la verdad en las investigaciones científicas, la necesidad de trabajar conjuntamente en equipos técnicos, el sentido de la solidaridad internacional, la conciencia cada vez más intensa de la responsabilidad de los peritos para la ayuda y la protección de los hombres, la voluntad de lograr condiciones de vida más aceptables para todos, singularmente para los que padecen privación de responsabilidad o indigencia cultural. Todo lo cual puede aportar alguna preparación para recibir el mensaje del Evangelio, la cual puede ser informada con la caridad divina por Aquel que vino a salvar el mundo"[181].

En el quinto párrafo de este texto se rechaza la ideología cientificista o positivista.

La necesidad de armonizar diferentes valores en el seno de las culturas

"Por las razones expuestas, la Iglesia recuerda a todos que la cultura debe estar subordinada a la perfección integral de la persona humana, al bien de la comunidad y de la sociedad humana entera. Por lo cual es preciso cultivar el espíritu de tal manera que se promueva la capacidad de admiración, de intuición, de contemplación y de formarse un juicio personal, así como el poder cultivar el sentido religioso, moral y social.

Porque la cultura, por dimanar inmediatamente de la naturaleza racional y social del hombre, tiene siempre necesidad de una justa libertad para desarrollarse y de una legítima autonomía en el obrar según sus propios principios. Tiene, por tanto, derecho al respeto y goza de una cierta inviolabilidad, quedando evidentemente a salvo los derechos de la persona y de la

---

[181] *Ibid.*, núm. 57.

sociedad, particular o mundial, dentro de los límites del bien común.

El sagrado Sínodo, recordando lo que enseñó el Concilio Vaticano I, declara que 'existen dos órdenes de conocimiento' distintos, el de la fe y el de la razón; y que la Iglesia no prohíbe que 'las artes y las disciplinas humanas gocen de sus propios principios y de su propio método…, cada una en su propio campo', por lo cual, 'reconociendo esta justa libertad', la Iglesia afirma la autonomía legítima de la cultura humana, y especialmente la de las ciencias.

Todo esto pide también que el hombre, salvados el orden moral y la común utilidad, pueda investigar libremente la verdad y manifestar y propagar su opinión, lo mismo que practicar cualquier ocupación, y, por último, que se le informe verazmente acerca de los sucesos públicos.

A la autoridad pública compete no el determinar el carácter propio de cada cultura, sino el fomentar las condiciones y los medios para promover la vida cultural entre todos, aun dentro de las minorías de alguna nación. Por ello hay que insistir sobre todo en que la cultura, apartada de su propio fin, no sea forzada a servir al poder político o económico"[182].

A mi juicio, las consideraciones hechas en mi análisis filosófico sobre las diversas formas legítimas y convenientes de influencia de la fe del científico cristiano sobre su actividad científica están en sintonía con esta doctrina del Concilio sobre la justa autonomía de la ciencia.

---

[182] *Ibid.*, núm. 59.

39. ANÁLISIS HISTÓRICO DEL NATURALISMO METODOLÓGICO DE LA CIENCIA

La reflexión sobre la relación entre la religión católica y la ciencia moderna debe tomar en cuenta los siguientes tres hechos fundamentales: a) a lo largo de la historia universal se han sucedido muchas civilizaciones; b) la civilización occidental, en su génesis (años 500-1500) fue católica; c) la civilización occidental, y sólo ella, fue la cuna de la ciencia moderna. En mi opinión, la historia de la ciencia es una clara refutación práctica de la doctrina del naturalismo metodológico de la ciencia. La Iglesia Católica, constructora de la civilización occidental, es también la madre o partera de la ciencia moderna[183]. Como sugerí al hablar sobre la confianza en la ciencia, la doctrina católica ofreció el marco conceptual que hizo posible el surgimiento de la ciencia moderna. La ciencia es posible porque, como enseña la doctrina católica, el mundo y el ser humano son racionales. El mundo es racional porque es una obra racional del Ser racional por excelencia, Dios. Y el ser humano es racional porque es imagen de Dios, su Creador, quien le obsequió el don de la razón[184].

Es ilícito abusar de un incidente particular, el "caso Galileo", para sostener que existe un conflicto inevitable entre la fe cristiana y la razón, o entre la Iglesia Católica y la ciencia. Por otra parte, los recientes estudios de los archivos del tribunal romano que juzgó a Galileo Galilei han hecho caer muchos mitos sobre ese célebre

---

[183] Acerca de este tema recomiendo el excelente libro: Thomas E. Woods, Jr., *How The Catholic Church Built Western Civilization*; y particularmente su capítulo 5, titulado *La Iglesia y la Ciencia* (págs. 67-114). A continuación me referiré varias veces a esa obra.
[184] Cf. *Ibid.*, págs. 75-85.

caso, tan distorsionado por la propaganda anticatólica de los protestantes, los liberales y los socialistas. El epistemólogo no creyente del siglo XX Paul Feyerabend sostuvo que los jueces romanos tuvieron una actitud más científica que Galileo. No le pedían que abjurara del heliocentrismo, sino que lo enseñara como hipótesis, dado que Galileo no podía aducir ninguna prueba científica válida del movimiento de la Tierra. Esa prueba se obtuvo recién un siglo después del juicio a Galileo.

Grandes historiadores de la ciencia como Pierre Duhem y Stanley Jaki han demostrado que la ciencia moderna fue gestada en las escuelas monásticas y catedralicias y las universidades católicas de la Edad Media. Estas escuelas y universidades fueron ámbitos propicios para dicha gestación gracias a su catolicismo, no a pesar de él. En particular la Escuela Catedralicia de Chartres desempeñó un rol importante en la gestación de la ciencia moderna[185]. Dicha Escuela fue fundada por el obispo Fulberto en 990 y alcanzó su máximo esplendor en el siglo XII.

Muchos sacerdotes católicos (y, a partir del siglo XVI, especialmente muchos jesuitas) han sido grandes científicos, pioneros de varias ramas de la ciencia[186]. A continuación daré una lista muy incompleta de sacerdotes católicos que se destacaron como científicos, indicando brevemente sus principales aportes a la ciencia. Los últimos dos miembros de esta lista no son mencionados por Woods.

Thierry de Chartres (+1155), clérigo francés, autor del *Heptateuchon*, gran enciclopedia sobre las siete artes liberales (aritmética, geometría, música, astronomía, gramática, retórica y lógica).

Roberto Grosseteste (1175-1253), obispo y franciscano inglés, erudito en casi todos los ámbitos del saber de su época.

---

[185] Cf. *Ibid.*, págs. 85-93.
[186] Cf. *Ibid.*, págs. 94-114.

San Alberto Magno (1193-1280), dominico alemán, teólogo, filósofo, geógrafo, químico, etc.; descubridor del arsénico.

Roger Bacon (1214-1294), franciscano inglés, precursor del moderno método científico.

Jean Buridan (1300-1375), clérigo francés, precursor de la mecánica de Newton por medio de su noción del impulso.

Nicolás Oresme (1323-1382), clérigo francés, matemático, físico, astrónomo, filósofo, teólogo, economista; descubridor de la refracción atmosférica de la luz.

Nicolás Copérnico (1475-1543), canónigo polaco, padre de la astronomía moderna por medio de su teoría heliocéntrica. Un siglo antes de Galileo, Copérnico propuso el heliocentrismo sin tener por eso ningún problema con la Iglesia Católica.

Francesco Maria Grimaldi (1618-1663), jesuita italiano, descubridor de la difracción de la luz.

Giovanni Battista Riccioli (1598-1671), jesuita italiano, autor del *Almagestum novum*, una muy influyente enciclopedia científica; fue el primero en medir la aceleración de los cuerpos en caída libre.

Athanasius Kircher (1602-1680), jesuita alemán, "maestro de cien artes", padre de la egiptología, refutador de la alquimia.

Beato Nicolás Steno (1638-1686), obispo misionero danés, padre de la geología y anatomista.

Ruder Boskovic (1711-1787), jesuita croata, padre de la física atómica; influyó en las obras de Faraday, Kelvin, Einstein, etc.

Gregor Mendel (1822-1884), agustino austríaco, padre de la genética moderna por su descubrimiento de las leyes de la herencia, hoy conocidas como "leyes de Mendel".

Georges Lemaître (1894-1966), sacerdote belga, padre de la cosmología moderna por medio de su teoría del "huevo cósmico", hoy conocida como *Big Bang*.

Por supuesto, son innumerables los científicos destacados que fueron fieles cristianos laicos (no sacerdotes). Abundan en todas las disciplinas científicas los que han cultivado exitosamente la ciencia impulsados por creencias o motivaciones religiosas.

BIBLIOGRAFÍA

A quienes deseen profundizar en los temas tratados en el presente libro les ofrezco las siguientes referencias.

Libros

Aizpún Viñes, Felipe, *La Quinta Vía y el Diseño Inteligente*, OIACDI, San Bernardino, California, 2015.

Artigas, Mariano, *Las Fronteras del Evolucionismo*, Libros MC, Madrid, 1986, 4ª edición.

Artigas, Mariano, *Ciencia y fe: nuevas perspectivas*, EUNSA, Pamplona, 1992.

Asimov, Isaac, *Vida y tiempo*, Plaza & Janés Editores S.A., Barcelona, 1981.

Behe, Michael J., *Darwin's Black Box: The Biochemical Challenge to Evolution*, Free Press, New York, 1996 (edición en español: *La caja negra de Darwin: el reto de la bioquímica a la evolución*, Andrés Bello, 1999).

Dembski, William A.-Ruse, Michael (editores), *Debating Design. From Darwin to DNA*, Cambridge University Press, Cambridge, 2004.

Dembski, William A.-Witt, Jonathan, *Intelligent Design Uncesored: An Easy-to-Understand Guide to the Controversy*, InterVarsity Press, Downers Grove, Illinois, 2010.

Gonzalez, Guillermo-Richards, Jay W., *The Privileged Planet. How our place in the cosmos is designed for discovery*, Regnery Publishing, Inc., Washington DC, 2004 (edición en español: *El planeta privilegiado*, Editorial Palabra, 2006).

Guitton, Jean-Bogdanov, Igor y Grichka, *Dios y la ciencia*, 2ª edición, Emecé Editores, Buenos Aires, 1992.

Hawking, Stephen W., *Historia del tiempo. Del Big Bang a los agujeros negros*, Editorial Crítica, Buenos Aires, 1998.

Jaki, Stanley L., *Maybe Alone in the Universe, After All*, Real View Books, Pinckney, Michigan, 2000.

Jaki, Stanley L., *Evolution for Believers*, Real View Books, Pinckney, Michigan, 2003.

Jaki, Stanley L., *Science and Religion: A Primer*, Real View Books, Port Huron, Michigan, 2004.

Jaki, Stanley L., *The Brain-Mind Unity: The Strangest Difference*, Real View Books, 2004.

Johnson, Phillip E., *Darwin on trial*, InterVarsity Press, Downers Grove, Illinois, 2010, *3rd edition* (edición en español: *Juicio a Darwin*, Homolegens, 2007; texto completo en: http://www.sedin.org/ID/Proceso_a_Darwin_00.html)[1].

Johnson, Phillip E., *Reason in the Balance: The Case Against Naturalism in Science, Law & Education*, InterVarsity Press, Downers Grove–Illinois, 1995.

Kuhn, Thomas S., *La estructura de las revoluciones científicas*, Fondo de Cultura Económica, Buenos Aires, 1991.

Meyer, Stephen C., *Darwin's Doubt: The Explosive Origin of Animal Life and the Case for Intelligent Design*, HarperOne, New York, 2013.

Rahner, Karl-Overhage, Paul, *El problema de la hominización. Sobre el origen biológico del hombre*, Ediciones Cristiandad, Madrid 1973.

Soler Gil, Francisco José, *El universo a debate. Una introducción a la filosofía de la cosmología*, Biblioteca Nueva, Madrid, 2016.

Strobel, Lee, *The Case for a Creator*, Zondervan, Grand Rapids – Michigan, 2004.

Teilhard de Chardin, *El fenómeno humano*, Ediciones Orbis, Barcelona, 1974.

Tresmontant, Claude, *Los problemas del ateísmo*, Editorial Herder, Barcelona 1974.

Tresmontant, Claude, *Ciencias del universo y problemas metafísicos*, Editorial Herder, Barcelona 1978.

Wells, Jonathan, *Icons of Evolution: Science or Myth? Why Much of What We Teach about Evolution Is Wrong*, Regnery Publishing, New York 2000.

Woods, Jr., Thomas E., *How The Catholic Church Built Western Civilization*, Regnery Publishing, Inc., Washington DC, 2012 (versión en español: Thomas E. Woods, *Cómo la Iglesia construyó la civilización occidental*, CiudadelaLibros, Madrid, 2007).

Artículos

Dembski, William A., *Intelligent Design as a Theory of Information*, http://www.arn.org/docs/dembski/wd_idtheory.htm

Dembski, William A., *The Explanatory Filter: A three-part filter for understanding how to separate and identify cause from intelligent design*, http://www.arn.org/docs/dembski/wd_explfilter.htm

Dembski, William A., *The Intelligent Design Movement*, http://www.arn.org/docs/dembski/wd_idmovement.htm

Johnson, Phillip E., *La peligrosa idea de Daniel Dennett*, http://www.sedin.org/propesp/X0116_Te.htm

McCarthy, John F., *The failure of Darwinism and its fuller implications*, http://www.rtforum.org/lt/lt26.html

Schönborn, Christoph, *The Designs of Science*, https://www.firstthings.com/article/2006/01/the-designs-of-science

Sitios web

Dembski, William A., *Design Inference Website*,
http://www.designinference.com

Discovery Science,
https://www.youtube.com/user/DiscoveryScienceNews

Dissent from Darwin, http://www.dissentfromdarwin.org/

Evolution News, https://evolutionnews.org/

SRM - *Science and Religion in Media*, http://www.srmedia.info

Universidad de Navarra, *Grupo de Investigación sobre Ciencia,
Razón y Fe (CRYF)*, https://www.unav.edu/web/ciencia-razon-
y-fe

RECONOCIMIENTOS

Doy muchas gracias a Dios por haberme permitido llevar a término la segunda edición de esta obra. A Él se la encomiendo, rogando que pueda dar buenos frutos.

Expreso mi profunda gratitud a mi esposa y a mis tres hijos por su comprensión y apoyo durante el período de preparación de este libro.

Agradezco mucho a Bruno Moreno Ramos, compañero de InfoCatólica, por haber aceptado publicar esta obra en su Editorial Vita Brevis, que ya en 2011 publicó otra obra mía: *En el principio era el Logos*. Me honra volver a figurar en el catálogo de esa querida y valiosa editorial española.

Por último, agradezco a todas las personas con las que he discutido acerca de los temas tratados en esta obra. Esas discusiones me han impulsado a estudiar más y a poner por escrito mis hallazgos de un modo ordenado.

Agradezco muy en especial al Ing. Omar Paganini, quien en 2013 me envió un comentario suyo de 18 páginas sobre la primera edición de *Soy amado, luego existo*, marcando concordancias y discrepancias, críticas y sugerencias, y posteriormente sostuvo conmigo un buen intercambio de ideas al respecto. He tenido en cuenta el comentario de Paganini en esta segunda edición, aunque naturalmente sin adoptar todas sus opiniones.

También agradezco al Dr. Francisco José Soler Gil, destacado físico y filósofo español, con quien tuve el agrado de discutir acerca del darwinismo, el diseño inteligente y el evolucionismo teísta en 2016, aunque desde posiciones muy distantes entre sí.

Montevideo, julio de 2020.

OTROS LIBROS DE DANIEL IGLESIAS

En el principio era el logos. Apologética católica en diálogo con los no creyentes

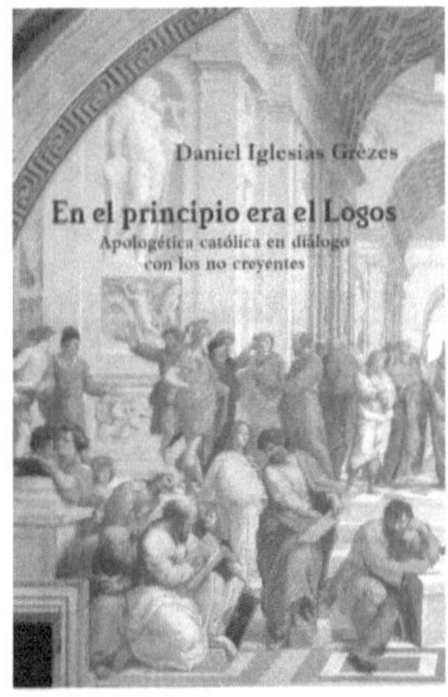

Este libro de apologética católica busca responder a las objeciones más comunes que se hacen a la fe desde posturas agnósticas o ateas. Lo hace desde el convencimiento de que la fe y la razón no sólo son compatibles, sino que apuntan en la misma dirección: hacia el Logos encarnado que es Jesucristo.

Ya sea respondiendo a las objeciones o proponiendo la verdad, se tratan temas como el origen del universo, el darwinismo, las pruebas clásicas de la existencia de Dios, el hombre como ser naturalmente religioso, los milagros, la finalidad del universo o la vida moral.

La argumentación, que aporta datos filosóficos, teológicos y también científicos, intenta mostrar que la razón humana sólo llega a la plenitud en su búsqueda y contemplación de la Verdad cuando se abre a la presencia de Dios.

Acerca del autor

Daniel Iglesias Grèzes nació en Montevideo (Uruguay) en 1959. Está casado y tiene tres hijos. Ingeniero Industrial por la Facultad de Ingeniería de la Universidad de la República, *Magíster* en Ciencias Religiosas por el Centro Superior Teológico Pastoral en

1996 y Bachiller en Teología por el Instituto Teológico del Uruguay "Monseñor Mariano Soler".

En 1999, junto con el Lic. Néstor Martínez y el Diác. Jorge Novoa, creó *Fe y Razón*, un sitio web católico de teología y filosofía. Durante once años (2006-2017) editó la revista virtual *Fe y Razón* y la colección de libros homónima. Socio fundador del Centro Cultural Católico "Fe y Razón". Desde 2010 colabora con el portal español *InfoCatólica* mediante su blog *Razones para nuestra esperanza*, y desde 2017 escribe para el diario *El Observador*, de Montevideo.

El sitio www.danieliglesiasgrezes.wordpress.com presenta sus libros, artículos y conferencias.

Libros publicados

En el principio era el Logos. Apologética católica en diálogo con los no creyentes, 2011.
Todo lo hiciste con sabiduría. Reflexiones sobre la fe cristiana y la ciencia contemporánea, 2016, segunda edición.
Proclamad la Buena Noticia. Meditaciones sobre algunos puntos de la doctrina cristiana, 2016.
Columna y fundamento de la verdad. Reflexiones sobre la Iglesia y su situación actual, 2017, segunda edición.
Y el Logos se hizo carne. Apologética católica en diálogo con los no cristianos, 2017.
Por el contrario… Aportes para una contracultura cristiana

Índice

LAUS DEO VIRGINIQUE MATRI